T0271219

إدارة الجودة الشاملة
والأداء الوظيفي

الدكتور
حسين محمد الحراحشة

المملكة الأردنية الهاشمية

رقم الإيداع لدى دائرة

المكتبة الوطنية

(2010/6/2162)

658.4013

الحراحشة, حسن محمد

إدارة الجودة الشاملة والأداء الوظيفي / حسين محمد الحراحشة

عمان : دار جليس الزمان 2010.

ر.أ.: (2010/6/2162)

الواصفات: فلسفة الإدارة / إدارة الجودة

• أعدت دائرة المكتبة الوطنية بيانات الفهرسة والتصنيف الأولية

ISBN 978-9957-81-110-5

الطبعة الأولى

2011

الناشر

دار جليس الزمان للنشر والتوزيع

شارع الملكة رانيا- مقابل كلية الزراعة- عمارة العساف- الطابق الأرضي, هاتف:

0096265356219 فاكس -- 009626 5343052

الإهـــداء

إلى وطني الحبيب
المملكة الأردنية الهاشمية ،،،
إلى كل المهتمين بميدان التنمية والتطوير
أهدي لهم هذا الجهد العلمي المتواضع ،،،

الفصل الأول
الإطار التمهيدي للدراسة

الفصل الأول
الإطار التمهيدي للدراسة

1-1 المقدمة

يعيش عالم اليوم تغيرات وتطورات سريعة وديناميكية تؤثر في جوهر الممارسات الإدارية في أنطقة منظمات القطاع العام والخاص وعلى السواء؛ نتيجة ثورتي المعلومات والاتصالات، والعولمة، واقتصاديات السوق الحر، والميزات التنافسية وغيرها. الأمر الذي وضع إدارة هذه المنظمات أمام تحديات تفرض عليها التخلي عن المبادئ والنظم والأساليب الإدارية التقليدية التي لا تتناسب مع ما تواجهه من تحديات، وتبني مفاهيم إدارية حديثة ومتطورة تمكنها من التعامل مع التحديات التي تواجهها والتغلب عليها لتحقيق درجة عالية من الكفاءة والفاعلية والتميز في الأداء.

ومن أكثر الجوانب الإدارية الهادفة ما يسمى بإدارة الجودة الشاملة (Total quality Management) والتي أصبحت الآن وبفضل الكم الهائل في المعلومات، وتقنيات الاتصال سمة مميزة لمعطيات الفكر الإنساني الحديث؛ لاسيما وأن الإدارة العلمية المعاصرة أسهمت بشكل حثيث في تطوير بنية المنظمات بشكل كبير.

لقد أصبحت الجودة إحدى أهم مبادئ الإدارة في الوقت الحاضر. حيث كانت الإدارة في العقود الماضية، تعتقد بأن نجاح المنظمة يعتمد وبشكل كبير على تقديم منتجات وخدمات بشكل أسرع وبأقل تكلفة، ثم السعي لتصريفها في الأسواق، وتقديم خدمات لتلك المنتجات بعد بيعها من أجل تصليح العيوب الظاهرة فيها. في حين غيرت مبادئ الجودة هذا المفهوم القديم واستبدلته حسب

رأي فايغونباوم Feigenbaum "رئيس الأكاديمية الدولية للجودة" بمفهوم آخر يدعو إلى ما يلي: "إن تصنيع المنتجات بشكل أفضل، هو الطريق الأمثل الذي يؤدي إلى تصنيعها بشكل أسرع وبأقل ثمن" (Feigenbaum, 1999: 376).

وتعد إدارة الجودة الشاملة إحدى المداخل الإدارية الحديثة التي تساعد في مواجهة التحديات سالفة الذكر؛ كونها تقوم على فكرة تطوير أداء المؤسسات من خلال بناء ثقافة تنظيمية تقوم على أساس منهجي يعمد إلى جعل كل موظف يعلم أن الجودة في خدمة العميل أو المستفيد هي الهدف الأساسي للمنظمة، وهي الطريقة للتحسين المستمر للأداء في مستوياته العلمية والإدارية وذلك باستخدام الموارد البشرية والمالية المتاحة من خلال سعيها لانعدام العيوب وتأكيدها على أن يعمل الفرد بشكل صحيح من المرة الأولى (الطراونة والبلبيسي، 2002).

وقد أكدت الأدبيات و الدراسات أن مفاهيم وممارسات إدارة الجودة الشاملة كانت هي قاعدة الأساس التي انطلقت منها حركة البحث عن الأداء المتميز، ومن ذلك أهميتها في تحسين الربحية وتعزيز المركز التنافسي، فضلا عن الاستجابة لتوقعات الزبائن وتحسين معدلات الإنتاجية. الأمر الذي يعكس أهمية هذا المدخل في تحقيق أداء متميز وعلى جميع المستويات في المنظمات. حيث يرى كل من هوفير ونادلر (Hoffher and Nadler, 1994) أن إدارة الجودة الشاملة تمثل فلسفة تصحيحية لتغيير الثقافة التنظيمية بما يجعل المنظمة سريعة في استجاباتها للتغيرات البيئية، ويعطيها المرونة والزخم في تعاملها وتركيزها على العملاء من جهة، والعمل على خلق مناخ صحي وبيئة عمل تتيح مشاركة أوسع للعاملين في التخطيط والتنفيذ المستمر لمواجهة احتياجات العملاء من جهة أخرى.

وبناء على ما سبق، فإن إدارة الجودة الشاملة عبارة عن منظومة من المبادئ والأدوات والممارسات التي تهدف إلى تحقيق الرضا عند الزبون (العميل)، وذلك من خلال تقلل أو إلغاء العيوب والأخطاء التي قد ينطوي عليها المنتج (السلع والخدمات)، وإضفاء طابع القوة على التصميم الذي يخرج به المنتج، وتسريع الخدمة، وكذلك تخفيض التكلفة وتطوير جودة العمل، وكل ذلك من خلال إحداث تغيير جذري وملموس في ثقافة المنظمة.

وتعتبر إدارة الجودة الشاملة من المداخل والفلسفات الإدارية الحديثة، حيث نشأت في الأساس كأسلوب عمل ووسيلة لتطوير أداء المنظمات الربحية. وفي ظل التغيرات والتحديات التي فرضتها البيئة الداخلية والخارجية للمنظمات سواء الربحية أو غير الربحية، أصبح تطبيق مبادئ إدارة الجودة الشاملة ضرورة حتمية تقتضيها ديناميكية التغيرات والتحديات، حيث أصبح بالإمكان تطبيقها في المنظمات الخدمية العامة التي تعد من أهم المنظمات التي لا تهدف إلى تحقيق ربح مادي، بحيث تهدف إلى تحقيق استقرار اجتماعي على مستوى المجتمع. كما أن التطور المماثل في مستوى الخدمات أدى إلى تغيير نمط تقديم الخدمات إلى الجمهور؛ مما أدى إلى السعي نحو تقديم أفضل الخدمات إلى جمهور المتعاملين مع أي منظمة سواء أكانت ربحية أو خدمية. وفي ظل هذه الظروف أصبح المستهلك أو المنتفع هو سيد الموقف وسيد السوق، والجميع يسعى لإرضائه. لذا توجهت العديد من المنظمات سواء أكانت ربحية أو خدمية إلى إدارة الجودة الشاملة ، على اعتبارها وسيلة فعالة من اجل إحداث تغيير جذري في فلسفة وأسلوب العمل فيها لتحقيق أعلى جودة.

واليوم استوجب على الأجهزة الأمنية كإحدى المؤسسات الخدمية العامة تطبيق ادارة الجودة الشاملة، ذلك المنهج الإداري المتكامل الذي يتكون من

العديد من العناصر التي يجب تطبيقها بشكل كلي وفى ظل ظروف داخلية مواتية لكافة الأجهزة الأمنية لتحقيق الأهداف التي يسعى إليها التنظيم الإداري لهذه الأجهزة، ولإرضاء الجمهور الذي يتعامل معها وزيادة كفاءة العاملين في هذه الأجهزة من خلال التحسين المستمر لنظام الجودة. وفي هذا الإطار وفي ظل اهتمام القيادة الهاشمية بعملية تطوير مؤسسات الدولة لمواكبة التطور التكنولوجي والمعرفي الذي يشهده العالم اليوم، فقد دأبت مديريتي الأمن العام والدرك على تطوير برامجها في المجالات كافة للارتقاء بمستوى العاملين فيهما، وتنمية مهاراتهم، وتقديم خدمات بمستوى عال من الجودة، وذلك من خلال وضع وتطوير خطط وبرامج تعنى بتحقيق ذلك مما كان له الأثر الكبير في انبثاق الممارسات ذات العلاقة بإدارة الجودة الشاملة كمنهج إداري يعنى بتطوير الإدارة في هاتين المؤسستين.

وفي ضوء هذه المعطيات، جاءت هذه الدراسة لاستقصاء واستكشاف جوانب تطبيق مبادئ إدارة الجودة الشاملة في مديريتي الأمن العام والدرك، والوقوف على ابرز جوانب القوة والضعف في هذا المجال من جهة، ومحاولة معرفة العلاقة بين درجة تطبيق هذه المبادئ وأثرها على جوانب الأداء الوظيفي في هاتين المؤسستين من جهة أخرى.

2-1 مشكلة الدراسة واسئلتها

تنبع مشكلة هذه الدراسة من قلة البحث الميداني لواقع تطبيق مبادئ وممارسات إدارة الجودة الشاملة وأثرها على الأداء الوظيفي في الأجهزة الأمنية في واقع البيئة العربية بشكل عام والبيئة الأردنية بشكل خاص. حيث أن معظم الدراسات السابقة في هذا المجال كان جل تركيزها حول القطاع

الخاص. أما الدراسات السابقة والتي تناولت هذا الموضوع في القطاع العام لم تتطرق إلى واقع إدارة الجودة الشاملة في الأجهزة الأمنية في الأردن.

والأردن كغيره من الدول وبتوجيه من القيادة الهاشمية استجاب لمتطلبات وتحديات الوقت الراهن أصبح يعمل على تطوير الإدارات في الوزارات والدوائر الحكومية، وكذلك الاهتمام بالأجهزة الأمنية ومنها جهاز الأمن العام والدرك اللذين يسعيان إلى أن يعيش الجميع عيش آمن ومستقر، وذلك من خلال إدخال كل ما يلزم من أجل تطوير عمل هذين الجهازين للارتقاء بنوع الخدمة المقدمة للمواطن وإشاعة أجواء الحرية والاستقرار.

ويستلزم تطبيق إدارة الجودة الشاملة في المؤسسات الأمنية لتحقيق فاعلية في الأداء الوظيفي عددا من الأسس التي من خلالها يمكن تطويع مبادئ الجودة الشاملة بما يناسب طبيعة عمل هذه الأجهزة والمتمثلة في الوعي بمفهوم الجودة الشاملة لدى جميع المستويات الإدارية، ووجود أهداف واضحة ومحددة لهذه الأجهزة يشارك في صنعها جميع العاملين كل على قدر إسهامه بحيث يكون لهذه الأهداف توجه مستقبلي قصير وطويل المدى وتحقق رغبات الجمهور والعاملين والعملاء، وتوفر أسسها، وتبني فلسفة منع الخطأ وليس مجرد كشفه، والتركيز على تصحيح العمليات وليس على لوم الأشخاص وتوبيخهم، واحترام الأفراد ومراعاة حقوقهم وتلبية رغباتهم بما لا يتعارض مع تنفيذ العمل ومصلحته، والالتزام بالموضوعية والصدق في عرض البيانات والمعلومات، واستخدام مدخل المشكلة في تنفيذ الجودة والتغلب على المعطيات التي تواجهها وتصميم البرامج التدريبية المناسبة، واختيار الأساليب الأدائية في ضوء دراسة احتياجات ومتطلبات المجتمع، وتبني استراتيجيات وطرق جديدة لتنفيذ الأعمال المختلفة، ورؤية كل عملية من العمليات الأمنية أو الإدارية في

ضوء النظام ككل، والاستخدام الذكي لتكنولوجيا المعلومات، ووجود قاعدة بيانات متكاملة يتم استخدامها بصفة دورية بالشكل الذي يضمن سلامة ما يتخذ من قرارات، مع مراعاة أن تكون تلك البيانات متاحة لاعتبارات السرعة والدقة وسهولة الاسترجاع، وانفتاح الأجهزة الأمنية على البيئة المحيطة بمؤسستها المختلفة، وتطبيق مبادئ التحسين المستمر، والتدريب المتواصل للعاملين على عمليات الجودة الشاملة، والتركيز على العمل الجماعي وليس على العمل الفردي، وإدراك أهمية الوقت كمورد رئيسي، وتقليل التكلفة بقدر الإمكان مع الحرص على أداء العمل بشكل جيد وتحقيق الأهداف المتوقعة، والاعتماد على الرقابة الذاتية والتقويم الذاتي، والتخلص من الخوف، لأنه يقلل من عمليات روح المبادرة والتجديد والإنتاجية، والتقييم والتحسين المستمر، وأخيرا وجود دليل موثق يتضمن كل ما يتعلق بمقومات الجودة وأسسها وكيفية إدارتها.

وبناء على ما سبق، تكمن مشكلة هذه الدراسة في الوقوف على حقيقة واقع تطبيق ركائز إدارة الجودة الشاملة وتوفير أسسها في مديريتي الأمن العام والدرك، وكذلك معرفة علاقة ذلك بفاعلية الأداء الوظيفي، وذلك من خلال الاجابة عن الاسئلة التالية:

السؤال الأول: ما هي درجة تطبيق ركائز إدارة الجودة الشاملة في الوحدات الإدارية في مديريتي الأمن العام والدرك في الأردن من وجهة نظر الإداريين العاملين فيها؟.

السؤال الثاني: ما مستوى فاعلية الأداء الوظيفي في مديريتي الأمن العام والدرك في الأردن من وجهة نظر الإداريين فيها؟.

السؤال الثالث: هل هناك تأثير ذو دلالة إحصائية لدرجة تطبيق ركائز إدارة الجودة الشاملة على مستوى فاعلية الأداء الوظيفي في مديريتي الأمن العام والدرك في الأردن؟.

السؤال الرابع: هل هنالك فروقات ذات دلالة إحصائية بين مديرية الأمن العام ومديرية الدرك في الأردن في درجة تطبيق ركائز إدارة الجودة الشاملة؟.

السؤال الخامس: هل هنالك فروقات ذات دلالة إحصائية بين مديرية الأمن العام ومديرية الدرك في الأردن في مستوى فاعلية الأداء الوظيفي؟.

السؤال السادس: هل هنالك فروقات ذات دلالة إحصائية في درجة تطبيق ركائز إدارة الجودة الشاملة في مديرية الأمن العام ومديرية الدرك في الأردن تعزى لمتغير المؤهل العلمي وعدد سنوات الخبرة؟.

3-1 أهمية الدراسة

تستمد هذه الدراسة أهميتها من الإسهامات التي يتوقع إضافتها على المستويين العلمي والتطبيقي. وذلك من خلال إعداد مراجعة نظرية شاملة لمفهوم إدارة الجودة الشاملة من حيث تطوره ومداخله وأهميته. فهذه الدراسة التي تلقي الضوء على علاقة تطبيق مبادئ إدارة الجودة الشاملة بفاعلية الأداء الوظيفي، يؤمل لها أن توفر بعض المعلومات لإغناء المعرفة عن إدارة الجودة الشاملة وأثرها على فاعلية الأداء الوظيفي في واقع البيئة العربية بشكل عام والأردنية بشكل خاص. حيث أن تطبيق هذه الدراسة على بعض الأجهزة الأمنية في الأردن (الأمن العام والدرك) تمثل دراسة تستحق الاهتمام لما تظهره من خبرات ميدانية تطبيقية في مجال إدارة الجودة الشاملة والأداء الوظيفي تفيد الباحثين والقادة الإداريين.

وعليه تنبع أهمية الدراسة من خلال تناولها احد الموضوعات الجوهرية والأساسية في ممارسة العمل الإداري ألا وهو إدارة الجودة الشاملة، ذلك أن هذه الفلسفة الإدارية أصبح يعول عليها كثيرا من الدول والمؤسسات كإحدى أدوات تطوير العمل الإداري من خلال تطبيق المعايير الخاصة بذلك. ومن المؤمل أن تفيد هذه الدراسة المخططين والمسؤولين في مديريتي الأمن العام والدرك من خلال اطلاعهم على واقع تطبيق إدارة الجودة الشاملة، كذلك تفيد الباحثين والمهتمين في مجال إدارة الجودة الشاملة.

كما وتنبع أهمية هذه الدراسة من كونها الأولى في حدود علم الباحث التي تتناول هذا الموضوع الحيوي في مديريتي الأمن العام والدرك في الأردن. والذي بدوره سيسهم في توجيه أنظار أصحاب القرار نحو هذا الحقل (إدارة الجودة الشاملة) وبالتالي العمل على اتخاذ التدابير اللازمة لتفعيليه والاستفادة من معطياته وممارساته.

4-1 أهداف الدراسة

تهدف هذه الدراسة بشكل اساسي الى معرفة درجة تطبيق ركائز إدارة الجودة الشاملة في الوحدات الإدارية التابعة لمديريتي الأمن العام والدرك في الأردن من جهة. كما وتهدف الى تحديد مستوى فاعلية الأداء الوظيفي في هاتين المديريتين من جهة اخرى. وبشكل اكثر تحديدا يمكن تلخيص الاهداف الرئيسية لهذه الدراسة على النحو الآتي:

1- الوقوف على أهم الطروحات والادبيات والدراسات المعالجة لمفاهيم ومداخل وحقل ادارة الجودة الشاملة. من اجل توفير خلفية نظرية ملائمة للدراسة والمساهمة في سد النقص الموجود بأدبيات ادارة الجودة الشاملة في القطاع العام وخاصة في البيئة العربية.

2- محاولة بلـورة إطـار مقـترح لمراحـل تطبيـق ادارة الجـودة الشـاملة في الأجهزة الحكومية، مـن خـلال الاخـذ بعـين الاعتبـار خصوصية هـذه الاجهـزة مقارنة باجهزة القطاع الخاص.

3- تسليط الضوء على واقع تطبيـق مـدخل ادارة الجـودة الشـاملة ممثلا بركائزها الاساسية من قبـل الوحـدات الإداريـة التابعـة لمـديريتي الأمـن العـام والدرك في الأردن، وذلك من خـلال ابـرز جوانـب الضـعف والقـوة في تطبيقهـا لركائز هذا المدخل.

4- تحديـد العلاقـة مـا بـين درجـة تطبيـق ركائز إدارة الجـودة الشـاملة ومستوى فاعلية الاداء الوظيفي في الوحدات الإداريـة التابعـة لمـديريتي الأمـن العام والدرك في الأردن.

5- دراسة اثر بعض العوامل الديمغرافية والمؤسسية والوظيفية عـلى درجـة تطبيق ركائز إدارة الجودة الشاملة في الوحدات الإدارية التابعة لمديريتي الأمن العام والدرك في الأردن.

5-1 حدود الدراسة

ستقتصر هذه الدراسة على مديري ورؤساء الأقسام في مديريات الأمن العـام والدرك، وكذلك رؤساء المراكـز الأمنيـة المنتشرة في جميـع أنحاء المملكـة الأردنيـة الهاشمية لعام 2009.

6-1 مصطلحات الدراسة

فيما يلي تعريف لأهم المصطلحات التي سترد في هذه الدراسة وبشكل اصطلاحي وإجرائي:

1-**إدارة الجودة الشاملة**:

اصطلاحيا: العمل على إشباع حاجات الزبون وتوقعاته أو تجاوز هذه الحاجات والتوقعات بشكل جوهري، ومن ثم انتهاج فلسفة التحسين المستمر (Deming, 1991).

إجرائيا: درجة ممارسة الإداريين في مديريتي الأمن العام والدرك لمجموعة من الركائز والممارسات الإدارية ذات العلاقة بادارة الجودة الشاملة والمتمثلة بـ: التدريب، والتمكين، والتحسن المستمر، والتخطيط الاستراتيجي، وإدارة المعرفة ونظم المعلومات، ودعم الإدارة العليا، والتركيز على المستفيد، والعمل الجماعي، وأخيرا، القيادة.

2-**الأداء الوظيفي**:

اصطلاحيا: قيام الفرد بالعمل الصحيح وبالطريقة الصحيحة مراعيا الفاعلية والكفاية والسلامة العامة في العمل والاحترام وتوفير المصادر والوقت (الجرادين، 2004).

إجرائيا: ويقصد به مدى معرفة المسؤول الإداري بالعمل وجودته، وتحقيق مستوى إنتاجية عالي، وكذلك القدرة على تخطيط وتنظيم وتوقيت العمل، والمبادرة والحضور، وصنع القرار، والتفاعل مع المجتمع المحلي، وسلوك المواطنة التنظيمية.

الفصل الثاني
الإطار النظري للدراسة

الفصل الثاني
الإطار النظري للدراسة

1-2 مقدمـــة

إن التحـديات العالميـة المعاصرة كعولمـة الاقتصـاد، وانتشـار تكنولوجيـا المعلومات، وكذلك شبكة المعلومات (الإنترنت)، وظهور منظمة المواصفات العالميـة ISO، وإبرام اتفاقية التجارة العالمية وغيرها، فرضت على المنظمات بكافة أشكالها انتهاج الأسلوب العلمي الواعي في مواجهة هذه التحديات، واستثمار الطاقـات الإنسانية الفاعلة في ترصين الأداء التشغيلي والإداري بمرونة أكثر كفاءة وفاعلية.

وتعتبر إدارة الجودة الشاملة من أكثر الجوانـب الإداريـة الهادفـة لمواجهـة هذه التحديات. حيث أصبحت إدارة الجودة الشاملة الآن تحظى باهتمام جميـع منظمات الأعمال حول العالم، لما تحققه المنظمات التي تنجح في تطبيقها من نتائج إيجابيـة ومكاسب ملموسـة علـى الصـعيد التنافسـي والتنظيمـي، حيـث توجهـت الأنظار إلى إدارة الجودة الشاملة التي تعتبرها المنظمات وسيلة فعالة مـن أجـل أحداث تغييرات جذرية في فلسفة وأسلوب العمل، واستخدامها كجسر تعبر عليه للوصول إلى تحقيق رضا عملائها والمحافظة عليهم.

وتهدف معظم برامج إدارة الجودة إلى فهم وتحسين العمليات التنظيميـة، وتركيز المنظمة على احتياجات الزبائن، وتحفيـز وتشـجيع العـاملين للمسـاهمة في تحقيق جودة المخرجـات (Germain and Spears, 1999). وكـذلك تلعـب إدارة الجودة دورا أساسيا في ترصين فعاليـة وكفـاءة الأداء الهـادف للمنظمـات المختلفـة سواء الإنتاجية منها أو الخدمية، حيث تعتبر إدارة

الجودة الوسيلة الأنجع من أجل تحقيق التميز والإتقان والتفوق على صعيد المنظمة ككل (حمود، 2007 :137؛1 :Besterfield *et al.*, 1999).

وعليه، يتناول هذا الفصل في مبحثه الأول مراجعة عامة فيما يتعلق بنشأة وتطور إدارة الجودة الشاملة (Total Quality Management). كما ويتطرق هذا الفصل إلى مفهوم إدارة الجودة الشاملة وعناصرها ومبادئها ومعوقاتها ومدى أهميتها ودورها في تحسين مجالات الأداء المؤسسي. في حين يتطرق المبحث الثاني لهذا الفصل إلى تسليط الضوء على الأداء الوظيفي وجوانبه وأسس قياسه.

المبحث الأول: إدارة الجودة الشاملة

2-2 مراحل تطور إدارة الجودة الشاملة

يعتقد الكثيرون أن إدارة الجودة الشاملة ترتبط بالإدارة اليابانية بسبب النجاح الكبير الذي حققته الصناعات اليابانية في الأسواق على أساس الجودة، إلا أن حقيقة الأمر أن أصل هذه الفكرة كان أمريكي النشأة؛ فخلال الحرب العالمية الثانية بذل المهندسون الأمريكيون جهودا كبيرة لزيادة جودة الصناعات الحربية للحصول على أسلحة ناجحة وعالية الدقة، فكان لا بد من استخدام أساليب سيطرة أكثر تعقيدا مما كان موجودا في السابق (Margan and Murgatroud, 1994).

لقد اتسم مفهوم إدارة الجودة بتطور تدريجي حتى أصبح الآن مدخلا شاملا لكافة الأبعاد المقترنة بتقديم السلع والخدمات ابتداء من التعامل مع الموردين وحتى وصول السلعة أو الخدمة للمستهلك الأخير (حمود، 2007: 241).

من خلال التطور الفكري والإداري فيما يتعلق بإدارة الجودةالشاملة يمكن أن نلاحظ أن تتابع المداخل للجودة عبر تطورها لم يحدث في صورة مفاجئة، ولكنها كانت من خلال تطور مستقر وثابت. وكان هذا التطور انعكاسا لسلسلة من الاكتشافات ترجع إلى القرن الماضي، وهذه الاكتشافات يمكن تقسيمها إلى أربعة مراحل رئيسية وهي: **الفحص والاختبار، وسيطرة الجودة (المراقبة الإحصائية للجودة)، وتأكيد الجودة، وإدارة الجودة الشاملة.** حيث أن كل مرحلة تالية من مراحل التطور اشتملت وتضمنت المرحلة السابقة وبنيت عليها.

المرحلة الأولى: الفحص والاختبار (Inspection & Test)

بدأت إدارة الجودة بنظام بسيط مبني على اساس قيام العمال بفحص المنتج النهائي للتأكد من انسجامه مع المواصفات والمعايير القياسية لذلك المنتج، وأي منتج معيب يتم العثور عليه يتم التخلص منه أو يعاد للتصنيع أو يتم بيعه بسعر منخفض (Hafeez *et al.*, 2006).

وعليه يكمن الهدف الأساسي من عملية الفحص والتفتيش في منع وصول المنتج المعيب إلى الزبون وتحسين العمليات وتخفيض تكلفتها ;Lau *et al.*, 2003) .Besterfield *et al.*, 1999: 8)

المرحلة الثانية: سيطرة (ضبط) الجودة Quality Control

كانت عملية الفحص والاختبار على جميع المنتجات في حال الإنتاج الكبير (Mass Production) مكلفة جدا، وبالتالي لا يمكن الاعتماد عليها، لذلك بدأ العمل خلال الفترة من (1930-1950) لإحلال التقنيات والأساليب الإحصائية للحد من ارتفاع التكلفة في عمليات فحص الجودة (Besterfield *et al.*, 1999: 8). وفي ضوء ذلك، بدأت مداخل الجودة

تهدف إلى تقليل نسبة المعيبات في المنتجات مستخدمة بالإضافة للمرحلة الأولى تطبيق الأساليب الإحصائية في ضبط الجودة لأداء أنشطة الجـودة والتحقـق من مطابقة المنتج لمقاييس ومواصفات الجودة.

من أجل ذلك أرتقت إدارة الجودة لمستوى ضبط الجودة لتمتاز باسـتخدام تقنيات إحصائية للمحافظة عـلى مطابقـة مواصـفات السـلعة للمعـايير، فقـد رأى (Besterfielf, *et al.*, 1999) أن ضبط الجـودة يتطلـب اسـتخدام الأدوات والقيـام بأنشطة مختلفة لتطوير جودة السلعة أو الخدمة. وبالتالي فإن ضبط الجودة يقوم على التأكد من أن تصميم السلعة مطـابق للمواصـفات المحـددة، والتأكـد مـن أن المنتج خلال الإنتاج والمنتج النهائي متوافق مع المواصفات (جودة، 2006: 25).

ومن التقنيات والأدوات الإحصائية لضبط الجودة (Lau *et al.*, 2003) ما يلي:

- سيطرة العمليـات باسـتخدام الطـرق الإحصـائية (SPC) Statistical Process Control.
- عينات القبول (AS) Acceptance Sampling.

وتعتبر سيطرة العمليات باستخدام الطـرق الإحصـائية (SPC) أداة وقائيـة على مستوى العمليات الإنتاجية، بحيث تقدم إنذار مبكر لانحراف تلـك العمليـات عن المسار المطلوب، بمعنى أن مخرجاتها تتجاوز حدود السيطرة المسـموح بهـا، إذ أنها تقلل من الهدر في الإنتاج ومن إصلاح أو إعادة تصـنيع بعـض المخرجـات، كـما تساعد في معرفة نقاط أو أماكن عملية الفحص والتفتيش التي من الممكن التخلص منهـا، إذ تكـون النتـائج الإحصـائية لتلـك النقـاط أو الأمـاكن دائمـا ضـمن حـدود السيطرة المرغوب (Elshennawy *et al.*, 1991).

أما عن عينات القبول (AS)، التي تعتبر من أكثر أساليب العينات الإحصائية انتشارا، فهي عبارة عن تطبيق للتقنيات الإحصائية من أجل تحديد ما إذا كانت جودة المواد والمنتجات مقبولة أم لا بالاعتماد على التفتيش أو الفحص للعينة المختارة (Krajewski and Ritzman, 2005: 202).

ويعد استخدام التقنيات والأدوات الإحصائية أسلوبا علميا واقتصاديا في تقييم وتحسين الجودة (Lau *et al.*, 2003)، وحسب دراسة (Stenberg and Deleryd, 1999) تطبق المنظمات التقنيات والأدوات الإحصائية من أجل تحقيق تكلفة أقل للجودة، وتقليل المنتجات المعيبة، وتقليل الحاجة للتفتيش، ولتحصيل معرفة أفضل عن العمليات والإنتاجية.

المرحلة الثالثة: تأكيد الجودة Quality Assurance

بدأت هذه المرحلة خلال الفترة من 1950 إلى 1970، بشكل لم تستبعد فيه سابقتها من المراحل، ولكنها استندت إليها ولكن بمنظور أوسع و أعمق و أشمل .ويشمل مدخل تأكيد الجودة على مجموعة من الأنشطة والممارسات والوسائل التي صممت لتسهيل إدارة الجودة وتحسينها، مثل سياسة الجودة، والإجراءات وتعليمات العمل، والإجراءات التصحيحية -أي مراجعة وتعديل إجراءات العمل-. والغاية الأساسية لهذه التسهيلات هو تقديم المعرفة والمعلومات للعاملين في المنظمة بجميع الأقسام والدوائر سواء الإنتاجية وغيرها، ليكونوا على علم واطلاع بالمعاملات أو المسائل أو الشؤون المرتبطة بالعمل وليكونوا واثقين من سير العمل ككل بالشكل الصحيح (الصيرفي، 2006: 140 ;13 :Juran, 1989).

وعليه، ساهم هذا المدخل في تطوير المفاهيم والممارسات ذات العلاقة بمفهوم التكامل والتنسيق بين برامج الإدارة من جهة، والسعي نحو تفعيل مشاركة كافة المستويات في تخطيط ومراقبة الجودة. وفي هذه المرحلة تم الانتقال من جودة المنتج إلى جودة النظام وأساسه منع وقوع الخطأ.

ويمكن تحديد الملامح الرئيسية لهذه المرحلة بالاتي (Burrill and Ledolter, 1999):

- التركيز على دراسة تكلفة الجودة لغرض تحديد مستوى الجودة.
- الاهتمام بقياس درجة الاعتمادية (Reliability) للسلع المكونة من أكثر من جزء عند تصميم المنتج.
- التركيز على تحقيق هدف تقليل نسبة المعيب لحد نقطة الصفر (Zero Defect).

المرحلة الرابعة: إدارة الجودة الشاملة Total Quality Management

كان أول ظهور لهذا المفهوم بداية الثمانينيات من القرن الماضي. وقد استخدم هذا المصطلح لأول مرة عام 1985 في الولايات المتحدة الأمريكية وذلك بسبب شدة المنافسة بين الصناعات اليابانية والأمريكية وتفوق الصناعات اليابانية عليها واكتساحها للأسواق (Talha, 2004: 15). وفي هذه المرحلة أصبح لإدارة الجودة سمات إستراتيجية، حيث شملت في عمليات التخطيط الاستراتيجي الذي تنفذه الإدارة العليا (Lau *et al.*, 2003; Calingo, 1996; Tummala and Tang, 1996). وفي هذا السياق فإن إدارة الجودة الشاملة هي امتداد لإدارة الجودة الإستراتيجية، ولكن إدارة الجودة الشاملة أكثر عمقا وشمولية من إدارة الجودة الإستراتيجية.

ويعتبر مدخل إدارة الجودة الشاملة من الاتجاهات الحديثة في الإدارة، وتقوم فلسفته على مجموعة من المبادئ التي يمكن أن تتبناها من أجل الوصول إلى أفضل أداء ممكن، فهي فلسفة إدارية ومدخل إستراتيجي ووسيلة لإدارة التغيير تهدف إلى نقل المنظمات المعاصرة من أنماط التفكير التقليدية لمختلف أوجه المنظمة إلى أنماط تفكير وممارسات تتلاءم مع البيئة والمتطلبات المعاصرة، كما يؤكد على مشاركة العنصر البشري بتحريك مواهبهم والتحسين المستمر.

3-2 مفاهيم إدارة الجودة الشاملة

1-3-2 مفهوم الجودة

يرجع مفهوم الجودة للكلمة اللاتينية *Qualitas* التي يقصد بها طبيعة الشخص أو الشيء ودرجة صلاحيته. وكانت تعني قديما الدقة والإتقان (يوسف، 2007). فالدين الإسلامي الحنيف أعطى اهتماما واسعا في التوكيد على العمل الجاد والنافع وهو ما نصت عليه الآية الكريمة (وقل اعْملواْ فسيرى اللـه عملكمْ ورسوله والْمؤْمنون) (التوبة، الآية: 105) وغيرها من الآيات. أما السيرة النبوية الشريفة فهي غنية بالأحاديث الشريفة التي تعظم العمل. فيقول النبي محمد صلى اللـه عليه وسلم "**إن اللـه كتب الإحسان في كل شيء**" . ويقول صلى اللـه عليه وسلم "**إن اللـه يحب إذا عمل أحدكم عملا أن يتقنه**". ويعرف قاموس أكسفورد الجودة على أنها الدرجة العالية من النوعية أو القيمة. أما فيلب كروسبي (Philip Crospy, 1979) فيرى أن الجودة هي "المطابقة مع المواصفات". ومن هذا المنظور عرف جارفن Garvin (1988) ثمانية مبادئ لأبعاد الجودة وهي (نقلا عن Zhang, 2001):

1. **الأداء Performance:** وهو الخصائص الأساسية في المنتج أو الخدمة.

2. **الميزات Features**: وهي خصائص إضافية للمنتج أو الخدمة مثل الأمان، سهولة الاستخدام، أو التكنولوجيا المتقدمة.

3. **الاعتمادية Reliability**: وتشير إلى قدرة المنتج على الأداء المرضي تحت ظروف التشغيل العادية ولمدة معينة من الزمن.

4. **الصلاحية Durability**: وهي العمر التشغيلي المتوقع، أي مدة بقاء المنتج أو الخدمة صالحة.

5. **المطابقة Conformance**: وهي الإنتاج حسب المواصفات المطلوبة أو معايير الصناعة، وكذلك تطابق صفات وأداء المنتج أو الخدمة مع الوصف المرفق.

6. **الخدمات المقدمة (خدمات ما بعد البيع) Serviceability**: وتتضمن حل المشكلات والاهتمام بالشكاوي بالإضافة إلى مدى سهولة الإصلاح، ويمكن قياس هذه الخدمات على أساس سرعة وكفاءة الإصلاح، كذلك مدى التجاوب مع الزبون مثل اللطف والكياسة في التعامل مع العميل.

7. **الجمالية Aesthetics**: وهي مرتبطة بذوق وإحساس العميل من حيث الخصائص المفضلة لديه، مثل الشكل، التصميم، الصوت، الطعم، الرائحة أو الملمس التي يمتاز بها المنتج أو الخدمة.

8. **السمعة Reputation**: وتتمثل بالخبرة والمعلومات والانطباعات عن المنتج، والتي تتركز حول إدراك الزبون لجودة المنتج، وذلك ناتج عن الاسم التجاري أو الإعلانات التجارية أو الصورة Image.

أما ادوارد ديمنغ (E.W. Deming, 1986) فيرى أن الجـودة هـي "درجـة متوقعة من التناسق والاعتماد تناسب السوق بتكلفة منخفضـة" (السلمي، 2001: 13).

وحاول البعض من خلال تعريفهم للجودة إلى ربطها بخصائص المنتجات وحاجات العميل وتوقعاته. فقد عرف بروك و بروك (Brock and Brock, 2000) الجـودة عـلى أنها "خصـائص ومزايا المنتـج التـي تتوافـق مـع حاجـات ورغبـات المستهلكين وتهدف إلى إشباعها" (نقلا عن الدرادكة والشلبي، 2002: 16).

وحسب منظمة المواصفات العالمية الأيزو ISO تـم تعريـف الجـودة بأنها "مجموعة من الصفات المميزة للمنتج أو الخدمـة والتـي تجعلـه ملبيا للحاجـات المعلنة والمتوقعة أو انه قادرا على تلبيتها" (Burrill and Ledolter, 1999: 126).

أما النظرة الواسعة والشاملة للجودة فقد قدمها(Ishikaea, 1988)، حيـث أشـار بـأن جـودة المنتـج أو الخدمـة، تشـمل عـلى جـودة طريقـة الأداء، وجـودة المعلومات، وجودة العمليات الإنتاجيـة، وجـودة مكـان العمـل، وجودة العـاملين بكافة مستوياتهم الوظيفية، وأخيرا جودة العمل ككل (نقلا عن Ivanovic and Majstorovic, 2006).

ويرى الباحث أن النظر إلى الجودة يتطلب تحقيق توازن بين طرفي المعادلة وهما: المنتج والمستهلك، بحيث يقوم المنتج بتوفير المنتجات المتوافقة مع متطلبات ورغبـات المسـتهلك ومحققـا العائـد المطلـوب بما ينسجم مـع تطلعـات المنظمـة ورؤيتها وأهدافها.

2-3-2 مفهوم إدارة الجودة

تعتبر إدارة الجودة منهج تطبيقي يتضمن مجموعة من الأنشطة والعمليات يقوم بها مجموعة من الأفراد المسئولين لتسيير شؤون المنظمة بغرض التغلب على المشكلات، والمساهمة بشكل مباشر في تحقيق النتائج المرجوة في ضوء حاجات وتوقعات العميل (درباس، 1994: 32). ويعتبر هذا المنهج عملية مستمرة لتحسين قضايا الجودة والمحافظة عليها.

وعرفت إدارة الجودة بأنها مهمة على نطاق المنظمة بأكملها للتحسين الفعال، بحيث تتطلب تنظيم وتنسيق من أجل تحديد الأهداف والنتائج المرغوبة، والتنبؤ بها (Germain and Spears, 1999). وتتخذ إدارة الجودة، كإستراتيجية للتحسين الفعال، أسلوبين رئيسيين وهما (Ivanovic and Majstorovic, 2006):

- تحسين جودة المنتج: حيث أن هذا الأسلوب مرتبط بمواصفات المنتج واحتياجات الزبون.

- تحسين فعالية وكفاءة المنظمة: يتضمن هذا الأسلوب أنظمة العمل Systems، ويسعى هذا الأسلوب لتقليل مستوى الأخطاء في المنتج النهائي وتقليل الهدر والتكلفة وتقليل الشكاوي.

وتتألف إدارة الجودة من ثلاث عمليات إدارية أساسية وهي (Juran, 1989: 11-14):

1. **التخطيط للجودة Quality Planning**: حيث تتضمن هذه العملية مما يلي:

- تحديد من هم العملاء، وتحديد حاجاتهم ورغباتهم.

- تطوير خصائص المنتج التي تلبي حاجات ورغبات العملاء.

- تصميم وتطوير العمليات اللازمة لإنتاج المنتج بالخصائص المطلوبة.

- تحويل الخطط إلى عمليات تنفيذية، وذلك بالاعتماد على إنشاء فرق العمل.

2. ضبط الجودة Quality Control: تهدف هذه العملية إلى تقليل التكلفة والهدر في العمليات سواء أكانت هذه التكلفة مادية أو مرتبطة بالزمن. وتقوم عملية ضبط الجودة على أساس أربعة عمليات فرعية متسلسلة وعلى النحو التالي:

- تعريف واضح للجودة.

- تحديد المتطلبات الأساسية المطلوبة (الأداء المثالي).

- تحديد كيفية قياس الأداء الحقيقي ومقارنته مع الأداء المثالي.

- كيفية أداء الإجراءات المتعلقة بضبط العملية إذا كان ذلك ضروريا.

3. تحسين الجودة Quality Improvement: تهدف هذه العملية إلى الوصول إلى مستويات أداء أعلى من مستويات الأداء الحالية سواء للمنتج أو للمنظمة. وعليه تهدف معظم برامج إدارة الجودة إلى (Germain and Spears, 1999):

1. فهم وتحسين العمليات التنظيمية.

2. تركيز المنظمة على احتياجات الزبائن.

3. تحفيز وتشجيع العاملين للمساهمة في تحقيق جودة المخرجات.

3-3-2 مفهوم إدارة الجودة الشاملة

لا يوجد ثمة تعريف متفق علية وذو قبول عام لدى المفكرين والباحثين لمفهوم ادارة الجودة الشاملة، إلا أن هناك بعض التعاريف التي أظهرت تصور عام لمفهوم إدارة الجودة الشاملة. فمثلا كانت أول محاولة لوضع تعريف لمفهوم إدارة الجودة الشاملة من قبل منظمة الجودة البريطانية حيث عرفت إدارة الجودة الشاملة على أنها "الفلسفة الإدارية للمؤسسة التي تدرك من خلالها تحقيق كل من احتياجات المستهلك وكذلك تحقيق أهداف المشروع معا" (حمود، 2002: 71).

ويحمل مفهوم إدارة الجودة الشاملة الكثير من المعاني بالنسبة للباحثين والمختصين فتعددت آراؤهم تبعا لخلفياتهم ونظراتهم إلى هذا المدخل الإداري الحديث، وكان لكل واحد منهم أسلوبه الخاص في تقديم العديد من الإسهامات والمبادئ الخاصة وسيتناول الباحث بعض هذه التعريفات والإسهامات وبعض نماذج إدارة الجودة الشاملة.

فقد عرف جوزيف جابلونسكي (Jablenski, 1993) بأنها "شكل من أشكال التعاون الذي يعتمد على القدرات المشتركة بين إدارة المؤسسة والعاملين لأداء الأعمال وبهدف تحسين الجودة وزيادة الإنتاجية بصفة مستمرة من خلال فرق العمل". في حين يرى المعهد الفيدرالي الأمريكي (1990) Federal Quality Institute بأنها "القيام بالعمل الصحيح من المرة الأولى مع الاعتماد على تقييم العميل لمعرفة مدى التحسن في الأداء"، حيث أن هذا التعريف يركز على الأداء الصحيح للعمل من المرة الأولى للوصول -في مرحلة معينة- إلى الحد الأدنى الممكن من العيوب (العيوب الصفرية) في المخرجات النهائية. لذا فان هذا التعريف يركز على المستفيد

النهائي من هذه المخرجات وهو العميل فجاء تعريفا محدودا لمفهوم إدارة الجودة الشاملة ليقدم لنا الهدف النهائي لهذا المفهوم فقط.

وعند المقارنة بين التعريفين السابقين نجد أن تعريف جابلونسكي جاء متطورا ومختلفا عن تعريف معهد الجودة الفيدرالي فركز على شكل الأداء ووصفه بأنه تعاوني يعتمد على مشاركة الجميع في المؤسسة بدءا بالمديرين مرورا برؤساء الأقسام ووصولا إلى العاملين.

كما وتطرق جابلونسكي لهدف رئيسي أخر وهو التحسن المستمر للجودة الإنتاجية عن طريق مشاركة جميع القوى البشرية في المؤسسة باستخدام وسيلة فرق العمل. كما جاء تعريف كوهين وبراند (1997) لإدارة الجودة الشاملة بأنها "التطوير مع المحافظة على إمكانيات المؤسسة لتحسين مستمر للجودة، والإيفاء بمتطلبات المستفيد وتجاوزها وكذلك البحث عن الجودة وتطبيقها في أي مظهر من مظاهر العمل بدءا من التعرف على احتياجات المستفيد وانتهاء بمعرفة مدى رضا المستفيد عن الخدمات أو المنتجات المقدمة له".

في حين أن فيتس رالد (Fitzgerald, 1999: 5) يصفها بأنها "نظام متكامل من المبادئ والطرق والممارسات للوصول إلى الأفضل في كل ما تقوم به المؤسسات، وتركز على فلسفة إدارية حديثة تجعل من الوسائل الإدارية والمهارات الفنية والجهود الابتكارية مزيجا للوصول إلى مستوى أداء وتطور مستمرين".

ويرى دليل إدارة الجودة الشاملة الصادر عن وزارة الدفاع الأمريكية بأنها "مجموعة المبادئ الإرشادية والفلسفية لتحسين أداء المؤسسة المستمر من خلال استخدام مختلف الأساليب الإحصائية والقوى البشرية المتوفرة لتحسين

الخدمة والمنتج الذي توفره المؤسسة لتلبية حاجات العميل في الوقت الحاضر والمستقبل" (المناصير، 1994). ويركز فنزانت و فنزانت (Vinzant and Vinzant , 1999: 11) في تعريفهما لإدارة الجودة الشاملة على أنها "تلبية شاملة لحاجات العميل وتوقعاته، متضمنة جميع المديرين والعاملين، وذلك باستخدام أساليب كميه لتحسين عمليات المؤسسة الخدمية والإنتاجية بشكل مستمر".

كما وتعرف إدارة الجودة الشاملة بأنها فلسفة إدارية متكاملة ومجموعة من الممارسات التي تهتم بتحقيق التكامل بين التحسين المستمر، وتحقيق متطلبات الزبون، وتقليل مراجعة العمل، والتفكير الإستراتيجي، وزيادة مشاركة العاملين، وتفعيل دور فرق العمل، ومراجعة العمليات وإعادة تصميمها، والمقارنة المرجعية القائمة على التنافس، وحل المشكلات بالاعتماد على فرق العمل, والقياس الدائم للنتائج وبناء علاقات أقوى مع الموردين. كما أحدثت إدارة الجودة الشاملة نطاق واسع من المنافع في تحسين الاتصالات الداخلية، وحل المشكلات بشكل أفضل، وتحفيز العاملين والتزامهم بشكل أفضل تجاه المنظمة، وعلاقات أمتن مع الموردين، وفهم لحاجات الزبائن، وزيادة رضا الزبون، وتقليل أخطاء العمل والهدر (Sharma, 2006).

أما تعريف منظمة الأيزو (ISO 8402) عام 1994 فيرى أن إدارة الجودة الشاملة عبارة عن "مدخل إداري للمنظمة يرتكز على مفهوم الجودة ومبنى على مشاركة كافة العاملين، ويهدف إلى الربحية على المدى الطويل من خلال الوصول إلى رضاء العميل، والفوائد التي تعود على العاملين وعلى المجتمع". وفي آخر تعديل لتعريف إدارة الجودة الشاملة طبقا لمنظمة الأيزو فإنها تعتبر بمثابة إستراتيجية إدارية شاملة وطويلة المدى تتطلب مشاركة جميع أعضاء

المنظمة للفوائد التي تعود على المنظمة ذاتها، وأعضائها وعملاءها والمجتمع ككل.

ومن هنا يمكن تحديد مفهوم إدارة الجودة الشاملة على أنها مسيرة شاملة لتطوير المؤسسة وانتقالها من مرحلة التطبيق الأولي للجودة إلى مرحلة التميز والتفوق. وعليه تعد إدارة الجودة الشاملة على أنها منظومة فكريه جديدة تتضمن مفاهيم وأنشطة متعددة تجتمع هذه المفاهيم والأنشطة لتشكل مدخلا شاملا متكاملا لأداء العمل بمستوى حرفي ومتميز من الجودة والنوعية. ومن هنا سميت بالجودة الشاملة لأنها تؤثر على كل شيء في المؤسسة وعلى كل عامل فيها وتتطلب التزاما شاملا من الجميع إداريين ومنفذين.

4-2 مبادئ وعناصر وركائز إدارة الجودة الشاملة

للتعرف على مبادئ وعناصر وركائز إدارة الجودة الشاملة كان لا بد من التطرق لإسهامات ابرز رواد هذا المدخل الإداري ومقارنته مع المدخل التقليدي في الإدارة. ومن هنا فإن الباحث سوف يتطرق إلى رواد هذا المجال من أمثال جروسبي (Crospy, 1979)، وايشكاوا (Ishikawa, 1985)، وديمنغ (Deming, 1986)، وفيجنبوم (Fiegenbaum, 1991)، وجوران (Juran, 1994).

أ- إسهامات جروسبي (Crospy, 1979) في إدارة الجودة الشاملة

يعتبر جروسبي (Crospy) من أوائل الرواد المهتمين في إدارة الجودة الشاملة. ففي عام (1979) ركز في كتاباته على التركيز على المخرجات، بحيث كان من أصحاب مفهوم العيوب الصفرية (Zero Defect) وذلك عن طريق الحد من العيوب في الأداء. ومن ابرز اهتمامات هذا الرائد كانت

في مجال وضع بعض المعايير التي لا تقيس الخلل فقط، وإنما تقيس أيضا التكلفة الإجمالية للجودة. حيث قام بتقسيم تكاليف الجودة إلى قسمين وهما: تكلفة المطابقة وتكلفة عدم المطابقة[1].

كما أكد جروسبي (Crospy) على ضرورة مشاركة الإدارة العليا في قضايا الجودة؛ إذ انه أعتبر أن مفتاح النجاح في تطوير الجودة هو تغيير أفكار الإدارة العليا في عدم قبول الأخطاء، ومكافأة الموظفين وتعليمهم وتدريبهم. كما أكد جروسبي (Crospy) على مفهوم الحماية بدلا من مفهوم التفتيش، أي الوقاية ما أمكن من حدوث الخلل.

ويعتبر جروسبي (Crospy) من مؤسسيـ فكرة القيام بأي عمل داخل المؤسسة بشكل صحيح من أول مرة (Wood, 1988: 25). حيث أشار إلى أن سبب أي خطأ يقع في أي دائرة أو قسم أو مؤسسة يكون عادة ناتجا عن سببين وهما:

- نقص المعرفة الذي يمكن التخلص منه عن طريق التدريب والتعليم.
- قلة الانتباه الذي يمكن علاجه عن طريق التزام الموظفين.

وأخيرا يعتمد برنامج جروسبي (Crospy) على عدد من الأركان الأساسية التي تشكل في مجموعها رؤيته لإدارة الجودة الشاملة، ومن أهم هذه الأركان ما يلي (Sun, 2000):

1- الالتزام الثابت من قبل الإدارة العليا بقضايا الجودة.

1- تشتمل تكلفة المطابقة على تكلفة التعليم والتدريب والوقاية والتقييم والاختبار والتفتيش، أما تكلفة عدم المطابقة فتشتمل على تكاليف إعادة التفتيش والاختبار، وكذلك تكلفة إصلاح المعيب أو التخلص منه، إضافة إلى التكاليف المتعلقة بالجوانب والخدمات القانونية والاستحقاقات وفقدان العملاء (المهيدب، 2005).

2- تكوين فرق عمل لتحسين الجودة تتكون من ممثلين من كـل قسـم داخـل المؤسسة.

3- استخدام القياس كأداة موضوعية لمعرفة إن كانت هنالك أي مشاكل حالية أو محتملة حول عدم مطابقة المنتج للمواصفات المطلوبة.

4- تقدير تكلفة تقييم الجودة وتوضيح كيفية استعمالها على أنها أداة إدارية.

5- زيادة الوعي بأهمية الجودة عن طريق زيادة مستوى معرفة المـوظفين في المؤسسة عن الجودة والتزام العميل فيها.

6- التركيز على تعليم الموظفين وتدريب المشرفين للقيـام بشـكل فعـال بـأداء دورهم في عملية تحسين الجودة.

7- تشجيع الابتكار الفردي والجماعي داخل المؤسسة؛ وذلك من خـلال وضـع أهداف لتحسين الجودة والأداء.

8- التأكيد على أن عملية تحسين الجودة مستمرة ولا تنتهي أبدا.

ب- إسهامات ايشكاوا (Ishikawa, 1985) في إدارة الجودة الشاملة

أثـرى العالـم اليابـاني ايشـكاوا (Ishikawa, 1985) إدارة الجـودة الشـاملة بإسهامـات عظيمـة فهـو يعتبر الأب الحقيقـي لـ "حلقـات الجـودة" Quality) (Circle. وتعرف حلقات الجودة بشكل عام بأنها مجموعات صغيرة من المتطوعين في نفس مجال العمل يتراوح عـدد أفرادهـا مـن 5 إلى 10 أفراد، يجتمـع أفرادهـا بشكل منتظم من أجل تعريف وتحليل وحل القضايا والمشكلات المتعلقة بـالجودة وذلك ضمن مجال ومكان مسؤولياتهم. ويتم تدريب الأفراد على بـرامج متخصصـة في حل المشكلات وتقنيات السيطرة الإحصائية،

وتكون هذه المسؤوليات مضافة إلى مسؤوليات الأفراد الأساسية (Barrick and Alexander, 1992; Griffin, 1988).

وقد تبين لاحقا أن حلقات الجودة تحقق نتائج ايجابية لأداء المنظمات التي تطبقها وتمارسها، ومن هذه النتائج ما يلي (Barrick and Alexander, 1992):

1. حل فعال للمشكلات المتعلقة بقضايا الجودة وتحسين أساليب الإنتاج بالتالي تحسين النوعية والإنتاجية.

2. تعزيز تحفيز العاملين وتحسن موقف العاملين تجاه أمور الجودة بحيث تكون ايجابية.

3. زيادة في متوسط التوفير السنوي وتقليل الخسائر المالية للمنظمات.

4. بناء علاقة جيده بين أعضاء الحلقات والإدارة وذلك بتفعيل الاتصالات بينهم (Talib and Ali, 2003).

5. تخفيض كبير وملحوظ في هدر المواد.

6. تحسين مهارات الأفراد في حل المشكلات (جودة، 2006: 66).

وأكد ايشكاوا (Ishikawa, 1985) على أن مشاركة الموظفين تلعب دورا هاما في نجاح تطبيق إدارة الجودة الشاملة. ومن وجهة نظره أن تطوير الجودة مستمر لا يمكن أن ينتهي مع الزمن، وأن الجودة الشاملة تبدأ بشكل فعلي بعملية التدريب والتعليم للموظف وتنتهي أيضا بالتدريب والتعليم له. كما ودعا إلى التخلص من جميع أنواع إهدار الطاقات والوقت، وحث على بث روح الفخر والاعتزاز بالأداء بين العاملين، وزيادة الاهتمام بعنصري الإبداع والابتكار (زين الدين: 1996).

ج- إسهامات ديمنغ (Deming, 1986) في إدارة الجودة الشاملة

يعتبر المستشـار الأمريكي ديمنـغ (Deming, 1986) مـن أبـرز المؤسسـين لإدارة الجودة الشاملة؛ فهو صاحب التوزيع العـددي الإحصائي مـن أجـل تحسـين الجودة من خلال تطبيقات الرقابة الإحصائية للجودة (Logothetis, 1992). ممـا يسهل التشـخيص الـدقيق لأسـباب المشكلات الجوهريـة ومـن ثـم حلهـا، وتعتبـر إستراتيجيته المتكاملة المكونة من أربعة عشرة نقطـة لإدارة الجودة الشـاملة هـي الحل الأنجع لعلاج المعوقات التي تواجه قضايا الجودة. وقد قام ديمنغ (Deming, 1986) بتقسيم إستراتيجيته مناصفة إلى سبعة نقاط يجب إتباعهـا وأخـرى يجـب الإقلاع عنها كما ذكرها والتون (Walton , 1985) وهي:

<u>النقاط التي يجب إتباعها:</u>

1- الإبداع والبحث العلمي والتطوير المستمر للمنتج والخدمة وصيانة الأجهزة.

2- تبني فلسفه جديدة قد تصل إلى تغيير الإدارة، وتطوير الهياكل التنظيمية وغير ذلك.

3- التحسين المستمر واللانهائي لطرق العمل والمراجعة الدورية.

4- تطوير برامج تدريب العاملين عـلى الوسـائل الإحصـائية للتعـرف عـلى نوعيـة المشكلات ومصادرها.

5- استخدام الطرق الحديثة للتدريب والتعليم.

6- وضع برنامج نشط للتعليم عن طريق تقديم المشورة من قبل أفراد مشهود لهم بالكفاءة والاستمرار في التدريب حتى يصل المنتج إلى مستوى عال ومرض.

7- اتخاذ قرار لانجاز التحول إلى نظام إدارة الجودة الشاملة ويتطلب ذلك إشراك الجميع في عملية التحول.

أما النقاط التي يجب الإقلاع عنها فتشمل:

1- الإقلاع عن أساليب التفتيش الجماعي.

2- الإقلاع عن فلسفة الشراء اعتمادا على السعر فقط.

3- الإقلاع عن الخوف من التغيير، وغرس التعليم، والتعبير عن الأفكار.

4- الإقلاع عن وضع الحواجز التنظيمية بين الأقسام المختلفة.

5- الإقلاع عن الشعارات والمواعظ والتحذيرات ونقد العاملين لأنها قد تولد الإحباط والاستياء.

6- الإقلاع عن أسلوب الحصص العددية (Numerical Quotas).

7- الإقلاع عن إيجاد أي عوائق قد تحرم العاملين من حقهم في التباهي ببراعة عملهم، واظهار مهاراتهم وتطبيق معارفهم.

كما انه ومن خلال النقاط السابقة استنتج ديمنغ عدة معوقات تؤثر على سير تحسين الأداء ويطلق عليها الأمراض السبعة القاتلة (The Seven Deadly Diseases) وهي (زين الدين، 1996):

1- عدم وجود هدف عند وضع الخطة للمنتج أو الخدمة.

2- الاهتمام بالأهداف قصيرة الأجل والتركيز عليها.

3- عدم وجود أنظمة وأسس لتقييم الأداء للعاملين يستند عليها في تحديد الجدارة.

4- التغيير المستمر في القيادة الإدارية بما يعرف بحركية الإدارة.
5- اتخاذ القرارات في ضوء البيانات المتوفرة وتجاهل البيانات التي تحتاج إلى جهد.
6- عدم توفر الجودة في المنتج من المرحلة الأولى.
7- تكاليف ضمان المنتج المرتفعة، كالتكاليف الصحية، والاستشارات القانونية.

وفي إطار التحسين المستمر قدم ديمنغ (Deming, 1986) أسلوبا منهجيا يعرف بدورة دمينغ Deming Cycle، ويبين الشكل رقم (2-1) ابرز جوانب هذه الدورة.

حيث تعتبر هذه الدورة تقنية ممتازة لتقصي وحل المشكلات من أجل تحسين الجودة بشكل مستمر، إذ أنها تلاءم أي فكرة يراد تطبيقها أو تحسينها. ويمكن أن تطبق دورة دمينغ Deming Cycle، بشكل متكرر ومستمر في جميع الوظائف والمهام في المنظمة من أجل ضمان التقدم والتطور بالإضافة إلى التعلم وابتكار المعرفة الجديدة (Ahmed and Hassan, 2003).

الشكل رقم(2-1)
دورة ديمنغ في التحسين المستمر

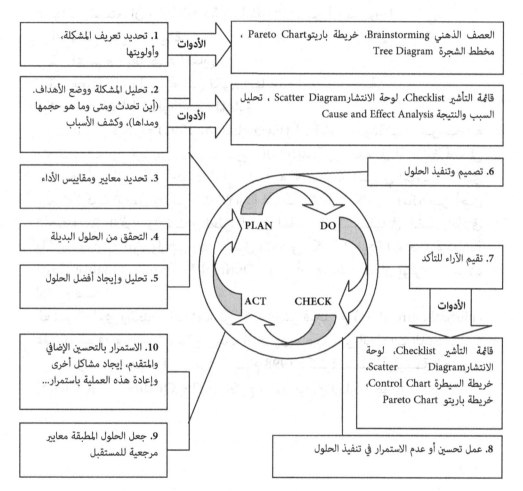

المصدر: (الردايدة، 2008) اعتمادا على (Ahmed and Hassan, 2003)

إسهامات فيجنبام (Fiegenbaum, 1991) في إدارة الجودة الشاملة

كانت نظرة فيجنبـام (Fiegenbaum, 1991) إلى إدارة الجودة الشاملة الفعالة تتطلب درجة عالية من التكامل الوظيفي الفعال بين مجموعة من العوامل وهي العنصر البشري والآلات والمعلومات المتوفرة والتشديد على طريقة نظام الجودة. واستنتج أن إدارة الجودة الشاملة تتألف من أربعة مراحل، وهي:

1- وضع معايير للجودة.

2- تقييم مطابقة هذه المعايير.

3- معرفة المدة الزمنية التي تكون فيها هذه المعايير مناسبة.

4- رسم الخطط لتطوير هذه المعايير.

وأدعى فيجنبام (Fiegenbaum, 1991) أن قياس الجودة يبـدأ مـن معرفـة متطلبات العميل وينتهي فقط عنـد إيصال الخدمة إلى العميل للمحافظـة علـى رضاه. وتطرق إلى نظام الجودة الكلي على أنـه الاتفـاق الواسـع في المؤسسـة الـذي يحدث تركيبة العمل والإجراءات الإدارية الموثقة بشكل متكامل وفعال؛ مـن أجـل توجيه أعمال الأفراد والآلات والمعلومات في المؤسسـة وتنسـيقها في أفضـل الطرق وأكثرها ممارسة للوصول إلى رضا العميل وتحقيق تكلفة الجودة الاقتصادية المثالية (Optimal Economic Quality Cost). وبين أن هنالك عنصران يؤثران في جودة الإنتاج هما:

العنصر البشري والعنصر التكنولوجي. كـما وركـز فيجنبـام (Fiegenbaum, 1991) على أن معرفة وتعليم الموظفين يجب أن تكون منصبة على اتجاهات الجودة.

واقـترح هـذا الرائـد في العـام 1998 فكـرة سلسـلة قيمـة الجـودة (The Quality Value Chain)، واقترح عشرة مبادئ لإدارة الجودة في

ضوءها. وهذه المبادئ هي (Sun, 2000):

1. الجودة هي عملية Process في كل جزء من المنظمة.
2. الجودة تقيم من قبل الزبون.
3. الجودة والتكلفة مكملتان لبعضهما البعض وليس متناقضتان.
4. نجاح الجودة يتطلب الحماس والالتزام من قبل العاملين والموظفين والمدراء.
5. الجودة هي أسلوب أو منهج للإدارة.
6. الجودة والابتكار يعتمد كل منهما على الآخر.
7. الجودة مجموعة من المبادئ الأخلاقية ذات تأثيرات نفسية أكثر منها محسوسة.
8. الجودة تتطلب التحسين بشكل مستمر.
9. الجودة تسهم بشكل كبير في زيادة الإنتاجية.
10. تنفذ الجودة في منظومة كاملة تضم الزبائن والموردين.

إسهامات جوران (Juran, 1994) في إدارة الجودة الشاملة

يعتبر العالم الأمريكي جوران (Juran, 1994) من العلماء الذين أدخلوا مفاهيم جذرية ونظريات رئيسية في مجال إدارة الجودة الشاملة، وله الكثير من المؤلفات المتداولة في مختلف دول العالم. وهو صاحب المقولة المشهورة (إن تحقيق الجودة لا يكون بالعمل الارتجالي، فالجودة لا تأتي بالصدفة بل يجب أن تكون مخططة).

ويرى جوران (Juran, 1994) أن إدارة الجودة من منظور شمولي تتطلب المراحل التالية:

1- تخطيط جيد للجودة.

2- رقابة الجودة.

3- تحسين مستمر للجودة.

وحسب منظور جوران (Juran, 1994) فإن هناك نوعين من المشاكل تواجه تطبيق أسلوب إدارة الجودة وهما:

1- المشكلات المتقطعة (Discrete Problems): وهي المشكلات التي يتم كشفها والعمل على تصحيحها خلال عملية الرقابة على الجودة.

2- المشكلات المتواصلة (Continuous Problems): وهي المشكلات التي تكون بسبب خلل في عملية التخطيط لجهود الجودة.

كما وحدد جوران (Juran, 1998) مجموعة عالمية وشاملة Universal من الأنشطة والتي تمثل برأيه العناصر الأساسية لإدارة الجودة وهي (Sun, 2000):

1. قيام الإدارة العليا بالتغيير من أجل الجودة.
2. توسيع خطة العمل تشمل أهداف وغايات الجودة.
3. التركيز على احتياجات الزبون.
4. التخلص من التكاليف الناتجة عن الجودة السيئة.
5. تحسين الجودة بشكل مستمر لدرجة التغيير الجذري.
6. تقليل طول فترة الدوران الزمنية لأي عملية أو منتج أو خدمة.
7. الشراكة مع الموردين.
8. تحفيز وتعليم القوة العاملة.

ولتسليط مزيد من الضوء على مبادئ إدارة الجودة الشاملة، سيتم إجراء مقارنة بين مدخل ادارة الجودة الشاملة والمدخل التقليدي ليتسنى لنا استقراء المزيد من مبادئ هذه الفلسفة الإدارية الحديثة. ويبين الجدول رقم

(2-1) عقد مقارنة بين هذين المدخلين.

جدول رقم (2-1)

مقارنة بين مدخل الإدارة التقليدية ومدخل إدارة الجودة الشاملة

الإدارة التقليدية *Traditional Management Practices*	إدارة الجودة الشاملة *Total Quality Management practices*
- تسعى للمحافظة على الوضع القائم.	- تسعى إلى التطوير المستمر في الأنظمة والتعليمات.
- هرمية وجمود الهيكل التنظيمي في خطوط السلطة.	- الهيكل التنظيمي مرن وأقل تعقيدا.
- العلاقات بين الرئيس والمرؤوس تقوم على السيطرة.	- العلاقات بين الرئيس والمرؤوس تقوم على الثقة والمشاركة.
- تحديد مواصفات الجودة يتم قبل معرفة تطلعات العميل.	- تحديد مواصفات الجودة من خلال مساهمة العملاء.
- تركز على الجهد الفردي.	- تركز على الجهود الجماعية.
- تنظر إلى المدير على انه شرطي ورقيب.	- تنظر إلى المدير كميسر للعمل
- بناء القرارات يتم على أساس المشاعر والأحاسيس.	- بناء القرارات يتم من خلال الحقائق والأنظمة.
- الإنتاجية والجودة هدفان متضاربان لا يمكن تحقيقهما معا.	- تحسين الجودة لتعزيز الإنتاجية.
- العاملون هم المسئولون عن الجودة.	- الجودة مسؤولية مشتركة على مستوى المنظمة ككل.

المصدر: (الخلف، 1997: 124)

وفي ضوء ما سبق نستطيع القول أن هنالك جملة من المبادئ التي ترتكز عليها إدارة الجودة الشاملة؛ إن أي مؤسسة تقوم بتطبيق المبادئ الإدارية لتحسين الجودة سوف تنجح حتما في تحقيق مستوى متميز في الأداء إذا تبنت هذه المبادئ وهي:

1- العميل هو محور اهتمام أي منظمة، وعلى المنظمة وحتى تضمن لنفسها الاستمرارية والبقاء أن تستمر في تقديم منتجات وخدمات تلبي احتياجاته ومتطلباته فتكون سريعة وخالية من العيوب والأخطاء وسعرها منافس.

2- دعم ومشاركة الإدارة العليا في جهود الجودة والقضايا ذات العلاقة بها قولا وعملا عن طريق توفير الموارد اللازمة ووضع الشخص المناسب في المكان المناسب وتدريب جميع الموظفين وتحفيزهم.

3- تحسين الأداء المؤسسي مسؤولية جميع الأفراد العاملين في المنظمة بمختلف مراتبهم

4- التحسين المستمر لجودة المنتجات والخدمات والعمليات المنتجة لها لمواكبة التغير في احتياجات العميل والتكنولوجيا والظروف الاقتصادية والسوقية.

5- تشكيل الفرق ومشاركة جميع الأفراد العاملين في المنظمة في جهود التحسين والعمل بروح الفريق الواحد لتقديم منتجات وخدمات عالية الجودة لتحقيق النمو المعرفي والمهني على المستوى العام في المنظمة.

6- النظر إلى المنظمة وإدارتها كمنظومة عمل متماسكة تتألف من مجموعة عمليات متفاعلة ومرتبطة مع بعضها البعض.

7- اتخاذ القرارات على أساس الحقائق والبيانات الإحصائية واستخدام مقاييس ومؤشرات لقياس الأداء.

8- إزالـة كافـة الحـواجز الإداريـة بيـن الإدارات وفتـح قنـوات الاتصـال الشـفوي والمكتوب وتبادل المعلومات بين مختلف مسؤولي الإدارات رأسيا وأفقيا.

9- تقدير ومكافأة الجهـود والإنجـازات المتميـزة لجميـع الأفـراد العـاملين بجميـع مراتبهم

10- تمكين الموظف وتوفير الأدوات والصلاحيات اللازمة له للقيام بالعمل وتحقيـق الإنجاز والإحساس بقيمته وأهميته.

11- إبعاد الخوف عن الموظف وإعطائه الإحساس بالأمان في عمله

12- التخطيط والتنظيم واعتماد منهجيـة واضحة ومفهومـة لتحسـين العمليـات الإنتاجية والخدمية بهدف تقديم منتجات وخدمات بسـرعة وخاليـة مـن العيـوب والأخطاء وبتكاليف معقولة.

13- إيجاد الهياكل التنظيمية وأنظمة الحوافز وإجراءات وسياسات العمل المناسبة التي تؤدي إلى التفهم الكامل لروح المشاركة من قبل الجميع.

14- تضافر الجهود ما بين المؤسسة ومموليها في تحسين الجـودة واسـتعمال بـرامج إدارة الجودة الشاملة.

15- دعم ثقافة التحسين المستمر داخل المؤسسة وخلق علاقـات عمـل بنـاءه بيـن أفرادها.

16- الاعتماد في تحسين الجودة للخدمة أو المنتج على حاجات المستهلك.

وبما أن إدارة الجـودة الشـاملة هـي منهجيـة حديثـة لإدارة المؤسسـات وتحسين أدائها بشكل متطرد بغية الاستمرار في إنتاج و تقديم منتجات وخدمات تلبي احتياجات وتوقعات العميل المتنامية وسعيا وراء المحافظة على مركز تنافسي- متقدم، كان لا بد لهذه الإدارة من أن تقوم على مجموعة من المرتكـزات الأساسـية لإدامة نجاحها في تحقيق الغايات المرجوة منها.

وتعتبر المرتكزات الأساسية لإدارة الجودة الشاملة ذات أهمية كبيرة في إطار التطبيق العملي لها في مختلف المنظمات العامة والخاصة، إذ إن هذه المرتكزات من شأنها إن تشير إلى الحقائق الأساسية التي ينبغي إن يرتكز عليها عند الشروع بتنفيذ إدارة الجودة الشاملة في مختلف المنظمات إذ تشير تلك المرتكزات إلى البناءات الفكرية والفلسفية التي يستند إليها الجانب العلمي في التطبيق (عبد المحمود، 2004).

من خلال معاينة الأدبيات التي تناولت ركائز إدارة الجودة الشاملة بشكل عام وخاص، يمكننا التوصل إلى ما يلي:

● أن الركائز الأساسية لإدارة الجودة الشاملة تختلف من باحث لآخر تبعا للتباينات الفكرية والعملية لكل منهم.

● في تطبيق إدارة الجودة تتبع المنظمات نماذج (Models) معيارية معروفة ومناسبة وفقا لطبيعة البيئة المحيطة كمرشد لإدارة الجودة.

ووفقا لدراسة (Lakhal et al., 2006) صنف الباحثون ركائز إدارة الجودة الشاملة إلى ثلاث ممارسات رئيسية وهي:

أ. **الممارسة الإدارية (Management Practice):** ومنها دعم ومؤازرة والتزام الإدارة العليا لقضايا الجودة.

ب. **ممارسات أساسية للنظام (البنية التحتية) (Infrastructure Practices):** وهي تدريب ومشاركة العاملين، والتركيز على العميل، والتنظيم لأجل الجودة، والمساندة المستمرة وإدارة العلاقة مع الموردين.

ج. **الممارسات الجوهرية والمطلوبة (Core Practices):** وهي استخدام المعلومات والتحليل والتقنيات والأساليب الإحصائية المتعلقة بالجودة.

ويبين الجدول رقم (2-2)، ابرز ركائز إدارة الجودة الشاملة كما وردت وصنفت عند بعض الباحثين.

الجدول رقم (2-2)

ركائز إدارة الجودة الشاملة حسب رأي مجموعة من الباحثين

(Tari, 2005 نقلا عن Ahire, 2000)	
1. التزام الإدارة العليا. 2. إدارة جودة الموردين. 3. أداء الموردين. 4. التركيز على العملاء. 5. استخدام تقنيات سيطرة العمليات الإحصائية. 6. المقارنة المرجعية.	7. استخدام معلومات الجودة الداخلية. 8. مشاركة العاملين. 9. تدريب العاملين. 10. إدارة جودة التصميم. 11. تمكين العاملين. 12. جودة المنتج.
(Lakhal *et al.*, 2006)	
1. دعم والتزام الدارة العليا. 2. التنظيم من اجل الجودة. 3. تدريب الموظفين. 4. مشاركة الموظفين. 5. إدارة جودة المزودين.	6. التركيز على الزبائن. 7. الدعم المستمر. 8. تحسين نظام الجودة. 9. المعلومات والتحليل. 10. استخدام تقنيات الجودة الإحصائية.
(Lewis *et al.*, 2006)	
1. التركيز على الزبائن. 2. القيادة.	5. إدارة الأنظمة. 6. التحسين المستمر.

3. مشاركة الأفراد. 4. إدارة العمليات.	7. صنع القرارات اعتمادا على الحقائق. 8. العلاقة مع الموردين القائمة على المنفعة المتبادلة.
(السالم والعلاونة، 2006)	
1. التزام ودعم الإدارة العليا. 2. سياسات وأهداف خاصة بالجودة. 3. نظام الحوافز والمكافآت. 4. التدريب والتعليم. 5. التحليل والتصميم.	6. الإدارة بناء على الحقائق. 7. السيطرة على المعلومات. 8. مشاركة العملاء. 9. مشاركة الموردين أو الشركات الاستشارية. 10. المشاركة وتفويض الصلاحيات للعاملين.

كذلك صـنفت الركائز ضـمن نظامين رئيسـيين وهـما (Tari, 2005; Tari and Sabater, 2004):

1. **النظـام الإداري (Management System):** والـذي يتضـمن: القيـادة، التخطيط، تدريب ومشاركة العاملين وغيرها. وسيمثل هـذا النـوع مـن الركائز المحور الرئيسي لهذه الدراسة.

2. **النظـام التقنـي (Technical system):** والـذي يتضـمن أدوات وتقنيـات تحسين الجودة. سيتم التطرق إلى هـذا النـوع بصـورة غـير تفصيلية لأنـه خارج محور اهتمام هذه الدراسة.

أولا: ركائز النظام الإداري Management System Bases

(1) التدريب Training:

يحتل التدريب في المنظمات الحديثة موقعا محوريا، إذ أنه يشكل العمود الفقري لأية مجهودات تبذلها هذه المنظمات نحو التطوير والتحديث والاستجابة للمتغيرات والمستجدات البيئية الأمر الذي استوجب أن تكون برامج التدريب ملائمة للاحتياجات التدريبية الإدارية المختلفة لتزويد الأفراد العاملين بالكفايات والمهارات والاتجاهات والمعارف التي تتطلبها طبيعة وظروف المهام الموكلة إليهم، وما يواكبها من تغيرات وتطورات وتجديدات (العقيلي، 1996).

إن البدء بأنظمة جديدة مثل إدارة الجودة الشاملة، في الوقت الذي لا يمتلك العاملين المهارات الأساسية للعمل في إطار النظام الجديد، سيؤدي إلى فشل حتمي للنظام. إذ تعد إدارة الجودة الشاملة ثقافة جديدة تتطلب وظائف، ومسؤوليات، ومعتقدات، وأساليب تصرف وإمكانيات تختلف عن تلك التي في الأنظمة التقليدية، لذلك سيكون التدريب الأولوية رقم واحد في خطط وسياسات تطبيق النظام الجديدة إذ سيكون التدريب قادر على تغير أداء الأفراد والسلوكيات الأخرى التي سترسخ الثقافة الجديدة Thiagarajan and Zairi, 1997; Arasli, 2002).

ويسعى نشاط التدريب إلى تحقيق هدف رئيسي عام وهو التخلص من جوانب ومظاهر الضعف والقصور في الأداء سواء الحالي أم المستقبلي. وعلى ضوء هذا الهدف العام، ينبثق ثلاثة أهداف فرعية لنشاط التدريب (العقيلي، 1996):

- إكساب الفرد العامل مهارات ومعلومات وخبرات تنقصه.

- إكساب الفرد العامل أنماطا واتجاهات سلوكية جديدة لصالح العمل.

- تحسين وصقل المهارات والقدرات الموجودة لدى الفرد العامل

أما التدريب لتحسين الجودة يتضمن برامج متعلقة بتحسين العمليات مثل مهارات بناء فرق العمل والاتصال والمهارات الفنية والتقنية عن العمليات، بالإضافة إلى مهارات حل المشاكل وصنع القرارات وسيطرة العمليات الإحصائية (الأدوات والتقنيات الإحصائية)، واستخدام المقارنة المرجعية، والعناية بالزبون، والإلمام بتكاليف الجودة، بالإضافة إلى التدريب على القيادة وكيفية تهيئة بيئة الجودة وهذا النوع من التدريب يعتبر في صميم إدارة الجودة الشاملة (Arasli, 2002; Kanji, 1991; Curry and Kadasah, 2002).

ويؤكد ميشلتسش (Michlitsch, 2000) بأن من أهم عوامل نجاح تنفيذ وتطبيق إدارة الجودة الشاملة في المنظمة هو الحصول على أفراد عاملين ذوي أداء متميز، وأن يكون لديهم ولاء وانتماء للمنظمة، وهذا لا يتأتى بدوره إلا من خلال عملية التدريب. وبناء على ما سبق، فإن النشاط التدريبي يعتبر أساسا مهما في نجاح جهود إدارة الجودة الشاملة في أي منظمة.

(2) التمكين Empowerment:

عندما نعرف التمكين كمفهوم إداري، فغالبية التعاريف تتفق على أن التمكين يختص بمنح الموظف السلطة المتعلقة بالأعمال والموضوعات ضمن تخصصه الوظيفي، وتحريره من الضبط المحدد عن طريق التعليمات، ومنحه الحرية لتحمل مسئولية آرائه، وقراراته، وتطبيقاته.

ويعنى التمكين بدعم البني التحتية في المنظمة، وذلك بتقديم المصادر الفنية وتعزيز الاستقلالية والمسؤولية الذاتية والتركيز على العاملين في العمل،

ومنحهم القوة والمعلومات والمكافآت والمعرفة وحمايتهم في حالات السلوك الطارئ وغير المتوقع خلال خدمة المستهلك، والتركيز على العاملين الذين يتعاملون مع المستهلك ويتفاعلون معه.

وتعتبر المشاركة في صنع واتخاذ القرارات من المبادئ الأساسية لنجاح إدارة الجودة الشاملة، وإنها تأثيرها يكون لعمل مشترك ما بين الرؤساء والمرؤوسين في المنظمة. كما أنها بمثابة برنامج تحفيزي مصمم لتحسين الأداء.

يمكن أن يكون التمكين من خلال عملية الاختيار والتدريب المطلوبة لتزويد العاملين بالمهارات اللازمة والثقافة لتعزيز حق تقرير المصير والتعاون والتنسيق بدلا من التنافس، وفي منظمات جودة الخدمة يمكن استيعابها إجرائيا (Operationalized) بتشجيع العاملين على الاستجابة للمشكلات المتعلقة بالجودة وتزويدهم بالمصادر وتفويض السلطات لهم. كما أن إدراك العاملين لمعنى التمكين يعزز الإخلاص لديهم وتكريس أنفسهم للاهتمام بالمستهلكين والآخرين وتعزيز الرضا لديهم (Ugboro and Obeng, 2000).

ترتكز عملية التمكين إلى الفلسفة الفردية لدى الفرد حسب خبراء تطوير مصادر الطاقة البشرية، ولكن يساء فهمها من قبل الكثير من واضعي استراتيجيات الأعمال، لأن المدراء يشعرون بأن هذه العملية تعني فقدان للقوة حسب اعتقادهم وداعموها يرون أنها هي التي تمنحهم القوة، ولأن التشارك في القوة يعزز قوة المدراء وليس اتساع النفوذ لديهم على الإطلاق. وتعرف القوة في نظرية المنظمة كوسيط والذي من خلالها يعمل على حل المشكلات، وإن الطبيعة السياسية للتمكين تتطلب غالبا من الأعمال أن تبحث عن أفضل حل وسيط لتوزيع القوة ما بين الإدارة والعاملين، وتدعم عملية التمكين لإدارة الجودة، وتتضمن عناصر حلقات الجودة والإدارة بالمشاركة وهي جزء

أساسي لثقافة إدارة الجودة الشاملة. وتتضمن هذه العملية منح العاملين الدافعية والوسائل اللازمة لتحسين كل العمليات وباستمرار ولقد وجد داوسن(Dawson, 1992 نقلا عن Randeniya, 1995) بأنه يوجد أربعة سلوكيات تحفيزية إدارية تحقق هذا الهدف وهي:

أ) الحفاظ على احترام الذات لدى الموظف.

ب) الاستجابة له بعطف ومودة.

ج) منحه حق طلب المساعدة لحل المشكلات.

د) تقديم المساعدة له بدون تحميله أعباء ومسؤوليات إضافية.

وأشار راندنيا (Randeniya, 1995) بأن سياسة التمكين تؤدي إلى كفاءة أكبر، وذلك عندما تلتزم المنظمة بتكاملها في ثقافة المنظمة. وشدد على أهمية الاعتماد على أفكار وآراء ومهارات كل العاملين، وإن إدراك عملية التمكين لديهم تعني بأن يكون لديهم القدرة على تلبية متطلبات المستهلك وبدون الحاجة إلى الحصول على إذن من السلطة العليا للقيام بالأعمال من أجل التحسين. كما وأشار بأن التحول من الإدارة التقليدية إلى الاندماج ينتج من إدراك العاملين بأنهم يشاركون وبقوة في حل المشكلات، وإن الاندماج يتحول إلى التمكين والهدف منه هو الحصول على إنتاجية أكبر وجودة أفضل ورضا المستهلك، وإن التمكين يعني تعظيم وتعزيز الأداء الكلي في المنظمة، ومنح الفرصة لأي فرد في المنظمة للمشاركة في محيط مناسب لإدارة الجودة، ويمكن أن يحقق النجاح ويمنح سلطة دفع اتخاذ القرارات في إنجاز الأعمال. وترسخ إستراتيجية التمكين الحس لدى العامل بالولاء والانتماء وتطوير المهارات والقدرات والمواهب .

وعليه فإن أساس التمكين هو تذويب احتكار السلطة في العمل الجماعي، إلا أننا يجب أن ننوه إلى نقطة أساسية، وهي أن التمكين لا يعني التنازل عن الصلاحيات الأساسية للإدارة، إذ من المألوف أن يرى المديرون التقليديون التمكين على أنه نوع من أنواع التنازل أو التخلي عن سلطاتهم التي تخولهم بها مراكزهم. كما أن الإدارة الفعالة في الجودة الشاملة هي التي تخلق الاهتمام الكبير لدى العاملين في أعمالهم ووظائفهم بحيث يشعروا وكأنهم شركاء في المنظمة التي يعملون فيها، وبالتالي فإن نجاحهم من نجاحها وفشلهم من فشلها. ينشأ هذا الشعور من خلال تفعيل عملية التمكين وهي إعطاء العاملين مسؤوليات وصلاحيات وحرية تصرف لاتخاذ القرارات وحل المشكلات المناسبة والمعقولة التي ستؤدي إلى تحسين العمليات والمنتج، وهذه العملية تعد منطقية لأن العاملين القريبين للمشكلة أو الفرصة هم في أفضل مركز لاتخاذ القرارات للتحسين إذا كان لديهم السلطة لتحسين العملية. (Arasli, 2002; Sun *et al.*, 2000; Scarnati and Scarnati, 2002)

ويعد التمكين ركيزة أساسية لإدارة الجودة الشاملة ويلعب دور مهم في نجاح تطبيقها، لأن التمكين يقود إلى فوائد مهمة في المنظمة، منها (Scarnati and Scarnati, 2002; Ugboro and Obeng, 2000; Arasli, 2002):

1. يزيد من شعور الموظفين بأن لهم دور مهم وكبير، وأنهم فعالين ومؤثرين في نجاح العمل، كما انه يعزز الثقة بإمكانية ومقدرة الموظف على المساهمة بشكل مهم في المنظمة.

2. زيادة المبادرة والمواظبة في سلوك العاملين لإنجاز أهداف العمل.

3. زيادة الشعور بالرضا الوظيفي، كذلك الحس بالولاء والانتماء للعمل والمنظمة، لأن حاجات الإنسان الأساسية مثل الرضا والشعور بالذات تشبع من خلال عملية التمكين.
4. التمكين يبني الثقة وينمي الاتصال الفعال بين الرؤساء والمرؤوسين في المنظمة.

(3) التحسين المستمر Continuous Improvement:

إن التحسين المستمر هو عبارة عن جهود مستمرة لتحسين المنتجات أو الخدمات أو العمليات . ويمكن لهذه الجهود أن تسعى إلى تحقيق تحسين "تراكمي "عبر الوقت أو تحسين مفاجئ مرة واحدة.

ويستخدم مصطلحي التحسين المستمر والتحسين المتتابع بشكل شائع ويمكن استبدال أحدهما بالآخر. لكن بعض ممارسي الجودة يجرون التمييز التالي:

- **التحسين المتتابع (Continual Improvement)**: هو مصطلح أوسع يفضله ادوارد ديمنغ (E.W Deming) للإشارة إلى عمليات التحسين العامة وتشمل التحسينات غير المستمرة، أي مناهج مختلفة عديدة تغطي مجالات مختلفة.
- **التحسين المستمر (Continuous Improvement)** : عبارة عن مجموعة فرعية من التحسينات المتتابعة مع المزيد من التركيز المحدد على التحسين الخطي التراكمي ضمن عملية قائمة.

إن أنشاء نظام إدارة الجودة لا يعتبر كافي للحفاظ وزيادة التنافسية، إذ انه من الضروري الاستمرار في عمل التحسينات بشكل مستمر. لذلك يعد

التحسين المستمر حجر الأساس لإدارة الجودة الشاملة ويتطلب تصميم وتنفيذ جيد لجميع الأنظمة والعمليات في المنظمة، فهو قائم على مبدأ أداء عمل اليوم بالشكل الصحيح وغدا بشكل أفضل (Martins and Toledo, 2000) .

ويدعو كونوي (Konew) إلى نظام جديد يقوم المديرون بموجبه بالنهوض بعملية التحسين المستمر مستخدمين الأدوات الستة التالية (نقلا عن درة، 1993: 10):

1- مهارات العلاقات الإنسانية (Human Relations Skills).

2- المسوحات الإحصائية (Statistical Survey).

3- الأدوات والأساليب الإحصائية البسيطة مثل الرسومات والخرائط البيانية (Statistical Tools and Techniques) .

4- الرقابة الإحصائية على العمليات (Statistical Quality Control).

5- استخدام التخيل (Imagination) لحل المشكلات.

6- الهندسة الصناعية[2] (Industrial Engineering).

وتهدف عملية التحسين المستمر إلى إضافة قيمة للزبون من خلال منتج جديد أو خدمة جديدة وزيادة الاستجابة للتغير في حاجات الزبون، وتقليل التغير في مواصفات المنتج أثناء التصنيع، وتقليل عدد الأخطاء في

---

2 تعرف الهندسة الصناعية على أنها "العلم الذي يهتم بدراسة وتحليل وتصميم وإدارة النظم والعمليات المتكاملة لتنظيم الموارد الأساسية في الإنتاج - الموارد البشرية والمواد والمعدات والمعلومات- لتحقيق أهدام محددة". وقد أدى التزايد في تعقيد المنظمات الصناعية والخدمية الحديثة وتأكيدها على الجودة وزيادة الفعالية والإنتاجية من خلال عمليات الأتمتة والحوسبة إلى زيادة الاعتماد على مدخل الهندسة الصناعية.

المنتج، ورفع الإنتاجية وكفاءة استغلال الموارد، والحد من جميع النشاطات التي لا تضيف قيمة والتقليل من الوقت والتكلفة. لذا من الضروري أن يتم السعي لتحقيق تلك الأهداف في جميع العمليات وجميع أنشطة العمل في المنظمة، هذا يعني الارتقاء بالمنظمة لتصبح منظمة تعلم ومعرفة، أي يكون هناك مبادرات لتحقيق التطور والتميز والقيام بالأعمال التصحيحية بشكل عفوي وتلقائي إذا لزم الأمر (أبو ليلى، 1998 ;Tummala and Tang, 1996).

وتمر عادة جهود التحسين المستمر للعمليات بعدة مراحل بدء من اختيار العملية وحتى تنفيذ مقترحات التطوير. وفي كل مرحلة يتم استخدام أدوات وأساليب إدارة الجودة الشاملة لإنجاز الهدف المطلوب.

كما يمكن النظر إلى عملية التحسين المستمر من خلال مدخل "إعادة هندسة العمليات" (Process Reengineering) ويقصد به إعادة التصميم الجذري والسريع للعمليات الإدارية الإستراتيجية وذات القيمة المضافة وللنظم والسياسات والبنية التي تساعد تلك العمليات، وذلك بهدف تحقيق طموحات عالية من الأهداف التنظيمية. ويتطلب هذا المدخل تغيير المنهج الأساسي للعمل لتحقيق تطوير جوهري في الأداء في مجالات السرعة والتكلفة والجودة. وعادة يتم اللجوء إلى هذا المدخل عندما تكون الحاجة للتحسين كبيرة وملحة بعد أن تم استنفاذ كل التغييرات بدون الحصول على النتيجة المطلوبة.

وفي إطار إدارة الجودة الشاملة، تهدف إعادة هندسة العمليات الإدارية إلى تحسين جودة الخدمات والمنتجات التي تقدمها للتناسب احتياجات ورغبات العملاء. بحيث تقوم على جمع الأفكار حول تنفيذ العمل والقيام به

١

بشكل أفضل، كما تتطلب معرفة متطلبات العملاء والعمل عـلى إشـباعها. من هنا يظهر الارتباط الوثيق بين إعادة هندسة العمليـات وإسـتراتيجية المؤسسـة وكأنما الجودة هي حلقة الارتباط بينهما.

(4) الإدارة المبنية على الحقائق Fact-Based Management:

إن التقدم الكبير في علـم الإدارة وتشعبه هـو محصلة للكـم الهائـل مـن الأبحاث العلمية المعنية في ذلك المجال. لذلك أدرك مديرو الشركات الكبرى أن سر نجاحهم يكمن في قدرتهم على اتخاذ قرارات صائبة مبنيـة عـلى حقـائق وبـراهين إدارية عوضا عن كونها مبنية على آرائهم أو توقعاتهم.

وعليه فـإن انجـاز أهـداف الجـودة والأداء في المنظمـة يتطلـب أن تكـون عملية الإدارة مبنية على أساس صلب يتمثل بالبيانات والمعلومات الموثوق منها إضافة إلى التحليل. كـذلك العمليـات والقـرارات تحتـاج أن تكـون مبنيـة عـلى المعلومات الحقيقية الواقعية المتعلقة بمؤشرات الأداء والتنبـؤات المسـتقبلية، تلـك المؤشرات يجب أن تعكس الصفات المميزة للمنتجـات، والخدمات، والإجـراءات والعمليات بحيث تستخدمها المنظمة في تقييم الأداء وتتبع التقدم في تحقيـق رضا الزبائن والعاملين وكذلك نتائج المنظمة المتعلقة بالعمليات (الردايدة، 2008).

ويعتبر القياس والمغايرة هما العمود الفقري للجـودة، وهـما المؤشر الـذي يعطي المعلومات لاتخاذ القرار المناسب. لـذلك تسـاعد نظم المعلومـات وآليـة التغذية العكسية في الحصـول عـلى المعلومـات لتعزيـز اتخـاذ القرارات ولممارسـة الإدارة بناء على الحقائق.

وفي ضوء ذلك يجب الأخذ بعين الاعتبار التفكير بشكل جدي في الاستثمار بتكنولوجيا المعلومات والأدوات ذات العلاقة لتشخيص وحل

مشكلات تحسـين الجـودة (Tummala and Tang, 1996; Claver and Tari, 2003)

وعليه تمتاز المنظمة التي تطبق إدارة الجودة الشـاملة بـأن قراراتهـا مبنيـة على الحقائق والبيانـات والمعلومـات الصحيحة الموثقة وليسـت مجرد تكهنات وافتراضـات أو تخمينـات مبنيـة عـلى آراء شخصـية، وهـذه البيانـات تـم جمعهـا وتحليلها بشكل دوري لتجنب الأخطاء والسيطرة على الانحرافات أي أنها قرارات موضوعية لاعتمادها على الحقائق. ولكي يتم تطبيق هذا المبدأ فإنه يتطلب وجـود نظام فعال للمعلومات بحيث يساعد متخذ القرار في إمداده بكافة الحقائق التي يطلبها، وفي الوقت المناسب حتى يمكن الاعتماد على هذا القرار للوصول إلى نتائج دقيقة، ويتطلب كذلك إشراك العاملين عـلى اخـتلاف مسـتوياتهم في عمليـة اتخـاذ القرار (العمري، 2004: 47).

(5) التخطيط الاستراتيجي Strategic Planning:

إن إدارة الجودة الشـاملة المطلوبـة لتحويـل المـنظمات إلى مـنظمات أكـثر استجابة لمتطلبات القرن الحادي والعشرـين لا يمكن أن تـتم بمعـزل عـن مفـاهيم التخطيط الاستراتيجي؛ وذلك لما له من ارتباط وثيق بنجاح تطبيقات الجودة سعيا للوصول إلى التغير المطلوب. ويمكـن تعريـف مفهـوم التخطيط الإسـتراتيجي بأنـه: "تصور الرؤى المستقبلية للمنشأة ورسم سياستها وتحديد غاياتها على المدى البعيد وتحديد أبعاد العلاقات المتوقعة بينها وبين بيئتها، بما يسهم في إيضاح نقاط القوة والضعف المميزة لها وبيان فرص التحسين الممكنـة، وذلك بهدف اتخـاذ القرارات الإستراتيجية المؤثرة في المدى البعيد ومراجعتها وتقويمها" (Liedtaka, 1998). ومما لاشك فيه إن أهميـة التخطيط الاسـتراتيجي تكمـن في تحليـل الأهداف وتحليل عناصر القوى والضعف

والتهديدات والفرص وربط جميع العمليات الإدارية بالمنظمة، وفق خطـة زمنية قابلة للتنفيذ، وبدون تخطيط لا يمكن معرفة الأهداف وكيفية تحقيقها. فلا بد أن يعكس التخطيط الاستراتيجي للمؤسسـة مبادئ إدارة الجودة الشـاملة، لأن التخطيط الإسـتراتيجي يعـد أمـرا حتميا لإنتاج مخـرج ذا جـودة، ويمكـن توضيح خطوات التخطيط الإستراتيجي كما يلي:

• **تحليل البيئـة الخارجيـة (External Analysis):** وذلك للتعـرف عـلى الفرص التي يمكن استغلالها ، والتحديات التي قد تواجهها.

• **تحليل البيئة الداخلية (Internal Analysis):** ويهدف إلى تحـدد نقـاط القوة والضعف لدى المؤسسة، وبالتالي تحديد اقتداراتها المحوريـة (Core Competencies) والتي تمثل ابرز نقاط قوتها مقارنة بالمنافسين.

• **صياغة رؤية تنظيميـة (Vision Statement):** وهـي عبـارة عـن بيـان للحالة المستقبلية المرجوة للمؤسسة، وهذه الرؤية ستجعل جميع الأعضاء يركزون على الأهداف الهامة للوصول إليها، وينبغي أن تصاغ الرؤية صياغة دقيقة وواضحة لضمان تحقيقها ويكون لهـا تـأثير لإثـارة الدافعيـة، وإلهـام للعاملين وتثير فيهم التحدي.

• **صياغة أهـداف الجودة (Quality Objectives):** لضمـان الوصـول إلى الرؤية لا بد من وضع أهداف توصل لهذه الرؤية، وهذه الأهداف لا بد أن تكون "ذات فعالية وكفاءة".

لذلك تعد خطط الجودة الإستراتيجية آلية لتكامـل جميع جهـود المنظمـة من أجل الجودة ومن المفترض أن تكون تلـك الخطط متكاملـة مترابطـة وداعمـة لخطط العمل الأخرى. ولقد أجمع رائدين الجودة على الأهمية الكبيرة لعملية

التخطيط الإستراتيجي، إذ أنها تمكن المنظمة من تحديد الزبائن وإعطاء الأولوية لاحتياجاتهم لتلبيتها بشكل سريع ومرن، وتجعل العاملين مدركين وملتزمين لأهداف الجودة في المنظمة (Calingo, 1996).

من المفترض أن يكون هناك تكامل بين إستراتيجية المنظمة وإستراتيجية الجودة، ويكمن هذا التكامل بـ(Ang et al., 2001; Calingo, 1996) :

1. أن تشمل خطة المنظمة الإستراتيجية بشكل كامل كل من أهداف الجودة، وإستراتيجيات الجودة، وركائز الجودة الأساسية.

2. أن تكون أهداف وإستراتيجيات الجودة مفصلة في خطة المنظمة الإستراتيجية كما هي مفصلة في خطة الجودة للمنظمة.

3. أن لا يكون هناك فرق بين أهداف الجودة المعلنة في خطة المنظمة الإستراتيجية وفي خطة الجودة.

(6) أدارة المعرفة ونظم المعلومات Knowledge Management and Information Systems:

إن قدرة المؤسسة في اتخاذ القرارات وحل المشكلات وإتباع الإجراءات والنتائج التي تقود إلى الهدف المطلوب لا يمكن أن تتحقق إلا بتوفر المعرفة الكاملة لجوانب هذه المشكلة. لذا وفي حال توفر المعرفة يجب أن تدار بالشكل المطلوب لأن إدارة المعرفة تتعلق بإدارة المعرفة الإنسانية والثقافية. فالمعرفة ليست كعوامل الإنتاج التقليدية الملموسة (رأس المال، والعمالة، والأرض)، وإنما هي موجودة في عقول العاملين ولا بد من العناية في إبداعها وتشكيلها واستخدامها في أنشطة المؤسسة. كما وتحتاج برامج إدارة الجودة الشاملة إلى جهد واسع في إطار إدارة المعرفة. فالمعرفة مستخلصة من المعلومات والتي

تشكل البيانات نواتها الرئيسـية وتحـول البيانـات إلى معلومـات يليهـا التحـول إلى صورة أرقى وهي المعرفة. كما وتعتبر إدارة المعرفة عنصرا جوهريا لتحقيق الجـودة الشاملة فهي حجر الأساس في تحسين كل العمليات والنظم وتحسين النتائج وتبنـي فلسفة التحسين المستمر.

ولرفع مستويات جودة الأداء والخدمات وذلك من خلال نشر المعرفة بين العاملين في المنظمة والمتعاملين معها. لذلك توفير قاعدة بيانات سوف يسهم في جهود التحسين المستمر والتنسيق بين الجهود المختلفة مما يمكن المنظمة من تحقيق التميز في إنتاج السلع والخدمات وزيادة ارتباط العملاء بها (الدوسري، 2004).

كما وتعتـبر نظـم المعلومـات ركيـزة أساسـية لاسـتغلال طاقـات العمليـات الإنتاجية والإدارية لتحقيق الأهداف الإستراتيجية للمنظمة. كما أن اسـتخدام نظـم المعلومات بشكل فعلي يؤدي إلى التحسـين المسـتمر في الأداء والتنافسـية، وتقليـل تكلفة التصنيع وزيادة الربحية وزيادة رضا الزبون(Kuratko *et al.*, 2001) .

وتكمن أهمية استخدام نظم المعلومات وخاصة المحوسبة في مجـال إدارة الجودة في النواحي التالية (Lorente *et al.*, 2004):

- تقديم خدمات أفضل وأسرع للمستفيدين.
- التقليل من الأعمال الروتينية والتوجه نحو خدمة المستفيدين.
- تحسين طرق العمل وزيادة كفاءتها وبالتالي زيادة فاعلية المؤسسة.
- زيادة جودة نظم المعلومات المحسوبة وطرق عملها.
- مساعدة الإدارات في اتخاذ القرارات الرشيدة في ظل متغيرات محدودة في النظام.

- تقليل الجهد والكلفة والوقت.

- تحديد الكلف الكلية والجزئية للعملية الإنتاجية.

- القضاء على السلبيات.

- تحسين المركز التنافسي.

(7) دعم الإدارة العليا Top Management Support

يعد دعم والتـزام الإدارة العليـا لتطبيـق إدارة الجـودة الشـاملة مـن أهـم الركائز لتحقيقهـا بنجـاح، حيـث يعتبر قـرار تطبيـق إدارة الجـودة الشـاملة قـرارا إستراتيجيا بيد الإدارة العليا (عبد المحمود، 2004).

ويكمــن دور الإدارة العليـا لتحقيــق إدارة الجـودة الشـاملة بنجـاح في (الردايدة، 2008):

● نشر قيم ورؤية المنظمة.

● تكوين الإدراك والضرورة لدى العاملين بما يخص التغير الضروري والملح.

● تحسين ثقافة المنظمة.

● العمل على توفير المعلومات الضرورية لصانعي القرار.

● إظهار التقدير والاهـتمام لإنجـازات ومسـاهمات العـاملين (Moura and Kanji, 2003).

● تحديد وتوضح الرسالة التي تصبو إليها المنظمة بما يخص الجودة.

● وضـع الاستراتيجيات والخطـط التـي تهـدف إلى تحقيـق الرؤيـة الرسـالة، وتكون قادرة على جعلها ميزه تنافسية مستندة تتفوق بها على المنافسين.

● إنشاء الهيكل التنظيمي والآليات الفعالة التي تسهل تنفيذ الرسالة والرؤية والإستراتيجية(Soltani, 2005) .

وقد ذكر في هذا المجال أنه: "طبقا لعملية إدارة الجودة الشاملة فإنه ينتج عن جهود تحسين الجودة تغيرات في الأساليب التي تعمل الإدارة بمقتضاها، وهذه التغيرات ذات تأثير في مجالات مثل: السياسة الإدارية وفلسفتها ونظمها وإجراءاتها.... الخ. ولا تكون هذه التغيرات فعالة إلا إذا حظيت عملية إدارة الجودة الشاملة بدعم لها من الإدارة العليا، وفي الواقع على الإدارة العليا أن تقوم بنفسها بتنشيط عملية إدارة الجودة الشاملة حيث أنها تمسك في يدها بسلطة اتخاذ قرارات إستراتيجية وهامة" (Thiagarajan and Zairi, 1997). وباستقراء الأدبيات في هذا المجال يمكن صياغة العديد من الإجراءات التي يمكن للإدارة العليا اتخاذها من ضمنها:

1- صياغة سياسات الجودة (Developing Quality Policies):

تعبر سياسات الجودة عن أهداف وتوجهات الجودة التي تسعى الإدارة لتحقيقها، ولا بد أن تكون هذه السياسة واضحة ومفهومة حتى لا يحدث تشويش لدى العاملين، كما يجب أن تقترن بها خطة تنفيذية مناسبة تتابع بدقة لرصد التطورات والتحسينات، وفي هذا لا بد من تكامل السياسات لتحقيق الجودة والتميز في سلسلة عمليات الجودة ومن ثم مخرجاتها.

2- بناء هيكل تنظيمي للجودة (Establishing Quality-Oriented Structure):

بما أن تنفيذ إدارة الجودة الشاملة يتضمن عمليات حيوية ذات علاقة عملية بجميع مجالات العمل في المؤسسة، فلا بد من تنظيم إداري لتوزيع المهام والمسؤوليات في جميع المجالات على جميع الأعضاء دون استثناء وعدم قصرها على فئة معينة وأن تكون الهياكل التنظيمية أفقية لا هرمية.

3- الإشراك الكلي للعاملين (Employee Participation):

ينظر خبراء الجودة إلى مشاركة العاملين على أنها مبدأ أساسي من مبادئ إدارة الجودة الشاملة، وسيرون أن كل فرد من أفراد المنظمة معني في تقديم سلع وخدمات ذات جودة عالية وبأقل تكلفة، فالمشاركة تمثل عملية تفاعل الأفراد عقليا ووجدانيا مع جماعات العمل في المنظمة من أجل حث الجهود والطاقات اللازمة لتحقيق الأهداف التنظيمية خاصة المرتبطة منها بقضايا الجودة.

وإن مشاركة العاملين في اتخاذ القرارات تؤدي إلى تحفيزهم على الإبداع ورفع معنوياتهم، ودرجة أكبر من الالتزام لتحسين وتطوير أداء عمل المنظمة (كوهين وبراند، 1997: 51).

كما يتولد لدى الأفراد شعور بالأهمية من خلال مشاركتهم في صنع القرارات، فيبدون استعدادا كبيرا لتحمل المسؤولية والعمل بكل ما لديهم من طاقة لتحقيق أهداف المنظمة، وهذا ما تسعى إدارة الجودة الشاملة لتحقيقه (آل الشيخ، 2004).

وقد أظهرت دراسة (Sun et al., 2000) أن مشاركة العاملين متطلب أساسي لنجاح إدارة الجودة الشاملة وأي برنامج لإدارة الجودة، وأنها تؤثر بشكل ايجابي على أداء المنظمة. وكما أن تفعيل مشاركه العاملين يتطلب فلسفة إدارية حديثة وذات نظرة مختلفة للعاملين، وعلى الإدارة أن تزود المعلومات والمهارات والحوافز الضرورية للعاملين من أجل تفعيل مشاركة العاملين بشكل فعال ومؤثر(Sun et al., 2000).

وتعد قنوات اقتراحات الموظفين مثل "الاستفتاءات، صندوق الاقتراحات، أو سياسة الباب المفتوح"، وسائل فعالة لتحسين قضايا الجودة،

أيضا لتقدير أهمية الموظفين وأهمية أفكارهم ومشاركتهم في المنظمة، حيث أن العديد من تلك البرامج تزود استجابة سريعة لأفكار ومساهمات الموظفين، وهذا بالتالي يخلق نوعا من الرضا والسرور لديهم (الردايدة، 2008).

وهناك ثلاثة عناصر أساسية يجب أن تتفهمها الإدارة وتعمل على ممارستها وذلك من أجل تفعيل أاقتراحات الموظفين وجعلها تعمل بشكل جيد (Tunks, 1992: 166):

1. التغذية الراجعة يجب أن تكون سريعة.
2. يجب أن يحصل الموظفين على التقدير وذلك على الأفكار والاقتراحات التي تقدموا بها.
3. على الإدارة الاهتمام بالاقتراحات المقدمة من قبل الموظفين والأخذ بالاقتراحات الجيدة وممارستها على أرض الواقع.

إن تقييم الاقتراحات حسب مدى مساهمتها في تقليل المصروفات، وتجاهل الاقتراحات الأخرى، يعد السبب الأساسي لفشل برنامج اقتراحات الموظفين (Macdonald, 1998).

4- نشر ثقافة الجودة (Quality-Oriented Culture):

بينما توجد عدة تعاريف للثقافة، فإنه يمكن استخدام التعريف الآتي لثقافة الجودة "مجموعة من القيم والمعتقدات والتصورات ذات الصلة بالجودة والتي تسهم في تحسن وتطور الأداء، وتركز الجهود نحو الأهداف المنشودة في سياق المنظومة الكلية للمنظمة" (Robbins and Coulter, 2009: 145).

هناك تمييز بين الثقافة العامة في المجتمع والثقافة داخل المؤسسة ومع أن الأخيرة يمكن أن تتأثر بالثقافة العامة إلا انه يمكن بناؤها داخل المؤسسة. من الأمثلة عن القيم العامة للجودة ما يلي:

<u>قيم الإدارة (Management Values):</u>

- الإيمان بالتحسين المستمر للجودة.
- اعتبار الجودة عاملا استراتيجيا لأعمال الإدارة.
- إعطاء الجودة الاهتمام الأكبر في التنظيم.
- توزع المسؤولية عن الجودة بين أقسام الإنتاج كافة.
- الاهتمام بسعادة العاملين في المؤسسة وتحفيزهم. لأن إرضاء الزبون هو نتيجة لإرضاء العاملين فيها.

<u>قيم العاملين (Employees Values):</u>

- كل عامل مسؤول عن جودة ما ينتجه.
- ضرورة تنفيذ الأعمال دون أخطاء من المرة الأولى.
- هدف العامل هو الإنتاج بدون عيوب.
- مشاركة العامل تعتبر أساسية لتحسين الجودة في المؤسسة.
- حل المشاكل بشكل مستمر يجب أن تكون القاعدة للعمل.

وللوصول إلى هذه القيم لا بد من تحليل الفجوة القائمة بين القيم المرغوبة للجودة والقيم السائدة في المؤسسة وإيجاد الحلول التصحيحية لمعالجة هذه الفجوة، ما يساعد المؤسسة على تحقيق أهدافها وقدرتها على المنافسة.

يتطلب الانتقال نحو ثقافة الجودة التغير في الفلسفة والقيم والأعراف والمعتقدات الإدارية الحالية، والحاكمة للسلوك نحو الالتزام بمبادئ ومعايير الجودة. وأي يتطلب التغير في المبادئ والقيم والمثل السلبية السائدة في المنظمة

وتحويلها إلى قواعد ونظم ومعايير جديدة تساعد على تحويل الأفراد داخل التنظيم إلى الجودة الشاملة وبقناعه كاملة.

وقدم كل من (Lakhe and Mohanty, 1994) آليات مختلفة لترسيخ ثقافة الجودة ومنها:

1. أن تكون سياسات وإجراءات وعمليات المنظمة تهتم بالجودة.
2. أن يفهم كل فرد في المنظمة الأهمية الجودة في تحقيق أهداف المنظمة.
3. أن يدرك جميع العاملين في مختلف المستويات احتياجات ومتطلبات الزبون.
4. أن يكون الهيكل التنظيمي للمنظمة يسمح بالتحسين المستمر.
5. أن يكون هناك دمج لاحتياجات الزبائن والموظفين في خطط العمل.

ومن القيم الأساسية اللازمة في بناء الثقافة التنظيمية القائمة على الجودة ترسخ مبدأ "تجنب وقوع الأخطاء"، حيث يعتبر هذا المبدأ الأساس للجودة الشاملة عند كروسبي (Crospy, 1979) فتحقيق الجودة يتم من خلال منع حدوث الخطأ وليس التقويم. ومفهوم منع الخطأ من الحدوث يعتمد على فهم العملية التي تحتاج إليها عملية منع حدوث الخطأ، وسر منع حدوث الخطأ يكمن في النظر إلى العملية والتعرف على فرص حدوث الخطأ، وهذه الفرص يمكن مراقبتها، فكل منتج أو خدمة يحتوي على مكونات عديدة يتعين التعامل مع كل مكون منها لتقليل أسباب المشكلات. ومن الإجراءات التي تجعل هذا المفهوم واقعا حسب رأي الباحث لدعم مفهوم إدارة الجودة الشاملة:

• التأكيد على ضرورة أداء العمل الصحيح بشكل صحيح من أول مرة وفي كل مرة.

• الاهتمام بالكيف والنوع وليس الكم.
• التأكيد على أهمية إيجاد ثقافة الوقاية من الأخطاء ليعمل بها كل العاملين في المنظمة.
• الفحص والرقابة والمراجعة والتحليل لجميع العمليات بشكل مستمر لتفادي حدوث المشاكل بدلا من الانتظار حتى وقوع المشكلة ثم البحث عن حلول لها.

(8) التركيز على الزبون Focus on Customer

يعتبر أهم ركائز إدارة الجودة الشاملة، حيث تركز إدارة الجودة الشاملة على تحقيق رضا المستفيد باعتباره أساس الجودة، ولابد أولا من تحديد من هو المستفيد حتى يتم التركيز عليه، وما هي متطلباته وتوقعاته حتى يتم تقديم الخدمة التي تلبي هذه التوقعات والاحتياجات.

كما ويعتبر الزبون المحور الأساسي لإستراتيجيات الجودة، ومرتبط بجميع آليات ووسائل الوصول إلى الجودة، إذ أن الجودة تحدد وتعرف من قبل الزبون (Tummala and Tang, 1996). وللقيام بذلك هناك عدة خطوات ينبغي إتباعها:

1- **التعرف على العملاء (المستفيدين):** يوجد صنفان من العملاء (المستفيدين) وهما:

ا- **العميل (المستفيد) الداخلي (Internal Customer):** كل من يشترك في تقديم الخدمة ومنهم في المجال الأمني الضباط وضباط الصف وكل من يعمل في الجهاز الأمني، فأعضاء الجهاز الأمني تقوم أعمالهم على التأثير المتبادل، وعليه يمكن القول أنه يتحقق رضا العميل (المستفيد) الداخلي إذا قام كل طرف من أطراف العملية الأمنية بدوره في العمل كما ينبغي قبل أن

يسلمه للطرف الآخر، وهذا يتفق مع مبدأ كروسبي وهو منع الأخطاء أو انعدام العيوب أو العيوب الصفرية.

ب- **العميـل (المسـتفيد) الخـارجي (External Customer):** هـو الشـخص أو الأشخاص أو الجهة أو المجتمع الذي يستفيد في النهاية من المنتـج النهـائي. فمـثلا : الجمهور المراجع للجهات الأمنية يعتبر عميلا خارجيا.

2- ترجمـة الاحتياجـات والمتطلبـات (توقعـات المسـتفيد) إلى معـايير جـودة للمخرجات.

3-تصميم العمليات الموصلة لإنتاج مخرجـات تستوفي شروط المعـايير التـي تـم وضعها.

4- تنفيذ العمليات مع مراقبة ومتابعة سير التنفيذ.

5- تقييم الخطوات.

وعليه فإن تحقيق هذا المرتكز يتطلب (Kuratko *et al.,* 2001):

1. البدء بتطويـر المعرفـة عـن الزبـون وطبيعـة احتياجاتـه مـن أجـل دراسـة وفحص أداء عمليات المنظمة تجاه تحقيق تلك الاحتياجات.

2. فهم الزبون والسوق بحيث يشمل الاستماع إلى الزبون ودراسة المعلومـات التي تعكس رضا الزبون.

3. إنشاء قنوات تواصل من أجل تواصل الزبون مـع المنظمـة وكـذلك تواصـل المنظمة مع الزبون، وهذا يؤدي إلى تعزيز العلاقة مع الزبائن.

إن الهدف من التركيز على الزبون ليس فقط لتحقيق احتياجات الزبون، بل تجاوز تلك الاحتياجات، أي بمعنى آخر، تحقيق البهجة والسرور الشديد للزبون.

(9) فرق العمل والعمل الجماعي Teamwork

المنظمة الناجحة هي تلك التي يؤمن إداريوها بأهمية العمل الجماعي، ونشر ثقافة الفريق الواحد، ويعملون على تنمية مهارات العمل ضمن الفريق لدى الأفراد العاملين، وبما يحقق زيادة إسهامهم في العمل ومشاركتهم في القرار وكل ذلك سيعود بفوائد كثيرة على المنظمة والعملاء (المستفيدين) والمجتمع بأسره. وتعتبر فرق العمل وسيلة مناسبة للتغيير وآلية تنظيمية من أجل مشاركة العاملين في عملية تحسين الجودة، كما أنها عنصر ـ أساسي لثقافة إدارة الجودة الشاملة، والتي تربط بين الجهود الذهنية والجسدية لتعزيز عملية إدارة الجودة الشاملة (Thiagarajan and Zairi, 1997; Arasli, 2002)

وتعرف فرق العمل بأنها مجموعة من الأفراد يعملون مع بعضهم لتحقيق أهداف محدودة ومشتركة (جودة، 2006: 62). والبعض يعرف فرق العمل على أنها مجموعة من الأفراد يتميزون بوجود مهارات متكاملة فيما بينهم، ويجمعهم أهداف مشتركة، ويكونوا كوحدة واحده متماسكة متجانسة تمتاز بالفعالية والتفاعل المستمر بين الأعضاء ولتكون في النهاية جماعة مندمجة ملتزمة لتحقيق أهداف محددة (Besterfield et al., 1999: 60). لذلك اختيار أعضاء فريق العمل له معايير كالخبرات الوظيفية والفنية، ومهارات صنع القرار وحل المشاكل، ومهارات الاتصال الشخصية، وقد تبين أن فرق العمل الناجحة تتضمن أعضاء لديهم مستويات عالية من الذكاء العاطفي والتفاهم (Torrington et al., 2005: 290).

ويعتبر العمل الجماعي من السمات المميزة لتطبيق مبادئ إدارة الجودة الشاملة، فاستخدام المشاركة الجماعية هو الأسلوب الأمثل لحل المشكلات؛

حيث أنه يمكن الإدارة من الاستفادة الكاملة من نقاط القوة والموارد لديها. ومن أهم مزايا العمل الجماعي ما يلي (Weels *et al.*, 1995; Arasli, 2002):

1. الاستفادة الكاملة من قدرات وخبرات ومهارات ذوي الخبرة في حل المشكلات.
2. تحقيق الرضا الوظيفي للعاملين عن طريق رفع الروح المعنوية من خلال المشاركة الفعالة للجميع، كذلك تقديرهم لأنفسهم وشعورهم بتحقيق الذات.
3. تلعب دورا في زيادة المعرفة ورفع المهارات لدى الأعضاء.
4. أما بالنسبة لأداء المنظمة فإنها تزيد حل المشكلات بشكل ناجح وفعال، لأن نتائج فريق العمل تفوق نتائج مساهمات كل عضو، وتعتبر فرق العمل وسيلة لتحسين الاتصال وتبادل الأفكار.

(10) القيادة (Leadership):

تعتبر القيادة من العناصر الفاعلة والمؤثرة في تحقيق الأهداف وهي التي تسعى إلى إدارة التغيير داخل المؤسسة، لذا يجب التركيز على توافر جميع الصفات الايجابية والفعالة فيمن يتولى مسئولية الإشراف والقيادة لجهود إدارة الجودة الشاملة وإمكانية الاستثمار الأمثل لجميع الموارد البشرية، وتوجيه طاقاتها لخدمة المجتمع والبيئة المحيطة.

وتعتبر القيادة ذات أهمية بالغة فيما يختص بإدخال وتنفيذ إدارة الجودة الشاملة، وفي الواقع تعتبر القيادة الموجهة للهدف الفعالة متطلبا سابقا لنجاح إدارة الجودة الشاملة. وبات من المؤكد أن نجاح عملية إدارة الجودة الشاملة يعتمد بدرجة كبيرة على التزام كامل من الإدارة، وأيضا على إدراك الإدارة

بضرورة توفير النوع المناسب من القيادة. وتقع المسئولية المطلقة لتحضير وتنفيذ إدارة الجودة الشاملة على عاتق الإدارة وحدها. ويجب أن تخضع عملية اختيار قادة إدارة الجودة الشاملة لمقاييس دقيقة بالنسبة لنوعيات القيادة الموصوفة أدناه.

كما ويجب أن تناط قيادة عملية تنفيذ برامج الجودة الشاملة بشخص واع تماما بالجودة الشاملة ويفهم أن الجودة تشمل كافة الأنشطة والمهام. أي أن الشخص الذي سيقود الجودة يجب أن تتوفر لديه الشخصية والنشاط والرؤية الواضحة لعملية تحسين الجودة، فبدون إعطاء مثال من خلال المثابرة والتصميم للحصول على الأشياء الصحيحة من البداية لا يستطيع قائد الجودة أن يخلق في الموظفين الإحساس المناسب بالجودة. وتحتاج قيادة برنامج الجودة أيضا للسمات العامة التي ترتبط بالقيادة مثل الخبرة والمنافسة والاستقامة والثبات على المبدأ والثقة العالية (Curry and Kadasah, 2002).

وبالإضافة إلى ذلك فإن القائد الجيد تتوفر لديه مهارات الاتصال مع الناس والمرونة للتعامل مع النوعيات المختلفة للموظفين من أجل تحقيق النتائج التي تتناسب مع إمكانياتهم. ويجب أن تعتمد القيادة على معالجة الخلافات والصراعات واتخاذ القرار في الوقت المناسب.

ويعتمد نجاح إدارة الجودة الشاملة بشكل كبير على المساهمة الفعالة لجميع الأفراد في المنظمة، ولكي تحصل القيادة التنظيمية على هذه المساهمة من خلال تقديم الأفراد ما لديهم من اقتراحات وأفكار بناءة، وللتغلب على مقاومة التغيير، وإثارة القدرات الإبداعية، لا بد من حفزهم وتشجيعهم وذلك من خلال تمكينهم من تنفيذ التغييرات وإعطائهم الصلاحيات المناسبة لما هو مطلوب منهم، وكذلك احترام مشاعرهم، والاهتمام بحاجاتهم، حيث

"إن مقدرة الإنسان على التخيل والإبداع في العمل لا تقتصر ـ على فئة محدودة من الناس، بل تشمل جميع الناس بدرجات متفاوتة وهذه الثقة تتناسب طرديا مع أجواء الثقة التي تسود واقع العمل. كما أن هناك الكثير من الطاقات والإمكانات الكامنة لدى الإنسان ويحتاج تفعيلها توفير مناخات عمل إيجابية" (عطوي، 2004: 40 نقلا عن حمود 2005).

ومن القضايا الهامة في هذا الإطار، جب على القادة مكافآت الإسهامات التي يقدمها الأفراد العاملين في مجال تحسين ودعم جهود الجودة. حيث تتنوع مكافآت تحسينات الجودة المحققة حسب الثقافات المختلفة، وفي معظم الأحيان يجب استخدام جميع المكافآت المتاحة. ويجب أن نذكر أن المكافآت المالية المنتظمة سوف ينظر إليها على أنها جزء طبيعي من الراتب وسوف تفقد تأثيرها على المدى البعيد. كما أن كلمات الثناء بدون مكافآت مالية سوف يكون لها نفس التأثير السلبي على المدى البعيد. وتأخذ المكافآت المناسبة أحد الأشكال التالية: شهادات تقدير، ترقيات، زيادات مالية، إعلان عن الشخص أو الأشخاص الذين حققوا نتائج متميزة.

ومن المهم جعل المكافآت شخصية بقدر الإمكان حتى يشعر الموظف بالرضا الفردي. ويجب مكافأة الفرق أيضا، فسوف يؤدي ذلك على المدى البعيد إلى تعزيز مفهوم العمل الجماعي ويجعل من المجهود المبذول في الجودة جزءا من واجبات الفرد اليومية.

ويمكننا أن نخلص من ركائز النظام الإداري لإدارة الجودة الشاملة، أن بدء عملية إدارة الجودة الشاملة بصفة عامة يتطلب أربع مراحل وهي: تتضمن **المرحلة الأولى** فكرة عامة عن الجودة حيث تقوم الإدارة العليا بتعريف مفهوم المنظمة عن الجودة. وتتضمن **المرحلة الثانية** تخطيط الجودة الإستراتيجي

الذي يتطلب تحديد المجالات المختلفة للعمليات التي تحتاج للتحسين (مثل القيادة، المعلومات والتحليل، التخطيط الإستراتيجي، تنمية الموارد البشرية، وإرضاء الزبائن). ويتم ربط هذه المجالات بأهداف الشركة الثلاثة الرئيسية وهي إرضاء الزبائن وإرضاء أصحاب المنظمة، وإرضاء الموظفين. أما **المرحلتان الثالثة والرابعة** من بدء إدارة الجودة الشاملة فتتضمنان التعليم والتدريب لكل شخص في المنظمة بداية من الإدارة العليا وحتى جميع الموظفين والتحسين المستمر فيما يتعلق بتحسين الأعمال وتحسين العمل اليومي.

وأما فيما يتعلق بركائز النظام التقني لإدارة الجودة الشاملة، والذي هو خارج نطاق حدود هذه الدراسة، يمكننا التطرق إليه وعلى النحو المبسط التالي:

ثانيا: ركائز النظام التقني Technical System Bases

اعتمادا على الأدبيات يعد النظام التقني البعد الثاني لركائز إدارة الجودة الشاملة، وهذا النظام يتضمن أدوات وتقنيات الإدارة الجودة والتي تدعى بالجزء الصعب أو الشاق في إدارة الجودة Hard Part، وهي تعد ضرورية وأساسية جدا لدعم وتطوير عملية تحسين الجودة، حيث تركز على سيطرة العمليات والإنتاج من أجل ضمان صحيح لوظائف العمليات. حيث تعرف الأداة بأنها وسيلة ذات وظيفة تستخدم عادة لوحدها، مثل أداة تحليل السبب والنتيجة، خريطة باريتو، مخطط التدفق، وخريطة السيطرة، أما التقنية فلها تطبيقات أوسع وهي عبارة عن مجموعة من الأدوات والوسائل، مثل المقارنة المرجعية (McQuater *et al.*, 1995; Tari and sabater, 2004; Tari, 2005).

تلعب أدوات وتقنيات الجـودة دور مهـم في المنظمـة بأكملهـا للتحسـين المستمر، منها (McQuater et al., 1995):

1. تقييم ومراقبة العمليات.
2. مشاركة جميع العاملين في تحسين العمليات.
3. تمكن العاملين من حل المشاكل في العمل.
4. تحفز ثقافة الجودة والاهتمام بالتحسين المستمر.
5. جعل أنشطة تحسين الجودة يومية ولجميع العمليات.
6. تعزيز فعالية فرق العمل خلال حل المشكلات.

كما يعتمد استخدام وتطبيق أدوات وتقنيات تحسين الجـودة بشـكل كفـؤ وفعال على العوامل الأساسية التالية (McQuater et al., 1995):

1. دعم والتزام الإدارة بشكل كامل.
2. التـدريب المناسـب والفعـال والمخطـط لـه بالإضـافة إلى تقديمـه بالوقـت المناسب.
3. تعريف الأهداف والغايات للاستخدام.
4. توفير البيئة التعاونية، وتوفير أدوات القياس والبيانات المناسبة.

في حال توفرت هذه العوامل الأساسية سيكون استخدام الأدوات والتقنيات وسيلة لتحديد مكان الأخطاء، وتعريف الأسباب الجذرية، وفحص وتطوير الحلول وتنفيذ الحلول الدائمة(McQuater et al., 1995).

5-2 أهداف وأهمية تطبيق إدارة الجودة الشاملة

ينظر إلى إدارة الجودة الشاملة على أنها قاطرة عظيمة للتغيير إلى الأفضل ومقياس أساسي للمفاضلة بين المؤسسات حيث اعتمدت في الكثير من المنظمات لأهميتها الإستراتيجية الفائقة مما زاد من فاعليتها ومن قدرتها على البقاء في السوق التنافسية.

تهدف معظم برامج إدارة الجودة الشاملة إلى (Germain and Spears, 1999):

1. فهم وتحسين العمليات التنظيمية.
2. تركيز المنظمة على احتياجات الزبائن.
3. تحفيز وتشجيع العاملين للمساهمة في تحقيق جودة المخرجات.

أما الفوائد التي تجنيها المنظمة من تطبيق إدارة الجودة فهي متعددة، من أهمها:

1. رفع درجة رضا الزبائن، وهذا يؤدي إلى ولاء العملاء وإعادة التعامل أو الشراء مرة أخرى(Bayazit, 2003) .
2. تحسين الوضع التنافسي للمنظمة في السوق ورفع معدلات الربحية (جودة، 2006: 23).
3. تحسين جودة المنتجات المصنعة أو الخدمات المقدمة (جودة، 2006: 23).
4. انخفاض العيوب والأخطاء في الإنتاج بالإضافة إلى انخفاض نسبة الهدر في الإنتاج، مما يؤدي إلى انخفاض تكلفة العمل (Bayazit, 2003; Sharma, 2006) .
5. زيادة الحصة السوقية، بتعزيز الأسواق الحالية أو فتح أسواق جديدة. (جودة، 2006: 23;Reeves and Bednar,1994)

6. زيادة الفاعلية التنظيمية، وذلك بتحسين الاتصالات الداخلية وتحسين نوعية العمالة، والعمل الجماعي، والمشاركة في صنع واتخاذ القرارات، وتناسق أنشطة العمل، أي يكون هناك تناغم وتفاهم في أداء العمل. (Bayazit, 2003; Sharma, 2006).
7. زيادة الرضا الوظيفي لدى العاملين، كذلك إعطائهم الحافز ورفع الولاء والالتزام لديهم (Sharma, 2006).
8. زيادة مستويات الإنتاجية (Tunks, 1992: 19).
9. تعزيز العلاقات مع الموردين (جودة، 2006: 23).
10. تعزيز صورة وسمعة المنظمة لدى الزبائن وفي السوق (Tunks, 1992: 18).
11. الاهتمام بالقضايا التي تحافظ على سلامة وصحة العاملين لديها والمجتمع. (Claver *et al.*, 2003; Tari *et al.*, 2007)
12. زيادة الاهتمام والحفاظ على البيئة (Tari *et al.*, 2007; Claver *et al.*, 2003).

6-2 خطوات تطبيق إدارة الجودة الشاملة

عند الحاجة لتطبيق برنامج لإدارة الجودة الشاملة داخل أي مؤسسة نجد بأن جميع الباحثين لم يتفقوا على أسلوب واحد يمكن تطبيقه ولكن هناك مجموعة من الخطوات المعروفة يمكن تطبيقها وهي (أبو نبعة ومسعد، 1998: 78):

الخطوة الأولى: البدء بتطبيق الأسس والقواعد والمبادئ التي يشتمل عليها مفهوم إدارة الجودة الشاملة بعد أن يتم توفير الأسس والمتطلبات والأدوات الفنية اللازمة لذلك، وإعداد وتوزيع دليل الجودة الشاملة الذي يحتوي على ذلك كله.

الخطوة الثانية: تشكيل مجالس الجودة التي تضم المديرين التنفيذيين ورؤساء الأقسام.

الخطوة الثالثة: تعديل الهيكل التنظيمي للمؤسسة ليتلاءم مع عملية البدء في التنفيذ.

الخطوة الرابعة: تبدأ عملية التنفيذ بكيفية معينة ضمن الهيكل التنظيمي المطلوب مع تفويض الصلاحيات والسلطات إلى الأفراد. ويفضل أن يتم التطبيق مرحليا وعلى نطاق ضيق ومن ثم توسيعه تدريجيا ولمواجهة أي قصور أثناء التنفيذ. كما يجب القيام بالتقييم الدوري والمتابعة الحثيثة للتأكد من تطابق جهود التحسين مع أهداف المؤسسة.

ومن القضايا الواجب أخذها بعين الاعتبار لنجاح خطوات تطبيق إدارة الجودة الشاملة ما يلي (عبد الفتاح: 2000):

1- تقييم وضع المؤسسة بعد تطبيق المفهوم.
2- ضرورة معرفة أسباب المشكلات من خلال الدراسات التحليلية للمؤسسة.
3- أهمية توفير ما يعرف (بدليل إدارة الجودة الشاملة).
4- ضرورة توفير قاعدة بيانات ومعلومات للمؤسسة.
5- تطبيق أنظمة حوافز مادية ومعنوية جيدة.

كما وثبت أن كثيرا من المؤسسات تستعمل أساليب معينة عند تطبيق خطوات إدارة الجودة الشاملة لتشجيع ودعم التحسن المستمر. فبدون هذه الأساليب سيكون من الصعب حل أي مشكلة تواجه المؤسسة أثناء الأداء ومن هذه الأساليب هي:

1- **حل المشكلات (Problem Solving)**: وذلك عن طريق تشكيل فرق قصيرة الأجل يكون الهدف منها عقد اجتماعات لمناقشة المشكلات من جميع أبعادها، والعمل على حل المشاكل وإيجاد الفرص الجديدة للتحسين.

2- **مقارنة المرجعية (Benchmarking)**: وهي عبارة عن عملية مستمرة لمقارنة المنتجات، الخدمات وعمليات المنظمة مع المنافسين الحادين في السوق أو مع المنظمات المعروفة في القطاع وذات مستوى أداء عالي (Ghobadian and Woo, 1996).

وكما تعرف أيضا بأنها عملية قياس ومقارنة أداء المنظمة مع أداء منظمة أو منظمات أخرى سواء في نفس الصناعة أو خارج الصناعة، وهذه العملية تساعد إلى حد كبير في إجراء التحسينات المستمرة في عملياتها، حيث أنها تبين للإدارة مركز ووضع المنظمة من المنظمات الأخرى فيما يتعلق بعملية محدودة أو هدف يراد تحقيقه (جودة، 2006: 193).

3- **أنظمة الاقتراحات (Suggestion Systems)**: المؤسسة التي تبحث عن الجودة الشاملة يجب أن تقوم بوضع نظام اقتراحات للموظفين -على سبيل المثال صناديق الاقتراحات- حيث يقدم كل منهم اقتراحه للإدارة حول طرق تحسين العمل وحل المشاكل ثم تتبنى المؤسسة المناسب منها.

4- **البنية الهيكلية للجودة (Quality Infrastructure)**: إن المؤسسة التي تتبنى مفهوم إدارة الجودة الشاملة يحب أن تتوفر فيها بنية هيكلية تضم الأنظمة الإدارية الأساسية التالية:

- القيادة.

- إدارة البيانات والمعلومات.

- إدارة الموارد البشرية.

- ثقافة الجودة.

إن إدارة التحول نحو إدارة الجودة الشاملة تستلزم تطبيق مدخل السبعة أس The Sevens Approach وهو عبارة عن أساليب أو طرق لإدارة الجودة الشاملة ويتكون من (الشرقاوي، 2003):

1- الإستراتيجية Strategy: بمعنى أن تكون لدى القيادة العليا فكرة عما تريد أن تكون عليه في السنوات القادمة.

2- الهياكل Structures: بمعنى إعادة هيكلة المنظمة وتغيير المسئوليات وإعادة بناء فرق العمل.

3- النظم Systems: أي إعداد نظم جديدة كتحسين المخرجات أو زيادة كفاءة وفاعلية العمليات أو إضافة ابتكارات تكنولوجية للمدخلات.

4- العاملون Staff: بمعنى معاملة الأفراد بشكل لائق وإشباع احتياجاتهم ومطالبهم. أي إتباع منهج العلاقات الإنسانية.

5- المهارات Skills: أي تحسين القدرات البشرية من خلال التدريب حتى تكون تلك القدرات مبتكرة ونشطة وعلى معرفة مثل المنافسين الرئيسين.

6- النمط Style: أن تكون نمط الإدارة والقيادة من النوع الذي يقود إدارة الجودة الشاملة في جميع أرجاء التنظيم.

7- القيم المشتركة Shared Value: بمعنى إيجاد ثقافة تنظيمية جديدة تحدد القيم السائدة وتبدلها بثقافة وقائية تتلاءم مع التطوير والتحسين المستمر.

7-2 معوقات تطبيق إدارة الجودة الشاملة

إن معوقات إدارة الجودة لا يمكن حصر أبعادها بالشكل الدقيق، إذ أن طبيعة الثقافة التنظيمية، وطبيعة الأفراد العاملين، والتسهيلات المختلفة لإنجاز الأداء، مثل التخطيط الاستراتيجي واستغلال الكفاءات البشرية والمهارات والمعرفة، بالإضافة إلى البيئة التنافسية، تشكل محاور أساسية لنجاح تطبيق إدارة الجودة (حمود، 2007: 240).

وعليه، فإن المنظمات التي ستتبنى إدارة الجودة ستواجه معوقات أمام تطبيق وتحقيق إدارة الجودة بنجاح، لذا فإن أكثر المعوقات أهمية تندرج ضمن النقاط التالية:

1. عدم التزام ودعم الإدارة العليا لتطبيق ونجاح إدارة الجودة. وهذا بسبب عدم إدراك الإدارة العليا لمفهوم إدارة الجودة وأهميتها وفوائدها، وكذلك المعرفة والخبرات المحدودة لدى المدراء عن إدارة الجودة، وتركيز الإدارات بشكل كبير على الأرباح قصيرة الأجل(عبد المحمود، 2004).
2. عدم القدرة على تغيير ثقافة وقيم المنظمة لتبنى مبادئ وثقافة إدارة الجودة، ويعد تغيير ثقافة وقيم المنظمة مهمة صعبة ويتطلب وقت طويل نسبيا بسبب تجذر هذه القيم وعمقها لدى الأفراد العاملين (Besterfield *et al.*, 1999: 12).
3. عدم توفر الكفاءات البشرية القادرة على استلهام سبل التطبيق الفعال لإدارة الجودة، وذلك بسبب النقص في التعليم والتدريب بشكل مستمر (حمود، 2007: 241 ; Besterfield *et al.*, 1999: 12).
4. انعدام ثقة العاملين بالإدارة العليا وانعدام ثقة العاملين بين أنفسهم، الأمر الذي يؤدي إلى حدوث نزاعات وخلافات بين الفرق وبين

أعضاء الفريق الواحد(Salegna and Fazel, 2000)

5. التخطيط الخاطئ والغير ملائم لظروف المنظمة، حيث من المفترض أن يتم أشراك جميع العاملين في المنظمة في تطوير خطة التنفيذ وفي أي تعديل يطرأ عليها من أجل تحسينها. فقد فشلت الكثير من المنظمات في تطبيق إدارة الجودة بسبب عدم وضع خطة أو إستراتيجية مناسبة أو استخدمت خطط ونماذج جاهزة أو قلدت أنظمة قد نجح استخدامها في منظمات أخرى (Thiagarajan and Zairi, 1997).

6. وجود هيكل تنظيمي لا يتوافق مع مبادئ وفلسفة إدارة الجودة الحديثة حيث تتطلب إدارة الجودة عدم العزل والتفريق بين العاملين والتخصصات، ولذلك أن إعادة بناء الهيكل التنظيمي ليصبح مرنا سيزيد في الاستجابة لحاجات الزبائن (Salegna and Fazel, 2000; Martins and Toledo, 2000).

7. عدم وفرة المخصصات المالية اللازمة لتطبيق نظام إدارة الجودة، مما يؤثر على عمليات التدريب المطلوبة وإجراء التغيرات المناسبة، ويحد من استقطاب الخبراء والمستشارين لدعم وتوجيه تطبيق إدارة الجودة (Salegna and Fazel, ; 2000).

8. الرغبة المتسارعة لمعرفه النتائج المتحققة لتطبيق نظام إدارة الجودة، علما بأن النتائج التي يتوخى حصولها تتطلب زمنا ليس بالقصير (Thiagarajan and Zairi,1997).

9. غياب الاهتمام الكافي للعاملين في المنظمة والزبائن، إذ من المفترض أن تدرك المنظمة التغير في احتياجات وتوقعات العاملين والزبائن حيث تتطلب هذه العملية آلية التغذية العكسية (عبد المحمود، 2004; Besterfield *et al.*, 1999: 13).

8-2 إدارة الجودة الشاملة في مؤسسات القطاع العام

نتيجة لتزايد الطلب على تحسين الخدمة المقدمة من المواطنين تحتاج المؤسسات الحكومية لتطبيق مفهوم إدارة الجودة الشاملة؛ لما يحويه هذا المدخل من أفكار حديثة، واستراتيجيات مناسبة للقطاع العام لحل معظم المشاكل التي تؤدي إلى هدر الموارد ومعالجة الضعف في الموارد المالية ورفع مستوى الأداء. وبالرغم من خصوصية القطاع الحكومي وفروقاته عن القطاع الخاص، إلا أنه من الممكن تطبيق ذلك عن طريق إجراء التحسين المستمر للعمليات الإدارية التي تنتج الخدمة من أولها إلى آخرها، وتقليص الفارق بين واقع الخدمة وبين متطلبات العميل وتوقعاته، والتركيز على مبدأ رضا الجمهور (كوهين وبراند، 1997). وحتى يتم إرضاء العملاء وهو الهدف الأساسي لأي مؤسسة لابد من تطوير أنظمة لقياس الجودة في المؤسسات الحكومية يشارك في تصميمها الموظفون الذين يتعاملون مباشرة مع الجمهور.

كما انه يمكن تطبيق مفهوم إدارة الجودة الشاملة داخل المؤسسات الحكومية عن طريق ترسيخ الولاء والثقة من قبل الموظفين نحو المؤسسة، وتطبيق مبدأي المشاركة الجماعية وعمل الفرق، والتأكيد على روح المنافسة الجماعية لدى الأقسام (الطعامنة، 2001). وفي حال تحديد مهمات كل الموظفين نتيجة للقيام بتحليل أعمالهم ووضع الأهداف طويلة المدى والالتزام بها يمكن تطبيق هذا المفهوم داخل المؤسسات العامة. كما وانه من الضروري أن يستوعب الموظفون مفهوم إدارة الجودة الشاملة كتطبيق عملي من خلال التدريب والتأهيل حتى يسهل تطبيق تلك الفكرة. وأخيرا، لقد أثبتت إدارة الجودة الشاملة فعاليتها ونجاعتها في تحقيق نتائج كبيرة في مختلف المؤسسات

العامة ومختلف الـدول الكـبرى التـي اعتمـدت هـذا المفهـوم كنمـوذج في الإدارة (أبو نبعة ومسعد، 1998).

ولقد أكد الخطيب (1993) أنه وبعد انتشار مفهوم إدارة الجودة الشاملة ضـمن الثقافة التنظيميـة للمؤسسـات العامـة، كـان لابـد مـن تـوفير جملـة مـن المتطلبات الضرورية لتطبيق هذا المفهوم. ومن أجل معرفة درجة الاستعداد للبـدء بالعمل على تطبيق هذا المفهوم يجب وضع خطة عمل تحتوي على ما يلي:

1- المراجعة المستمرة والتقييم والتطوير لأي مدخل مـن مـداخل تطبيـق إدارة الجودة الشاملة مع الالتزام بهذا المدخل تماما مثل مدخل ديمنغ (Deming) أو مدخل جوران (Juran) أو مدخل جروسبي (Grospy) وغيرهم.

2- توفير القوى البشرية والموارد المادية لهذا التطبيق.

3- تبني أنماط تركز على العمل والعاملين وملائمة لأداء الجودة الشاملة.

4- التدريب والتعليم المستمرين لكل المستويات.

5- التركيز على ما يرضي العميل وقياس هذا الرضا باستمرار.

وبـالرغم مـن جميـع الدراسـات والآراء في مفهـوم تطبيـق إدارة الجـودة الشاملة في نطاق مؤسسات القطاع العام، إلا أن هناك الكثير مـن المعيقـات التـي تواجه تطبيق هذا المفهوم في هذا القطاع ومنها (عبـد الفتـاح، 2000؛ القحطاني، 1993):

1- ثقافة المؤسسة الحكومية: لا يوجد في مضامين ثقافة المؤسسـات الحكوميـة الاهتمام بالعملاء المستفيدين، بل تهـتم بديمومـة الوظيفـة والترقيـة حسـب الأقدمية والتعيين، وليس حسب الجدارة والكفاءة.

2- بيروقراطية المؤسسات الحكومية: حيـث تحـتكم مؤسسـات القطـاع العـام لقواعـد صـارمة وتحـدد لهـا أهـدافها بشـكل مسـبق مـما يعيـق إجـراء التحسينات.

3- يغلب الطابع السياسي والاجتماعي على القطـاع الحكـومي: فالتغيـير الإداري يكون وفقا للمتغيرات السياسـية والمتطلبـات الاجتماعيـة المتقلبـة والمتغـيرة أحيانا (كوهين وبراند، 1997).

4- عدم وجود المنافسة وذلك بسبب انفراد القطاع العام ومؤسساته في تقديم الخدمة. علما بأن التنافس يدفع المؤسسات إلى تقديم الأفضل دائما.

5- تأثير قوانين الخدمـة والـذي يـؤثر سـلبا عـلى قـدرة المسـؤولين عـلى اتخـاذ القرارات المتعلقة بتعيين المرشحين الأكثر كفاءة مـع ضعف تطبيـق أنظمـة العقوبات والمسائلة في حال التجاوزات.

6- الخدمة المقدمة للمواطنين من قبل المؤسسة الحكومية تكون تحت رقابة دائمة من قبل المواطن والذي هـو بـدوره يضغط مـن اجل الحصول عـلى خدمات أسرع وأفضل ويسعى إلى نتائج سريعة ومرئية وملموسة مما يعيـق تطبيق مفهوم إدارة الجودة الشاملة الذي يتطلب المرحلية المتدرجة.

7- عدم القدرة على تحديد رغبات العملاء المستفيدين مـن خدمات المؤسسـة الحكومية وذلك لتعددهم وكبر حجمهم.

8- وجود فجوة كبيرة بين الإدارة العليا والموظفين تمنع عملية المشاركة الفاعلة.

9- ضعف الموارد المالية للمؤسسات الحكومية: مما يـؤدي إلى ضـعف عمليـات التدريب المستمر وعدم مناسبة نظام الأجور والحوافز التي تعتبر من الركائز الهامة في تطبيق مفهوم إدارة الجودة الشاملة.

10- تغليب المصلحة الشخصية على المصلحة العامة.

11- عدم توافر أنظمة معلومات وأنظمة تكاليف فعالة وعدم إعطاء أيـة أهميـة لعملية تقييم الأداء.

12- عدم التركيز على تشجيع الإبداع والابتكار فهما العنصران الأساسيان للارتقاء بمستوى الخدمات، بل يتم التركيـز في القطاع الحكومي على نظـام الرقابـة والتدقيق بصورة تقليدية.

13- تعتبر الدولة -في الدول النامية - هـي وكالة للتوظيف دون الإنتاجيـة وإلى حد كبير، وبدون اعتماد للاعتبارات العلمية في عمليـة استقطاب العاملين؛ مما يؤدي إلى التضخم والترهل وتدني الإنتاجيـة وارتفاع التكاليف نتيجـة لتزويد القطاع الحكومي بكفاءات بشرية غير مؤهلة.

ويمثل الشكل رقم (2-2) إطار مقترح لمراحل تطبيق إدارة الجودة الشاملة في الأجهزة الحكومية تم تطويره من قبل الباحث بناء على مـا تـم طرحـه وتناولـه حول مدخل ادارة الجودة الشاملة وركائزها وخطوات تطبيقها.

ويمكن توضيح ابرز معالم الإطار المقترح بالخطوات التالية:

1. تبني الفكرة الأساسية لمفهوم إدارة الجودة الشاملة: يجب أن تؤمن الإدارات العليا بهذا المفهوم قبل أن يتم تبني الفكرة داخل أي مؤسسة حكومية، لأن هذا السبب الرئيسي في نجاح هذا المفهوم.

2. نشر الثقافة الجديدة ضمن خطة مرحلية وخلال فترة زمنية محددة لا تتجاوز ستة أشهر : والمقصود بذلك التعاون التام ما بين ديوان الخدمة المدنية ومعهد الإدارة العامة وعقد سلسلة من الندوات والحلقات النقاشية التطبيقية للقيادات الإدارية العليا والوسطى بهدف نشر الثقافة الجديدة .

3. إعداد وتوزيع دليل الجودة الذي يشمل المرتكزات والمتطلبات والمراحل الأساسية والأدوات الفنية والنماذج والإرشادات اللازمة.

4. تكوين مجالس (اللجان الاستشارية للجودة) التي تقدم المشورة الفنية في مختلف المراحل وتتشكل من ذوي الخبرة بهذا الموضوع.

5. قبل الشروع بالتنفيذ الشامل يجب إجراء مراجعة شاملة لمجموعة من العناصر الإدارية الأساسية وهي:

   أ- مدى اقتناع الإدارة العليا بتبني نموذج إدارة الجودة الشاملة.

   ب- التأكد من مدى الحاجة للتغيير والتطوير والأخذ بالمفهوم الجديد.

   ت- إعادة النظر برسالة المؤسسة وأهدافها.

   ث- اختيار الوقت المناسب للبدء بالتطبيق.

   ج- إعادة النظر بنظام الحوافز.

ح- توسيع قاعدة مشاركة العاملين عـن طريـق وضـع إستراتيجية جديدة لكي تشمل جميع العاملين.

خ- وضع خطة متكاملة للتدريب وحصرها بالاحتياجـات الخاصـة بالمؤسسة بما يتماشى وتطبيق المفهوم الجديد.

د- الالتزام الدائم طويل المدى من المستويات كافة.

ذ- دراسة العملاء الحاليين والمرتقبين ورغباتهم وتوقعاتهم وكيفيـة تلبيتها.

ر- دراسة الالتزامات المالية المترتبة علـى تطبيـق المفهوم الجديـد وتدبير الموارد اللازمة في ضوء تحليل الكلفة والعائد.

6. إجراء التطبيق التجريبي لهذا الإطار.

7. التقييم ومتابعة التنفيذ: وذلك من اجل معالجة أوجه القصور والتغلب على الصعوبات أولا بأول استنادا إلى المعايير التي تم أخذها بعين الاعتبار كأسـس لقياس مدى التقدم في تطبيق الإطار المقترح للجودة الشاملة .

8. التطبيق الكامل للإطار المقترح بعد نجـاح التجربـة وضـمان وجـود فريـق للجودة وتوفير كافة المستلزمات الضرورية والاستفادة مـن أخطـاء التطبيـق المرحلي.

9. تقييم تطبيق هذا المفهوم لمختلف الوحدات التنظيمية.

المبحث الثاني: الأداء الوظيفي
(Job Performance)

إن الاهتمام بموضوع الأداء الوظيفي أخذ حيزا كبيرا من تفكير أصحاب القرار لما له من أثر كبير على أداء المؤسسة وإنتاجيتها؛ لأن نجاح أي مؤسسة في تحقيق أهدافها يعتمد إلى درجة كبيرة على كفاءة القوى البشرية العاملة بها. وإن إدارة القوى البشرية العاملة وحسن أدائها يحقق أهداف المؤسسة ويؤدي إلى تحسنها المستمر ويحقق الفاعلية الأعلى لها. ويعد موضوع الأداء الوظيفي من الموضوعات الرئيسية بل والأساسية في علم الإدارة والسلوك الإداري، وفيما يلي عرضا لمفهوم الأداء الوظيفي وعناصره، والعوامل التي تؤثر فيه، والأمور الواجب مراعاتها لتحقيق فاعلية الأداء الوظيفي وكيفية تقييمه. كما يتناول هذا المبحث دور إدارة الجودة الشاملة وعلاقتها بالأداء الوظيفي.

9-2 مفهوم الأداء الوظيفي وعناصره

الأداء في اللغة: أدى تأدية، أوصله وقضاه، وتأديت له من حقه: أي قضيته (الفيروز أبادي، 1987: 38).

ويعرف كود (Good, 1984 :575) الأداء على انه "الجهد الذي يقوم به الموظف لانجاز مهمة ما حسب قدرته واستطاعته". أما ولسن ووسترن (Wilson and Western, 2001: 93) فقد عرفا الأداء على أنه المخرج الذي يحققه الموظف عند قيامه بأي نشاط من الأنشطة. ويشير مفهوم الأداء الوظيفي أيضا إلى "النتائج والأهداف التي تسعى المؤسسة إلى تحقيقها خلال فترة محددة". في حين يرى الخزامي (1999: 19) بأن الأداء بصفة عامة هو تحويل المدخلات التنظيمية إلى مخرجات تتكون من سلع وخدمات بمواصفات

فنية ومعدلات محددة. وقد عرف هلال الأداء بأنه "سلوك وظيفي هادف لا يظهـر نتيجة قوى أو ضغوط نابعة من داخل الفرد فقط، ولكنه نتيجة تفاعل وتوافق بين القوى الداخلية للفرد والقوى الخارجيـة المحيطـة بـه". امـا أرنولـد وفيلـد مـان (Arnold and Feldman, 1983: 192) فيران أن الأداء عبـارة عـن مقـدار التـأثير الايجابي للموظفين تجاه أعمالهم في المؤسسات التي يعملون فيها.

ويرى كاستك وآخرون (Castka, et al., 2001: 123) بأن الأداء عبـارة عـن استجابة تتكون من أفعال وردود أفعال تكون في مجموعها عمليـة في إطار نظام تفاعل اجتماعي، بمعنى أن إجمالي أداء جميـع أعضـاء المنظمة يصـف عمليـة أداء المنظمة ككل.

ويتجه كثير من الباحثين إلى التمييز بين السلوك والانجاز والأداء، ويرون أن السلوك: هو ما يقوم بـه الأفراد مـن أعمال في المنظمات التـي يعملون بها، أمـا الانجاز: هو ما يبقى من أثر أو نتائج بعد أن يتوقف الأفراد عن العمل، في حين أن الأداء: هو التفاعل بين السلوك والانجاز، أي أنه يعبر عن مجموع الأعمال والنتائج معا (Bartram and Casimir, 2007: 4).

وفي ضوء ما تقدم من تعريفات لمفهوم الأداء الوظيفي، فإنه يمكننا القول بأن هنالك إجماع واضح من قبل الباحثين أن الأداء الـوظيفي عبـارة عـن غايـة أو هدف يراد الوصول إليه. ومن زاوية أخرى نلحظ أن هنالك مناظير وزوايا متباينـة في النظر إلى الأداء الوظيفي؛ فالبعض يتناوله مـن خـلال أداء الفرد، أو أداء فريـق العمل (الجماعة)، والبعض الآخر يتناوله من خلال النظر إلى أداء المؤسسـة ككـل. ولغايات هذه الدراسة يمكننا تعريف الأداء الوظيفي على أنه مجموعة مـن أنمـاط السلوك الأدائي ذات العلاقة المعبرة عن قيام

الموظـف بـأداء مهامـه وتحمـل مسـؤولياته، وهـي تتضـمن جـودة الأداء، وكفاءة التنفيذ، والخبرة الفنية المطلوبة في الوظيفة، فضلا عن التفاعل والاتصال مع بقية أعضاء المؤسسة، وقبول مهـام جديـدة، والإبـداع والالتـزام بـالنواحي الإداريـة للعمل. ويعكس الأداء الوظيفي ولاء الموظف لمؤسسته. كما يمثل أداء الأفـراد أداء الأقسام التي ينتمون إليها وبالتالي يعكس أداء المؤسسة ككل. ومـن ثـم فإن الأداء الوظيفي عبارة عن:

1) جهد يهدف إلى تحويل المدخلات إلى المخرجات.
2) جهد يسعى إلى تحقيق أهداف الوظيفة.
3) سلوك وظيفي هادف يظهر نتيجة تفاعل وتوافق بين القوى الداخلية للفرد والقوى الخارجية المحيطة به (هلال، 1999: 19).
4) سلوك يهدف إلى تحقيق نتيجة.
5) استجابة تتكون من أفعال وردود أفعال.

أما فيما يتعلق بعنـاصر الأداء الـوظيفي، فهنـاك ثـلاث عنـاصر رئيسـية للأداء الوظيفي، وهي (موسى والصباغ، 1989):

- **العامل:** بما لديه من معرفة ومهارة وقيم واتجاهات ودوافع خاصة للعمل.

- **الوظيفة:** من ناحية متطلباتها وتحدياتها.

- **الموقف:** وهو ما تتصف به البيئة التنظيمية التي تتضمن مناخ العمل والإشراف ووفرة الموارد والأنظمة والهيكل التنظيمي.

وبشكل أكثر تحديدا، توجد عدة عناصر هامة تكون في مجموعها ما يعرف بـالأداء وهي (عبد اللـه، 1999: 18):

أ- **المعرفة بمتطلبات الوظيفة:** وتشمل المهارة المهنية والمعرفة الفنية والخلفية العامة عن الوظيفة والمجالات المرتبطة بها.

ب- **نوعية العمل:** وتشمل الدقة والنظام والإتقان والبراعة والتمكن الفني والقدرة على تنظيم وتنفيذ العمل والتحرر من الأخطاء.

ج- **كمية العمل:** وتشمل حجم العمل المنجز في الظروف العادية وسرعة الانجاز.

د- **المثابرة والوثوق:** ويدخل فيها التفاني والجدية في العمل والقدرة على تحمل المسؤولية وانجاز الأعمال في مواعيدها، ومدى الحاجة للإشراف والتوجيه.

10-2 العوامل المؤثرة في الأداء الوظيفي

أن الأداء الوظيفي ينتج عن تفاعل عامل القدرة والدوافع المرتبطة بالسلوك البشري، ويمثل كل من القدرة والدوافع متغيرين رئيسيين من أجل الأداء الوظيفي، فقد تنطوي مكونات الفرد على أعظم القدرات العملية، ولكن بدون توافر الدافع للعمل ستنعدم العلاقة بين القدرات والأداء الوظيفي، والعكس صحيح فقد يتوافر لدى الفرد الدافع القوي للعمل، ولكن دون قدرة على العمل ستنعدم العلاقة بين الدافع والأداء الوظيفي (Castka, *et al.*, 2001: 131).

وحسب هذا الرأي، فإن الأداء يعد نتيجة لمحصلة التفاعل بين ثلاثة محددات رئيسة هي: الدافعية الفردية، ومناخ أو بيئة العمل، والقدرة على انجاز العمل. لذلك يتأثر الأداء بشكل كبير بالاتجاهات، حيث تؤثر اتجاهات الأفراد نحو العمل على أدائهم، فالفرد الذي يحب عمله ويرغب في البقاء به يتحسن مستوى أدائه وتزداد خبرته ويزداد إقباله على العمل يوما بعد يوم،

والفرد الذي يرغب في الانتقال ينخفض مستوى أدائه ولا يأبه بالعمل ولا يقبل عليه، فأهمية الاتجاهات تكمن في تأثيرها المباشر على سلوكيات الأفراد وتصرفاتهم، حيث إن تكوين اتجاه مضاد للعمل، يدفع الفرد إلى محاولة الانتقال منه إلى عمل آخر، مع تدني الروح المعنوية وانخفاض مستوى الأداء، مما يؤدي إلى انخفاض الكفاءة الإنتاجية، بينما تكوين اتجاه مساند للعمل يعني ارتفاع الروح المعنوية وزيادة معدلات الرضا الوظيفي وحب البقاء بالعمل وزيادة معدلات الولاء والانتماء والاجتهاد لتطوير القدرات والمهارات بما يخدم العمل مما يؤدي إلى تحسين مستوى الأداء وارتفاع الكفاءة الإنتاجية. وتعد تجارب "هوثورن" (Hawthorn) أولى الدراسات التي أكدت أهمية اتجاهات العاملين وتأثيرها على سلوكهم ومن ثم على أدائهم كنتيجة لإجراء الدراسات التي تشعر العمال بأهميتهم ورغبة المنظمة في الاهتمام بهم (Robbins and Coulter, 2009: 45).

ولقد قدم الباحث بوث (Booth, 2006: 65) نموذجا نظريا يقوم على مجموعة من الفروض، حول محددات الأداء الوظيفي والذي يتحدد بناء على هذا النموذج ثلاثة عوامل أساسية هي: الجهد المبذول، والقدرات والخصائص الفردية، وإدراك الفرد لدوره الوظيفي. فالجهد المبذول يعبر عن درجة حماس الفرد لأداء العمل، بمقدار ما يستمر بجهده بمقدار ما يعبر هذا عن درجة دافعيته لأداء العمل، أما قدرات الفرد وخصائصه فهي التي تحدد درجة فعاليته الجهد المبذول، أما إدراك الفرد لدوره الوظيفي فهو يعبر عن انطباعات الفرد وتصوراته عن السلوك والنشاطات التي يتكون منها عمله والطريقة التي يجب أن يمارس بها دوره في المنظمة.

كما أن هنالك مجموعة من العوامل التي تـؤثر في الأداء الـوظيفي وتحـدد مستوى الأداء الفردي للموظف، وإن أهم هذه العوامل:

1- **المناخ التنظيمي**: يعرف المناخ التنظيمي بأنه تعبير يدل على مجموعة العوامـل التي تـؤثر في سـلوك العاملين داخـل التنظيم، كـنمط القيـادة وطبيعـة الهيكـل التنظيمي والتشريعات المعمول بها والحوافز والمفاهيم الإدراكية وخصـائص البيئـة الداخلية والخارجية للتنظيم وغيرها من العوامل الأبعاد (الـذنيبات، 1999). ويعـد المناخ التنظيمي مقياس لمدى إدراك وفهم العاملين لسمات بيئة عملهم التي تـؤثر بشكل مباشر على كيفية أداء أعمالهم (Kunnanatt, 2007).

وتبرز أهميه المناخ التنظيمي للمنظمات في العديد من الجوانب، إذ يؤثر المناخ التنظيمي السليم على العديد من الجوانب، بشكل ايجابي مثل: التحفيز والرضا الوظيفي لدى العاملين وكذلك يرفع من سويه الأداء في المنظمة (Joseph et al., 1999; McNabb and Sepic, 1995)

كما يؤثر المناخ التنظيمي على الجوانب النفسية والاجتماعية للعاملين داخل المنظمة بشكل ايجابي إذا كان المناخ التنظيمي سليم وصحي. بالإضافة إلى تأثيره على سلوك وكفاءة العاملين في المنظمة لأن العاملين يقضون معظم وقتهم في العمل حيث يحتك مع الرؤساء والمرؤوسين على كافه المستويات، ويخضع في سلوكه لتأثيرات المناخ التنظيمي بأبعاده المختلفة (البدر، 2006).

2- **الروح المعنوية لدى الموظف**: إن مواقف الموظفين واتجاهاتهم وميولهم نحو مؤسساتهم التي يعملون بها حظيت بقدر كبير من اهتمام الباحثين بل وزاد الاهتمام في مواقف الموظفين بعد أن أتضح أن الروح المعنوية للموظفين تؤثر وبشكل كبير في الأداء الوظيفي. وقد خلصت الكثير من الدراسات إلى أن

القيادات الإدارية لها تأثير وبشكل كبير على معنويات الموظفين سلبا أو إيجابا وهذا ينعكس سلبا أو إيجابا على الأداء الوظيفي وهي علاقة طردية.

وإذا نجحت المؤسسة في اختيار العاملين، وعملت على خلق روح معنوية قوية لديهم (روح الفريق) فان ذلك يكفل الرضا الوظيفي، وحفظ النظام وإطاعة الأوامر والقوانين واللوائح والضغط على أي فرد يحاول الخروج عليها، كما يكفل الاحتفاظ بمستوى مناسب من السلوك والأداء الوظيفي. وتعتمد الروح المعنوية على عدة عناصر ترتبط بعملية العلاقات الإنسانية مثل سلامة الإشراف وأيضا على عناصر ترتبط بعملية التوظيف مثل مقابلة الكفايات بالوظائف والتدريب والأجور والترقية والخدمات.

3- المقدرة على أداء العمل من خلال فهم الدور: إن الأداء الوظيفي لكل موظف يقاس أولا بالاجتهاد والمثابرة ومدى المهارة التي يملكها كل موظف، وجدية الموظف في اكتساب الخبرات عبر الدورات والاستفادة منها. كما أن القدرات التي يمتلكها الموظف لا بد أن يستغلها بقدر كاف ولا ينظر لجملة الصعوبات والاحباطات التي تكون ناتجة في عمله، بل لا بد أن يتجاوز كل العراقيل التي يصادفها في العمل. فإذا كان هناك ثمة نظرية للأداء في العمل فلا بد أن يعمل بها، بل يحاول المستحيل من اجل أن يستثمر الفرص السانحة له فيعمل ويتفاعل مع كل نتاج يكون في صالح العمل.

وفي إطار هذه الثلاثة عوامل، يجب أن نعلم أن تأثير كل عامل من هذه العوامل لا يكون بشكل مستقل على أداء الموظف وإنما من خلال تفاعل العوامل مع بعضها البعض، وإن تحديد مستوى الأداء يكون نتيجة تفاعل تلك العوامل معا. فإذا كانت العوامل ايجابية فإن محصلة الأداء ستكون مرتفعة، في حين إذا كانت جميع العوامل سلبية فإن محصلة الأداء ستكون

متدنية. أما في حالة تدني الروح المعنوية لأداء العمل، وارتفاع المقـدرة علـى أداء العمل مع توفر بيئة مناسبة للعمل فإن محصلة الأداء سوف تكون متوسطة (بارون، 1999).

وحتى يتحقق الأداء الفاعل من قبل الموظف داخل المؤسسـة لا بـد مـن الالتـزام بمجموعة من المبادئ والأمور منها:

1- **التدريب**: وهو العملية المسـتمرة تهدف إلى تزويـد وإكسـاب الفـرد مهـارات ومعارف وسلوكيات جديدة تؤدي إلى تحسين أدائه، وبالتـالي تحسـين أداء المنظمـة ككل. وعليه فإن هدف التدريب هو الموظف دائما، والهدف من التدريب إحـداث تغيـيرات سـلوكية وفنيـة ومعلوماتيـة وذهنيـة يتطلبهـا الموظـف أو الجماعـة أو المؤسسة وترفع من مستوى أداء الموظف أو المؤسسة لأعمالهم.

2- **تحديد أهداف المؤسسة**: في البداية يجب أن تضع كل مؤسسة أهداف معينـة أولا ومن ثم تبدأ في العمل علـى تحقيق هـذه الأهـداف، بحيـث يكـون تحقيقهـا مؤشر على فاعلية الأداء.

3- **الاستقرار الوظيفي**: وهو عدم تكليف الموظف بمهام وظيفيـة جديـدة وبشـكل متكرر وسريع؛ لأن أي وظيفة تحتاج إلى وقت للتدريب والإتقان، ويحتاج الموظـف إلى فترة زمنيه للتأقلم مع الوضع الجديد.

4- **تحسين مناخ العمل المادي**: بحيث يتم توفير برامج مساعدة للمـوظفين تشـمل الحوافز المادية والمعنوية (الغيث، 1990).

5- **تحقيق التعاون**: وذلك عن طريق تنفيذ العمل داخـل المؤسسـة بـروح الفريـق الواحد وهـذا يحفـز المـوظفين علـى تنفيـذ أعمالهـم بشـكل فاعـل ويوفر داخـل المؤسسة مناخا تنظيميا مفتوحا يساعد على تحقيق الأهداف.

كـما اقـترح (الزغـول، 2001) مجموعـة مـن الأفكـار لرفـع مسـتوى الأداء الوظيفي للموظفين داخل المؤسسات التي يعملون فيها وأهمها ما يلي:

1. تزويد المؤسسات بالأجهزة والمعدات الحديثة.
2. توزيع السلطة وتعزيز المشاركة.
3. الحوافز المادية والمعنوية على الأداء المتميز.
4. أخذ المعايير الموضوعية بعين الاعتبار عند التعيين مثل الكفاءة والتخصص.
5. التـدريب بعـد التعيـين لتنميـة المهـارات مـن اجـل مواكبـة التطـورات المستجدة في مجال العمل.

أما (هاينز، 1984) فقد تناول أساليب تحسين العمل من خلال الزوايا التالية:

أ- **بالنسبة للموظف:** وهو العنصر الأساسي في الأداء الوظيفي، ومن المداخل التـي يمكن استخدامها في تحسين أداء الموظف ما يلي:

1. الاستفادة من المواهب المتوفرة لـدى الموظـف والتركيـز عـلى نـواحي القـوة لديه ومحاولة تنمية مواهب جديدة لديه، ومحاولـة القضـاء عـلى نـواحي الضعف عنده.
2. العمل داخـل المؤسسـة بـروح الفريـق الواحـد، مـما يـؤدي إلى رفـع درجـة الانسجام في العمل بين المـوظفين، ومحاولـة أداء كـل موظـف العمـل الـذي يحبه قدر الإمكان.
3. وجود الانسجام مـا بـين أهـداف الموظـف الشخصية ومجهـودات تحسـين الأداء.

ب- **بالنسبة للوظيفة**: من المعلوم أنه إذا كانت الوظيفة مملة أو فوق قدرات الموظف، أو إذا احتوت على مهمات غير مناسبة أو غير ضرورية للموظف فإن هذا سوف ينعكس سلبا على الأداء الوظيفي.

ومن الأساليب التي تساعد على تحسين الوظيفة:

1. دراسة جوانب ومهمات الوظيفة ومدى ضرورتها ومن ثم الاكتفاء بالعناصر الرئيسية للوظيفة.

2. توزيع مهمات الوظائف على الموظفين حسب قدراتهم العقلية والذهنية والعضلية، أي تحديد الموظف الأنسب للقيام بمهام الوظيفة .

3. تبادل الوظائف: وذلك من أجل إزالة الملل الوظيفي وتجديد حماس الموظف.

4. تكليف الموظف بمهمات خاصة مثل فرق العمل والدراسة، والاشتراك في اللجان المختلفة مما يوفر الفرصة المناسبة للموظف في حل مشكلات المؤسسة.

ج- **تحسين الموقف**: وذلك عن طريق:

1. اختيار مكان مناسب للمؤسسة مما يؤدي إلى سهولة الوصول إلى مكان العمل من اجل القضاء على الوقت الضائع وهدر المال.

2. تجديد الأجهزة والآلات ورفع مستوى الخدمات المقدمة للموظف.

3. إعادة النظر في برامج العمل من خلال تغييرها ومراقبتها وذلك لخدمة مصلحة العمل.

4. عدم المبالغة في عملية الإشراف على الموظفين.

5. منح بعض الصلاحيات للمرؤوسين.

أما (الغيث، 1990) فقد حدد بعض الأمور لرفع فاعلية الأداء الوظيفي وهذه الأمور هي:

أ- **تحديد أهداف المؤسسة:** يسعى الموظفون في كل مؤسسة لتحقيق أهداف هذه المؤسسة بإشراف إداراتها وهذا يعد مؤشرا ايجابيا على فاعلية الأداء الوظيفي.

ب- **معرفة ثقافة المؤسسة:** إن معرفة قيم المؤسسة وأخذها بعين الاعتبار عند التصميم والتنفيذ يؤدي إلى زيادة فاعليتها.

ت- **تعدد مكونات المؤسسة:** من المعروف أن المجتمع المحلي والبيئة المحيطة وهي بمثابة المكونات الخارجية للتنظيم تؤثر في المكونات الداخلية وهم الموظفين لأي مؤسسة والعكس صحيح.

وعليه يجب على المنظمات أن تعمل نحو تطوير الآليات والأجواء المناسبة لتحسين وتطوير الأداء الوظيفي؛ لأن الأداء الوظيفي في أية منظمة كانت يمثل مطلبا أساسيا؛ فهو الناتج النهائي الذي تسعى المنظمات إلى تحقيقه. وهو بمثابة المؤشر الذي يستدل من خلاله على نجاح المنظمات أو فشلها في تحقيقها لأهدافها.

2-11 إدارة الأداء الوظيفي

عرف (هلال، 1999) إدارة الأداء الوظيفي بأنها "الجهود المبذولة من قبل المؤسسات والتي تهدف إلى تخطيط وتنظيم وتوجيه الأداء الفردي والجماعي ووضع معايير ومقاييس واضحة ومقبولة كهدف يسعى الجميع للوصول إليه". وبناء على هذا التعريف فإن إدارة الأداء الوظيفي تتكون من أربعة عناصر رئيسية، وهذه العناصر هي:

1- تخطيط الأداء: ويقصد به الوصول إلى الأهداف بطرق منظمة ومرسومة حسب الإمكانات والطاقات المتاحة.

2- تنظيم الأداء: ويقصد به تنظيم العمل بحيث يتم تحديد المساحة لكل موظف مسموح له الحركة بها بحيث تكون مكملة لعمل موظف أخر لا متعارضة مع عمل الآخرين.

3- توجيه الأداء: ويهدف إلى متابعة نتائج الأداء من خلال التغذية الراجعة عن طريق مناقشة نتائج قياس الأداء الدوري مع الأطراف ذات العلاقة.

4- تقييم الأداء: سيتم التطرق إلى هذا العنصر بشيء من التفصيل وعلى النحو التالي:

2-11-1 تقييم الأداء الوظيفي

هنالك تعاريف متعددة لعملية تقييم الأداء، تختلف بين الباحثين والمختصين والدارسين باختلاف النظر إليها من حيث المضمون والهدف منها. حيث عرف الصباغ ودرة (1986) تقييم الأداء بأنه عملية إصدار حكم على أداء وسلوك العاملين في العمل ويترتب على إصدار الحكم قرارات تتعلق بالاحتفاظ بالعاملين أو ترقيتهم أو نقلهم إلى عمل آخر داخل المنظمة أو خارجها، أو تنزيل درجتهم الوظيفية، أو تدريبهم وتنميتهم أو تأديبهم أو فصلهم والاستغناء عنهم. أما العقيلي (1996: 191)، فقد عرف عملية تقييم الأداء بأنها "نظام رسمي مصمم من أجل قياس وتقييم أداء الأفراد أثناء العمل، وذلك عن طريق الملاحظة المستمرة والمنتظمة لهذا الأداء ونتائجه، وخلال فترات زمنية محددة ومعروفة". في حين عرفها هلال (1999: 14) على أنها أداة من الأدوات الجوهرية في قياس كافة العوامل والجوانب المرتبطة بالأداء الفعال لإبراز مدى مساهمة الفرد في الإنتاجية وهي تتضمن سلسلة

من الخطوات المصممة للوصول إلى قياس أداء كل فرد في المنظمة حيث ترتبط بمفهوم الإنتاجية الذي يشير إلى كل من الفاعلية والكفاءة.

ويعرف السالم وصالح (2002: 102) عملية تقييم الأداء على أنها "عملية دورية هدفها قياس نقاط الضعف والقوة في الجهود التي يبذلها الفرد والسلوكيات التي يمارسها في موقف معين من أجل تحقيق هدف محدد خططت له المنظمة مسبقا". ولقد عرفتها Piggot-Irvine (2003) على أنها "عملية مستمرة لتحديد وقياس مستوى أداء العاملين خلال فترة زمنية معينة محددة، ومحاولة تطوير هذا المستوى في المستقبل من خلال مساعدة العاملين على اكتشاف الطاقات والإمكانيات المتاحة لديهم في تحقيق أهدافهم وأهداف المنظمة، علاوة على مساهمة تقويم الأداء في تزويد العاملين والمشرفين والمديرين بمعلومات أساسية وضرورية لاتخاذ مختلف القرارات المتعلقة بالعمل".

أما رمضان (2005)، فقد قدم تعريفا شاملا لأبرز الجوانب المتعلقة بعملية تقييم الأداء، حيث يرى أن عملية تقييم الأداء هي إحدى وظائف إدارة الموارد البشرية والإدارية ذات الطابع الرسمي والاستمراري التي من خلالها يمكن قياس أداء الفرد عن طريق آلية عادلة وتشمل عدة جوانب (معارف، ومهارات، وسلوكيات)؛ وذلك لاكتشاف مكامن الضعف في أداء الفرد ومحاولة تلافيها مستقبلا، وتحديد نقاط القوة والعمل على تعزيزها بناء على معايير أداء واضحة ومعروفة في فترات زمنية محددة دون تحيز وبشكل موضوعي، مما يعود بالنفع على تطوير أداء الفرد في إنجازه لأعماله، وتحقيق أهدافه وأهداف المنظمة بشكل أكثر فاعلية. في حين يرى الصيرفي (2003) أن تقييم الأداء هو محاولة لتحليل أداء الفرد بكل ما يتعلق به من صفات نفسية

أو بدنية أو مهارات فنية أو فكرية أو سلوكية؛ وذلك بهدف تحديد نقاط القوة والضعف والعمل على تعزيز الأولى ومواجهة الثانية؛ وذلك كضمانة أساسية لتحقيق فاعلية المنظمة حاليا وفي المستقبل.

وبناء على ما سبق يرى الباحث أن تقييم الأداء هو عملية لقياس وتحديد مستوى أداء الأفراد العاملين في المنظمة إنتاجيا وسلوكيا ومعرفيا، وتحديد القابليات والإمكانيات التي يمتلكها كل فرد في المنظمة ومدى احتياجات الأفراد إلى التطوير بشكل دقيق وواضح وموضوعي لما يؤديه أو سيؤديه العامل من واجبات، وما يتحمله من مسؤوليات بالنسبة للوظيفة التي يشغلها وذلك خلال فترة زمنية معينة.

إن عملية تقييم الموظفين في أي مؤسسة عملية مهمة ولها أبعاد كثيرة للوصول إلى أفضل القرارات بخصوص العاملين. كما وأنه يستفاد من التقييم تحديد الحاجات المتعلقة بالتدريب والتطوير لأن التقييم يبرز النواحي السلبية في الأداء فتتم عمليات التخلص والقضاء على هذه النواحي كما ويبرز النواحي الايجابية لدى الموظفين فيتم تعزيزها. لذا فإن أهداف عملية التقييم هي:

- توفير معلومات عـن الكيفيـة التي تـؤدى بها الأعمـال، بهدف تحديد المسؤولية وإجراء المحاسبة والمساءلة عن الأخطاء. كما تفيد هذه المعلومات في تطوير وتحسين أداء الموظفين؛ وبذلك تزود الإدارة العليا بمؤشرات عن مستوى الأداء العام للمنظمة (العقيلي، 1996).

- تمكين الإدارة العليا في المنظمة مـن تقييم المشرفين، ومـدى فاعليتهم في تنمية وتطوير الموظفين الذين يعملون تحت إدارتهم.

- تساعد الإدارة العليا في المنظمة في التأكد من أن جميع الموظفين قد تمت معاملتهم بعدالة، وأن المستندات الموثقة حول هذا الموضوع ستكون عقدا هاما في تأييد سلامة موقفها فيما لو تظلم أحد الموظفين من القرارات التي تطال ترقيته أو إنهاء خدماته (السالم وصالح، 2006).

- مساعدة الموظفين في معرفة نقاط ضعفهم وقوتهم في أعمالهم، والعمل على تدارك أخطائهم والسعي إلى تنمية مهاراتهم، وتحقيق ما يصبون إليه من ترقية في السلم الوظيفي، والحصول على مكافآت وتعويضات مجزية (الصيرفي، 2003).

- رفع الروح المعنوية للموظفين، وتوطيد العلاقات بين المديرين والموظفين، خاصة عند شعور الموظفين بأن جهودهم وطاقاتهم في تأدية أعمالهم هي موضع تقدير الإدارة، وأن التقييم يسعى لمعالجة نقاط الضعف في أدائهم (حسن، 2001).

- تعتبر من الأساليب الأساسية في الكشف عن الحاجات التدريبية، وبالتالي تحديد أنواع برامج التدريب والتطوير اللازمة (Schneier, *et al*, 1987).

- تساهم في رسم خطط إدارة الموارد البشرية وتطويرها خاصة في مجالات التوظيف، وتحديد الأجور والمكافآت، وتصميم برامج التدريب، وتحديد معايير الأداء، مما يساهم في رفع مستوى أداء الموظفين والمنظمة بشكل عام (Weatherly, 2004).

مما سبق تتضح أهمية عملية تقييم الأداء على جميع المستويات في المنظمة، ودورها في تحقيق الأهداف المزمع الوصول إليها. لذا فإن تطبيق عملية تقييم الأداء بشكل صحيح ينتج عنها قرارات صحيحة وتكون عاملا مساعدا

للإدارة لاتخاذ قرارات كثيرة تخص الموظفين، منها: تحديد وتصحيح أسباب ضعف الأداء، وتخطيط التطوير المهني للموظف، وقياس مدى جاهزية الموظف للنقل أو الترقية، وعلى أساسها يمكن أن تقرر المكافأة أو زيادة الراتب، وتحسين معدل الإنتاجية في القسم أو المنظمة ككل (المرسي، 2003). علاوة على أهمية عملية تقييم الأداء الجيدة في تقليل تذمر العاملين من التفرقة وإعطائهم إحساسا بعدالة إجراءات المنظمة.

وعليه يعتبر تقييم الأداء الوظيفي وسيلة مهمة لمعرفة القدرات والمواهب التي يتمتع بها الموظفون. وان عملية تقييم المؤسسات وفق مفهوم جودة الأداء الوظيفي بات من أهم الاهتمامات لإدارة أي مؤسسة بهدف الإحاطة بالمنظومة المهنية والإدارية لتلك المؤسسة، وهذا يعني اعتماد المنطق النظمي (System Approach) الذي يتناول المدخلات والعمليات والمخرجات بعين الاعتبار عند إجراء عملية تقييم الأداء (محجوب، 2004).

ولتقييم الأداء الوظيفي عدة معايير تعد الأساس الذي تحتكم إليه المؤسسات في الحكم على جودة أداء الأعمال. فمعايير الأداء فهي عبارة عن بيان مختصرـ يصف النتيجة النهائية التي يتوقع أن يصل إليها الموظف الذي يؤدي عمل معين، حيث يعد معيار الأداء الدستور أو القانون الداخلي المتفق عليه بين الرؤساء والمرؤوسين لتحديد الكيفية التي يتوصلوا بها إلى أفضل مستوى أداء، وفي الوقت نفسه التعرف على أوجه القصور التي تشوب الأداء (هلال، 1999: 95). ويكمن الهدف من وضع معايير للأداء هو مراقبة الأداء بصفة مستمرة للتعرف على أي تذبذب أو تغيير في مستوى الأداء، للتدخل في الوقت المناسب قبل تدني مستوى الأداء وذلك لتصحيح السلبيات

وأوجه القصور وإعادة توجيه الأداء لكي لا تتكرر السلبيات وتتحول إلى سلوك وظيفي لدى العاملين يصعب تغييره.

ويتم قياس وتقييم أو تقدير أداء العاملين باستخدام معايير محددة، يقارن بها أداؤهم الفعلي. والمعايير نوعان هما العناصر، ومعدلات الأداء (العقيلي، 1996: 198):

1- العناصر: وتشمل الصفات والمميزات التي يجب أن تتوفر في الفرد، وأن يتحلى بها في عمله وسلوكه ليتمكن من أداء عمله بنجاح وبكفاءة. ومثال ذلك: الإخلاص والتفاني في العمل، الأمانة، التعاون، المواظبة على العمل... الخ، إذ على ضوء مدى توفر هذه العناصر في الفرد وسلوكه، يتم الحكم على مستوى كفاءته.

وللعناصر نوعان هما (Cheng, *et al.*, 2007: 65):

- **الأول:** وهو الذي يشمل العناصر الملموسة التي يمكن قياسها بسهولة لدى الفرد، مثل المواظبة على العمل، والدقة فيه، إذ من خلال عدد مرات الغياب، ومدى احترام الفرد لمواعيد العمل الرسمي، يمكن الحكم على عمله، كما أنه يمكن قياس الدقة بمراجعة المعاملات المقدمة من قبل الفرد لرئيسه بعد تنظيمها، فبهذه المراجعة مثلا يمكن اكتشاف الأخطاء التي وقع فيها، وبالتالي الحكم على مدى الدقة في عمله بشكل صحيح.

- **الثاني:** وهو الذي يشمل الصفات غير الملموسة، والتي يجد المقوم صعوبة في قياسها، نظرا لأنها تتكون من الصفات الشخصية لدى الفرد وهذه تتطلب ملاحظة مستمرة لكي يتمكن المقوم من ملاحظتها، ومثل هذه الصفات الأمانة، الذكاء، الشخصية، التعاون... الخ.

2- معدلات الأداء: يمكن تعريف معدل الأداء بأنه عبارة عن ميزان يمكن بوساطته للمقوم أن يزن إنتاجية الموظف لمعرفة مدى كفاءته في العمل من حيث الجودة والكمية خلال فترة زمنية محددة، ويتم هذا بمقارنة العمل المنجز للموظف مع المعدل المحدد للتوصل أخيرا إلى تحديد مستوى إنتاجه من حيث الكمية أو الجودة (السالم وصالح، 2006: 107).

ولمعدلات الأداء ثلاثة أنواع يمكن إيضاحها فيما يلي (العقيلي، 1996: 200):

1- المعدلات الكمية: وبموجبها يتم تحديد كمية معينة من وحدات الإنتاج التي يجب أن تنتج خلال فترة زمنية محددة، أي أنها تدل على العلاقة بين كمية المنتج والزمن المرتبط بهذا الأداء، ويمكن أن يسمى هذا النوع بالمعدل الزمني للإنتاج. ويقصد بالكمية حجم العمل المنجز، وهذا يجب أن لا يتعدى قدرات وإمكانات الأفراد، وفي الوقت ذاته لا يقل عن قدراتهم وإمكاناتهم. لأن ذلك يعني بطء الأداء، مما يصيب العاملين بالتراخي، وقد يؤدي إلى مشكلة في المستقبل تتمثل في عدم القدرة على زيادة معدلات الأداء، لذلك يفضل الاتفاق على حجم وكمية العمل المنجز كدافع لتحقيق معدل مقبول من النمو في معدل الأداء بما يتناسب مع ما يكتسبه الفرد من خبرات وتدريب وتسهيلات.

إن أهمية الزمن ترجع إلى كونه من أهم المؤشرات التي يستند عليها في أداء العمل، فهو بيان توقعي يحدد متى يتم تنفيذ مسؤوليات العمل، ويمكن أن يكون محددا لمدة وفترة التنفيذ في نفس الوقت أو إحداهما، لذلك يراعى الاتفاق على الوقت المناسب لإنجاز العمل على أن يراعى: حجم العمل المطلوب انجازه وعدد العاملين القائمين بانجاز نفس العمل.

ويؤثر عنصر الزمن على العاملين، وعلى العمل المنجز من النواحي الكمية والكيفية، لذلك يراعى وجود محددات لتحديد الوقت الذي يستغرقه إنجاز العمل بكمية معينة ونوعية محددة في إطار النظم والتعليمات المعمول بها، وذلك لتحقيق أهداف المنظمة.

2- **المعدلات النوعية:** وتعني وجوب وصول إنتاج الفرد إلى مستوى معين من الجودة والدقة والاتقان، وغالبا ما تحدد نسبة معينة للأخطاء أو الإنتاج المعيب يجب ألا يتجاوزها الفرد. ويسمى هذا النوع بالمعدل للأداء. والجودة من هذا المنطلق هي المؤشر الخاص بكيفية الحكم على جودة الأداء من حيث درجة الاتفاق، وجودة المنتج سواء كان خدمة أو سلعة، ولذلك يجب أن يتناسب مستوى الجودة مع الإمكانات المتاحة، لذلك يفضل وجود مرجع وثائقي لدى الرؤساء والمرؤوسين للاحتكام إليه إذا دعت الضرورة، فضلا عن ضرورة الاتفاق على مستوى الجودة المطلوب في أداء العمل في ضوء التصميمات السابقة للإنتاج والأهداف والتوقعات.

3- **المعدلات الكمية النوعية:** وهذا المعدل هو مزيج من السابقين إذ بموجبه يجب أن يصل إنتاج الفرد إلى عدد معين من الوحدات خلال فترة زمنية محددة وبمستوى معين من الجودة والإتقان.

وتجدر الإشارة أخيرا إلى ضرورة استخدام العناصر والمعدلات معا في عملية قياس وتقييم الأداء، وذلك قدر الإمكان لتكون النتائج أكثر دقة، حيث هناك بعض الأعمال من الصعب استخدام المعدلات الكمية في قياسها نظرا لإنتاجيتها غير الملموسة، بينما هناك أعمال إنتاجها ملموس وبالتالي يمكن استخدام النوعين معا، المعدلات والعناصر أيضا. يتضح إذا أن عملية الاستخدام يحكمها نوع وطبيعة العمل.

وعلى الإجمال، يمكننا أن نخلص إلى أن عملية تقيم الأداء الوظيفي تتطلب النظر إلى المجالات التالية:

1-**كمية الجهد المبذول**: وهي تعبر عن مقدار الطاقة الجسمانية أو العقلية التي يبذلها الفرد في العمل في خلال فترة زمنية محدده، وهي لقياس سرعة أداء العمل أو كميته في فترة زمنية محددة.

2-**نوعية الجهد المبذول**: المقصود به مستوى الدقة والجودة في الأداء والجهد، ومدى مطابقة هذا الجهد لمواصفات محددة مسبقا، وهي لقياس درجة مطابقة العمل المنجز للمواصفات المطلوبة.

3-**نمط الأداء**: وهو الأسلوب والطريقة التي يبذل بها الجهد في العمل، وهي لقياس المهارة في العمل.

ويرى مكتب الولايات المتحدة لإدارة الأفراد (2001) United States Office of Personnel Management أن ابرز مجالات قياس الأداء الوظيفي تتمثل بـ(نقلا عن نوفل، 2007: 75):

أ- **المعرفة بالعمل (Work Knowledge)**: ويتضمن هذا البعد المجالات التالية:

- معرفة متطلبات أداء المهام الموكلة إليه.
- معرفة إجراءات تأدية المهام الموكلة إليه.
- معرفة مكان وزمان المعلومات ذات العلاقة بعمله.
- معرفة سياسات المنظمة العامة.
- معرفة أهداف وتطلعات المنظمة.

ب- جودة العمل (Work Quality):

- القدرة على أداء المهام الموكلة إليه بدقة.
- إتباع الإجراءات التصحيحية في أداء مهامه.
- الاهتمام بحيثيات العمل وتفصيلاته.
- امتلاك المهارات اللازمة لأداء مهامه بدون أخطاء.

ج- الإنتاجية (Productivity):

- القيام بإنجاز كمية كافية من متطلبات العمل اليومي.
- استخدام الوقت بشكل كفؤ في انجاز المهام الموكلة إليه.
- إنتاج مخرجات عمل متسقة ومتجانسة.

د- تخطيط وتنظيم العمل (Work Planning and Organizing):

- القدرة على أداء المهام الموكلة إليه بدون الحاجة إلى التذكير المستمر من قبل المشرفين عليه.
- القدرة على التركيز في أداء المهام الموكلة إليه.
- القدرة على حل المشكلات والمعيقات التي تعترض أدائه للمهام.

هـ- علاقات العمل (Work Relations):

- القدرة على تكوين علاقات فاعلة مع مشرفيه، وزملائه في العمل.
- القدرة على تنسيق أنشطته في ضوء أنشطة الآخرين.
- القدرة على إدراك العلاقة ما بين مهامه ومهام القسم الذي يعمل فيه.

و- توقيت العمل (Work Timing):

- القدرة على إكمال المهام الموكلة إليه وتحقيق الهدف منها حسب الجدول الزمني لها.

- القدرة على المحافظة على الوقت واستغلاله بشكل منتج.

ز- المبادرة والحضور (Initiative and Attendance):

- القدرة على المبادرة في انجاز المهام الموكلة إليه.

- المبادأة في طرح وتقديم الأفكار الجديدة.

- المحافظة على الحضور إلى العمل بانتظام.

ح- صنع القرار (Decision Making):

- القدرة على صنع قرارات صائبة ومجدولة للقضايا ذات العلاقة بمهامه.

- القدرة على تحليل الحقائق، والوصول إلى استنتاجات منطقية.

- القدرة على اختيار الإجراءات الملائمة حسب طبيعة المهام المختلفة الموكلة إليه.

وفي هذا سياق عمل الأجهزة الأمنية يمكن إضافة مجال أخر لمجالات الأداء الوظيفي سالفة الذكر وهو: **التفاعل مع البيئة الخارجية ومنها المجتمع المحلي:**
ويتضمن هذا المجال:

- التواصل مع المجتمع المحلي من خلال وسائل الاتصال الحديثة.

- احترام العملاء وتقديرهم.

- استدعاء إفراد المجتمع المحلي للمشاركة في الخطط الأمنية.

- التعاون مع أفراد المجتمع المحلي في حل المشكلات.

- دعوة شخصيات من المجتمع المحلي للمشاركة في الاحتفالات الوطنية.

12-2 إدارة الجودة الشاملة والأداء الوظيفي

لقد نال مفهوم إدارة الجودة الشاملة أهمية واسعة وتطبيق متباين في مختلف الأوساط الفكرية والعملية، وأصبح القرن الحالي يطلق عليه مجازا بعصر إدارة الجودة الشاملة، لذا سعت العديد من المؤسسات إلى ترسيخ المفاهيم والمرتكزات الأساسية لها لتحقيق أهدافها وتمييزها في مستويات الأداء. وذلك لما أثبتته الأبحاث والتجارب من وجود علاقة قوية بين تجسيد وترسيخ فلسفة إدارة الجودة الشاملة وبين زيادة أرباحها، و إنتاجيتها، و تعزيز وضعها التنافسي في السوق في ظل زيادة حدة المنافسة. مما فرض ضرورة تقديم أفضل الخدمات للوصول إلى رضا العملاء، والعمل على استباق توقعاتهم وتطلعاتهم إلى ما هو أفضل، مع الحرص على تخفيض التكاليف دون الإخلال بمتطلبات واعتبارات الجودة واختصار الفترة الزمنية اللازمة لإنجاز المطلوب في كافة العمليات والأنشطة الفرعية والتفصيلية معتمدين في ذلك على نظم المعلومات؛ والبيانات المدعمة لاتخاذ القرارات الإدارية وإتباع منهج العمل الجماعي (عبد العظيم، 2004، الدرادكة، 2006؛ حمود، 2005).

ولقد أشارت العديد من الدراسات السابقة إلى أن تطبيق مرتكزات إدارة الجودة الشاملة في المؤسسة يسهم في تحسين مجالات الأداء الوظيفي، سواء أكان القياس على مستوى أداء الفرد أو أداء جماعات العمل أو الأداء المؤسسي ككل، وذلك على النحو التالي (العاجز، 2008):

1- تحسين الكفاءة وزيادة الإنتاجية والأرباح المحققة والحصة السوقية وتحقيق الثبات والاستقرار: إذ يعد التحسين المستمر في الجودة مؤشرا لزيادة

الإنتاجية وبالتالي زيادة المبيعات للخدمات المقدمة والتي من شأنها زيادة الربحية، وخلق الحصص السوقية الكبيرة، وتحقيق الاستقرار والثبات للمؤسسة، والقدرة التنافسية العالية بأداء العمل بشكل صحيح من أول مرة كمعيار ينبغي تطبيقه في مختلف أنشطة ومجالات المؤسسة لكي يتم في ضوءه تخفيض التكاليف المقترنة بالعمليات التشغيلية المختلفة، وتحقيق المستوى الأمثل للفاعلية و الكفاءة المطلوبة (العاجز، 2008: 56-57). وعليه فإن استخدام مدخل إدارة الجودة الشاملة يؤدي إلى تحسين إنتاجية الأداء الوظيفي. حيث أشارت دراسة (محرز، 2002) إلى وجود علاقة طردية بين معدلات الإنتاجية وبين درجة توفر ركائز إدارة الجودة الشاملة.

في حين أشارت دراسة (جودة، 2002) إلى أن التزام المؤسسات بركائز ومتطلبات إدارة الجودة الشاملة (مجتمعة أو منفردة) يسهم بشكل جوهري في تحسن مجالات الأداء مقاسا بكل من الربحية والإنتاجية وكفاءة التشغيل. فكل مرتكز من مرتكزات إدارة الجودة الشاملة يقوم بدوره في تحسين جودة وفاعلية جانب من الجوانب داخل المؤسسة، والذي بدوره ينعكس إيجابا على جودة وفاعلية المؤسسة بشكل عام. وفي ضوء هذه النتائج نستطيع أن نؤكد على أهمية التعامل مع مدخل إدارة الجودة الشاملة كأسلوب إداري حديث شامل يعمل على تقليل التكاليف الناتجة من إعادة الأعمال وزيادة كل من ربحية هذه المؤسسات وإنتاجيتها وتحسين العمليات.

في حين تشير نتائج دراسة العميرة (2003) إلى وجود علاقة طردية بين إدارة الجودة الشاملة والأداء الوظيفي؛ فكلما زاد تطبيق مفهوم ادارة الجودة الشاملة كلما زادت فاعلية أداء العاملين.

2- **زيادة الفعالية التنظيمية:** نظرا لكون إدارة الجودة الشاملة تقوم على حقيقة مفادها بأنها مسؤولية كل العاملين في المؤسسة، لذلك فأنها تسعى للاهتمام بالعمل الجماعي وتشجيعه والتأكيد على أهميته والاستفادة منه واستثماره بشكل فعال ونبذ النزعة الفردية في مختلف مجالات الأداء الخدمي، و تحقيق تحسينا مستمرا بالمشاركة الفاعلة للعاملين في معالجة وحل المشاكل التي تواجههم في أداء العمل، وتحسين العلاقات الوظيفية والتنظيمية بينهم (حمود، 2005).

3- **التصدي للمنافسة وتحقيق الميزات التنافسية:** تعتبر ركائز إدارة الجودة الشاملة مفتاحا أساسيا للتصدي للمنافسة، والذي يتطلب استمرارية التحسين في الخدمة المقدمة والأفراد و العمليات و التفاعل مع البيئة الخارجية بما يحقق متطلبات العملاء الحاليين والمرتقبين، ويضمن الاستقرار والاستمرار في نشاطات المؤسسة. حيث كما أكد (Metri, 2006) إلى أن تبني أسلوب إدارة الجودة الشاملة يعد أمر حيويا لمساعدة المؤسسات للاستمرار والمنافسة؛ فهي تعتبر نموذج ينتج عن تطبيقه مزايا تنافسية. وتعرف الميزة التنافسية على أنها "قدرة المنظمة على صياغة و تطبيق الإستراتيجيات التي تجعلها في مركز أفضل بالنسبة للمنظمات الأخرى العاملة في نفس النشاط" (يوسف، 2007: 33). وتتحقق الميزة التنافسية من خلال الاستغلال الأفضل للإمكانيات والموارد الفنية والمادية والمالية والتنظيمية والمعلوماتية، بالإضافة إلى القدرات والكفاءات وغيرها من الإمكانيات التي تتمتع بها المنظمة، والتي تمكنها من تصميم وتطبيق إستراتيجيتها التنافسية.

ويرتبط تحقيق الميزة التنافسية ببعدين أساسيين هما القيمة المدركة لدى العميـل وقدرة المنظمة على تحقيق التميز (بوشناف، 2002: 16).

فحسب (Porter, 1985) فإن جوهر الميزة التنافسية يركـز عـلى القيمـة التي يمكن للمؤسسة أن تخلقها لعملائها، والتـي تأخـذ شـكل أسـعار منخفضـة بالمقارنة مع المنافسين بالرغم من تقديمها لنفس المنتج ، أو شكل تقديـم منتجـات وخدمات فريدة تبرر الأسعار المرتفعة التي تباع بها.

وتعد جودة المنتجات عنصرا أساسيا في المنافسة بين المؤسسات، فالاستجابة السليمة والسريعة والفعالة لاحتياجـات العمـلاء تسـمح لهـم بتحقيـق رضاهم، وبالتالي اكتساب حصص سوقية. وتساهم إدارة الجودة الشاملة في تحسين مستوى الجودة والقيمة التي يقدمها للعملاء، وذلك بهدف الارتقاء بأدائها و تنمية مهاراتها التسويقية (الطراونة، 2002).

4- تعزيز سلوك المواطنة التنظيمية:

إن المقصود بالأداء المتميز ليس فقط عدد الوحدات التي ينتجها العامل أو عدد العملاء الذين يقوم بخدمتهم فقط و لكن أيضا الجودة التي يـؤدي عملـه ، وكذلك السلوك الاجتماعي الذي أطلق عليه في بداية الثمانينات من القرن المـاضي "سلوك المواطنة التنظيمية" (Organizational Citizenship Behavior) (ليندة، 2005). ففـي بدايـة السـتينيات فـرق كـاتز (katz, 1964) بـين ثلاثـة أنـواع مـن سلوكيات العمل والتي تعكس في جوهرها المواطنة الصالحة، وهي:

1- الالتحاق بالمنظمة والحفاظ على عضويتها.
2- تنفيذ المهام الرئيسية لوظائفهم.

3- يجب على العاملين القيام بأنشطة تتجاوز المهام الرسمية لوظائفهم مثل:

- الإسراع لمعاونة الرؤساء والزملاء عند الحاجة.
- تقديم المقترحات التي تسهم في تطوير أداء المنظمة.
- حماية موارد المنظمة.

وقد أشار كاتز(katz, 1964) إلى أن المنظمات التي تعتمد على قيام العاملين بمهامهم الرسمية فقط هي منظمات ضعيفة وغير قادرة على الصمود في الأجل الطويل. حيث أنه غالبا ما تحتاج المنظمات إلى قيام العاملين بمهام تتجاوز دورهم الرسمي.

ويرى اوغان (Organ, 1990) أن سلوك المواطنة التنظيمية عبارة عن سلوك تطوعي يقوم به الفرد يتعدى حدود دوره الرسمي ومتطلبات وظيفته ولا تشمله لوائح المنظمة الخاصة بمكافئات و ترقيات العاملين. هذا و قد أشار اورغان أيضا إلى أن هذا لا يعني بالضرورة أن سلوكيات المواطنة التنظيمية مقصورة فقط على السلوكيات التي لا يشملها النظام الرسمي للمكافئات بالمنظمة حيث أن قيام العامل بسلوكيات المواطنة التنظيمية باستمرار يترك انطباعا جدا عنه لدى رؤساءه مما يؤدي إلى حصوله على المكافئات (مثل: الترقية والعلاوة).

ويرى اوغان (Organ, 1990) أن سلوكيات المواطنة التنظيمية تشتمل على ثلاثة أبعاد:

البعد الأول: الطاعة: ويشمل هذا البعد قبول جميع لوائح ونظم المنظمة والتوصيف الوظيفي والتدرج الرئاسي وسياسات العاملين.

البعد الثاني: الولاء: وهو عبارة عن التوحد مع أفكار المنظمة وقادتها ويشمل هذا البعد أيضا الدفاع عن مصالح المنظمة والتعاون مع الآخرين لخدمة مصالح المنظمة.

البعد الثالث: المشاركة التنظيمية: وهو عبارة عن الاهتمام بشؤون المنظمة مثل حضور الاجتماعات وإبداء الرأي والمقترحات التي تسهم في تطوير المنظمة.

ومن الناحية النظرية، فان أهمية سلوكيات المواطنة التنظيمية تنبع من عدم قدرة نظم الحوافز التقليدية على التعامل معها ذلك أن نظرا لكون سلوكيات المواطنة التنظيمية تتعدى حدود المطلوب وفقا للدور الرسمي فانه من غير الممكن محاسبة العاملين على عدم القيام بها. أيضا فإنه في كثير من الأحيان قد يضطر الفرد للتضحية بأداء دوره الرسمي في سبيل خدمة زملاءه أو رؤساءه أو في سبيل خدمة بعض الأهداف العامة على مستوى المنظمة ككل. أما من الناحية العملية، فان أهمية سلوكيات المواطنة التنظيمية تنبع في قدرتها على تطوير كفاءة وفاعلية المنظمة من خلال حماية المنظمة وتقديم المقترحات الأزمة للتطوير والتحسين المستمر.

ولقد أشارت دراسة حديثة قام بها كل من (Jung and Sonkwan, 2008) إلى أن هنالك تأثير ايجابي واضح لبرامج إدارة الجودة الشاملة وتطبيق مرتكزاتها على تعزيز سلوك المواطنة التنظيمية. حيث أشار الباحثان أن المنظمات التي تمارس أساليب إدارية ذات منهجية قائمة على مدخل إدارة الجودة الشاملة، حققت مستويات جيدة في الممارسات الدالة على سلوك المواطنة التنظيمية ومن هذه الممارسات: الإيثار Altruism،

والكياسـة Courtesy، وتشـجيع الغـير Cheerleading ، وحفـظ النظـام Peacekeeping، وسلوك الطاعة Generalized Compliance.

الفصل الثالث
الدراسات السابقة

الفصل الثالث
الدراسات السابقة

3-1 المقدمة

سيتضمن هذا الجزء عرض لأهم الدراسات السابقة ذات الصلة بموضوع الدراسة، وسيتم تقسيمها إلى دراسات عربية ودراسات اجنبية، وذلك على النحو الآتي:

3-2 الدراسات العربية

1- دراسة المناصير (1994) بعنوان " إدارة الجودة الشاملة ودراسة ميدانية على شركات الكهرباء الأردنية".

هدفت هذه الدراسة إلى التعرف على مدى فهم وتطبيق إدارة الجودة الشاملة في سلطة الكهرباء الأردنية. كما وهدفت هذه الدراسة إلى معرفة مدى اقتناع الإدارة العليا في هذه المؤسسة بهذا المفهوم، بالإضافة إلى التعرف إلى تأثير كل من العمر، والجنس، والمستوى الوظيفي، والمؤهل والتخصص العلمي على اتجاهات العاملين نحو مبادئ ومرتكزات إدارة الجودة الشاملة. وقد استخدمت الاستبانة كأداة لجمع البيانات لغايات تحقيق أهداف الدراسة.

ومن ابرز نتائج هذه الدراسة:

1. وجود ممارسة جيدة لبعض أبعاد ومبادئ إدارة الجودة الشاملة في كل من التعامل مع شكاوي العملاء، وتوفير المناخ المناسب لتمكين الأفراد من المشاركة في تحسين الجودة.
2. وجود اتجاه ايجابي لدى العاملين نحو التركيز على العميل، وبناء فرق العمل، وبناء أسس الاحترام المتبادل.

3. وجود اتجاه سلبي لدى العاملين نحو مشاركتهم في التغيرات الأساسية والقرارات المتعلقة بأعمالهم.

4. وجود قناعات ذات دلالة إحصائية هامة للإدارة العليا نحو مبادئ ومرتكزات إدارة الجودة الشاملة.

5. وجود تأثير دال إحصائيا لكل من العمر، والجنس، والمستوى الوظيفي، والمؤهل والتخصص العلمي على اتجاهات العاملين نحو مبادئ ومرتكزات إدارة الجودة الشاملة.

وقد خلصت هذه الدراسة إلى أهمية تطبيق مفهوم إدارة الجودة الشاملة بالأسلوب الصحيح في منظمات القطاع العام، من خلال إعادة النظر في الممارسات الإدارية التقليدية.

2- دراسة أبو ليلى (1998) بعنوان " إدارة الجودة الشاملة: دراسة ميدانية لاتجاهات أصحاب الوظائف الإشرافية نحو مستوى تطبيق ومعوقات إدارة الجودة الشاملة في الاتصالات الأردنية".

تطرق الباحث إلى إدارة الجودة الشاملة كدراسة ميدانية لاتجاهات أصحاب الوظائف الإشرافية نحو مستوى تطبيق إدارة الجودة الشاملة في شركة الاتصالات الأردنية.

وقد شملت الدراسة جميع العاملين من أصحاب الوظائف الإشرافية، وقد استخدمت استبانة لجمع البيانات حيث اعتمد الباحث (309) استبانة. وأظهرت الدراسة إلى توفر مجالات إدارة الجودة الشاملة التالية وهي مرتبة تنازليا: تدريب وتنمية الموظفين، التركيز على العميل، بناء الفرق، مشاركة الموظفين، وأخيرا تقدير واحترام الموظفين.

3- دراسة الحسبان (1999) بعنوان "أثر تطبيق إدارة الجودة الشاملة على المناخ التنظيمي: دراسة حالة مستشفى الحسين / السلط".

هدفت هذه الدراسة إلى تحليل أثر تطبيق إدارة الجودة الشاملة على المناخ التنظيمي في مستشفى الحسين/السلط، ومدى الوعي والالتزام بتطبيق مفاهيم إدارة الجودة الشاملة. وأجريت هذه الدراسة على عينة عشوائية من موظفي المستشفى عددها (285) موظفا من أصل مجتمع الدراسة والبالغ (615) موظفا.

وأظهرت نتائج هذه الدراسة أن هناك مستوى متوسط من الوعي والالتزام بتطبيق إدارة الجودة الشاملة، وفي حين كان تأثير تطبيق إدارة الجودة على المناخ التنظيمي متوسطا.

4- دراسة الطعامنة (2001) بعنوان "الثقافة التنظيمية وإدارة الجودة الشاملة مع التطبيق على بعض وحدات القطاع العام في الأردن".

تطرق الباحث إلى قياس ثقافة الجودة الشاملة السائدة لدى العاملين في بعض الوزارات والدوائر الحكومية في الأردن من خلال آراء عينة الدراسة المكونة من (250) مفردة شملت الموظفين الإشرافيين والتنفيذيين كل حسب تمثيله النسبي في تلك الوحدات تجاه مبادئ وقيم واتجاهات نظم إدارة الجودة الشاملة لمعرفة مدى تواءم ثقافتهم وتناغمها مع متطلبات تطبيق المفهوم. كما وتناولت هذه الدراسة بعض المفاهيم والقضايا المرتبطة بثقافة الجودة الشاملة مثل الثقافة التنظيمية، ومتطلبات تطبيق المفهوم. وكانت نتائج هذه الدراسة على النحو التالي

:

1-توفر مستوى متوسط من ثقافة الجودة الشاملة لدى العاملين في وحدات القطاع العام.

2-وجود فروقات ذات دلالة إحصائية في إجابات المبحوثين تعزى لمتغيري مكان العمل والمستوى الوظيفي.

كما أوصت الدراسة بضرورة: التزام الإدارة العليا بتغيير الثقافة التنظيمية بجعل منظومة إدارة الجودة الشاملة ومبادئها و قيمها إحدى الأسس الثقافية التي تستند إليها في ممارستها داخل المنظمة التي تديرها وكذلك ضرورة الانتقال بالثقافة التنظيمية السائدة إلى ثقافة الجودة من خلال آليات وتقنيات سهلة، وتطوير اللوائح والأنظمة المختلفة لضمان التخلص من عوامل الروتين و البيروقراطية، والانتقال إلى سمات وقيم واتجاهات إدارة الجودة الشاملة.

5- دراسة جودة (2002) بعنوان "مبادئ إدارة الجودة الشاملة مدخل لتحسين جودة أداء الخدمات الصحية دراسة تطبيقية على بعض المستشفيات الحكومية بمديرية الشؤون الصحية بمحافظة الشرقية".

هدفت هذه الدراسة إلى تقييم بيئة المستشفيات الحكومية العامة والمركزية التابعة لمديرية الشؤون الصحية بمحافظة الشرقية من كافة أبعادها، ومختلف عناصرها، وخاصة تلك المتعلقة بمبادئ إدارة الجودة الشاملة، وقياس مدى تطبيق هذه المبادئ، وكذلك الوقوف على مدى التفاوت في تطبيقها في المستشفيات محل الدراسة، والتعرف على متطلبات التطبيق والنواحي السلبية المعيقة لها، وذلك من خلال آراء عينة الدراسة و البالغ عددهم 916 عامل من مجتمع الدراسة البالغ 2614 عام ، ومن ثم تقديم

بعض المقترحات للمساهمة في تنمية وتطوير الأداء في هـذه المؤسسـات وتدعيم قدرتها على تقديم الخدمات المتميزة وعالية الجودة بما يتفق مع توقعات ورغبات العملاء. وقد توصلت الدراسة للعديد من النتائج والتي من أهمها: تـدني فعالية تطبيق مبادئ إدارة الجودة الشاملة في بيئة المؤسسة. ممـا اسـتلزم طـرح مجموعة من التوصيات أهمها:

-توفير الإمكانيات البشرية والمادية والمالية لتطبيق هذا المفهوم.

-الاهتمام بتغيير وتطوير ثقافة الإدارة العليا في المؤسسات نحو تطبيق هذا المنهج الجديد، وتعريفهم بفلسفة هذا المنهج وإطاره الفكري ومتطلبات تطبيقه وشروط ودعائم نجاحه ومشكلات التطبيق.

-تقديم المعرفة بمنهج إدارة الجودة الشاملة لجميع العاملين بالمؤسسات وذلك من خلال عقد ندوات مستمرة، أو إعداد برامج تدريبية رفيعة المستوى، أو إيفاد عدد من العاملين إلى بعثات خارجية لمؤسسات سبق لها التطبيق والعمل بهذا المنهج لاكتساب خبراتهم وتجاربهم.

6- دراسـة الطراونـة والبلبيسيـ (2002) بعنـوان " الجـودة الشـاملة في الأداء المؤسسي "دراسة تطبيقية على المصارف التجارية في الأردن".

هدفت هذه الدراسة إلى التعرف على مدى تطبيـق المصارف التجاريـة في الأردن لمفهوم إدارة الجودة الشاملة، ومستويات هذا التطبيق، وطبيعة العلاقة بين عناصر المفهوم ودرجتها والأداء المؤسسيـ وأثر الثقافة التنظيميـة عـلى هـذه العلاقات. ولتحقيق أهداف الدراسة تم إجراء مسح شامل لمجتمع الدراسـة الـذي يتألف من 100 مديرا في 19 مصرفا تجاريا.

ولقد توصلت هذه الدراسة إلى العديد من النتائج من أهمها ما يلي:

1- أن المصارف تتبنـي مفهـوم إدارة الجـودة الشاملة بكافـة عناصره، إلا إن مستويات التطبيق لهذه العناصر متفاوتة. فقد ارتبط أعلى مستوى تطبيق بالتركيز على تلبية احتياجات العاملين، يليه التركيز على العميل، ثم التركيز على الاحتياجات الإدارية للمنافسة. في حين ارتبط اقل مستوى تطبيق بالتركيز على تحسين العمليات .

2- وجود علاقة ارتباطيةايجابية وقوية بـين جميـع عناصر إدارة الجودة الشاملة مجتمعة أو منفردة والأداء المؤسسي للمصارف مقاسا بكل من الربحية والإنتاجيـة وكفاءة التشغيل. حيث أن عناصر إدارة الجودة الشاملة مجتمعة تعمل بـدرجات تأثير مختلفة على تحسين الأداء المؤسسي؛ فيقوم كل عنصر من العناصر بـدوره في تحسين جودة فاعلية جانب من الجوانب داخل المؤسسة الذي ينعكس على جودة وفاعلية المؤسسة بشكل عام.

وفي ضوء النتائج المستخلصة تم تقديم التوصيات التالية:

1- ضرورة تطبيق إدارة الجودة الشاملة بشكل شمولي بحيـث يتم التركيز عـلى جميع عناصر المفهوم بكافة جوانبه الإدارية، والعملية، والفنية، والاجتماعية داخل المؤسسة حتى وأن تم التطبيـق تـدريجيا إلا أنه لابـد أن يكـون مخططا لينتهي بنموذج شمولي منظم.

2- ضرورة خلق المناخ الملائم لتطبيق إدارة الجودة الشاملة من خلال تجديد البناء الهيكلي للمؤسسة وتطوير نظام الحوافز.

3- تفعيل دور العـاملين في اتخـاذ القـرارات ومـنحهم الصلاحيـات الكافيـة لتلبيـة رغبات العملاء مباشرة أثناء تقديم الخدمة.

7- دراسة علي (2002) بعنوان "أثر تطبيق إدارة الجودة الشاملة على أداء المنظمات الصناعية العاملة في المناطق المؤهلة صناعيا: دراسة ميدانية".

هدفت هذه الدراسة إلى التعرف على مستوى تطبيق إدارة الجودة الشاملة في الشركات الصناعية العاملة في المناطق المؤهلة صناعيا والوقوف على أثر التطبيق على أداء هذه الشركات. وكذلك تسليط الضوء على أبرز المعوقات التي تحول دون أو تعيق تطبيق الركائز الأساسية لإدارة الجودة الشاملة.

اعتمدت هذه الدراسة على المنهج الوصفي التحليلي، حيث تم جمع البيانات باستخدام استبانة تم تصميمها ومن ثم توزيعها على مجتمع الدراسة. وكان مجتمع الدراسة يتمثل بجميع المنظمات الصناعية العاملة في مدينتي الحسن الصناعية في اربد والحسين بن عبد الله الثاني في الكرك، حيث تم جمع البيانات من مدراء الإدارة العليا في تلك المنظمات، وقد اخضع الباحث 120 استبانة للتحليل من 40 منظمة استجابة للدراسة.

وقد كان من أهم النتائج التي توصل إليها؛ إن المنظمات الصناعية تتبنى تطبيق ركائز إدارة الجودة الشاملة بشكل متفاوت بين التطبيق العالي والمتوسط، حيث كانت الركائز المتمثلة في التركيز على الزبون، مشاركة العاملين، والمقارنة المرجعية تطبق بدرجة عالية، في حين كانت الركائز المتمثلة في تدريب العاملين وفرق العمل تطبق بدرجة متوسطة.

8- دراسة اللوزي (2003) بعنوان ""مستوى تطبيق إدارة الجودة الشاملة في أجهزة الخدمات المدنية الأردنية".

هدفت هذه الدراسة إلى التعرف إلى مستوى تطبيق مبادئ إدارة الجودة الشاملة في أجهزة الخدمة المدنية في الأردن، وعلاقة ذلك ببعض المتغيرات

الديمغرافية، وكذلك أهم المعوقات التي تواجه تطبيق إدارة الجودة الشاملة في هذه الأجهزة. وقد استخدم الباحث الاستبانة كأداة لجمع البيانات.

وأشارت نتائج الدراسة إلى أن مستوى تطبيق إدارة الجودة الشاملة في أجهزة الخدمة المدنية الأردنية كان متوسطا نسبيا. كما وأظهرت النتائج أن مجال (الاهتمام بجمهور الخدمة) احتل أعلى مستوى من التطبيق، بينما احتل مجال (الاهتمام بتقدير العاملين وتحفيزهم) ادني مستوى تطبيق. وأما فيما يتعلق بتأثير بعض المتغيرات الديمغرافية على الممارسات ذات العلاقة بإدارة الجودة الشاملة، فقد تبين أن هناك فروقات ذات دلالة إحصائية نحو مستوى التطبيق تعزى للمؤهل العلمي وعدد سنوات الخبرة.

وأما بالنسبة لأهم المعوقات التي تواجه تطبيق إدارة الجودة الشاملة فقد أظهرت نتائج هذه الدراسة أن ضعف مستوى التحفيز والتقدير والمكافأة كانت من ابرز المعوقات.

9- دراسة العميرة (2003) بعنوان "علاقة الجودة الشاملة بالأداء الوظيفي".

هدفت هذه الدراسة إلى معرفة العلاقة بين إدارة الجودة الشاملة والأداء الوظيفي، فقد استخدم الباحث الاستبانة كأداة لجمع البيانات من أفراد عينة الدراسة والبالغ عددهم (306) فردا يعملون في مركز الأمير سلطان الصحي في الرياض.

ولقد توصلت هذه الدراسة إلى عدة نتائج من أبرزها ما يلي:

1- يدرك غالبية الأفراد العاملين في مركز الأمير سلطان الجوانب ذات العلاقة بإدارة الجودة الشاملة ومن أبرزها: التركيز على العميل.

2- ضعف تشجيع الإدارة العليا في هذا المركز يقف عائقا أمام جهود برنامج إدارة الجودة الشاملة.

3- زيادة درجة الممارسات ذات العلاقة بإدارة الجودة الشاملة أسهمت في تحسين كفاءة الأداء الفردي من حيث انجاز العمل وحسن توقيته وتنظيمه، وكذلك التعاون مع الأطراف المحيطة.

10- دراسة الرشيدي (2004) بعنوان " اثر الأنماط القيادية على تطبيق إدارة الجودة الشاملة في القطاع الحكومي بالمملكة العربية السعودية".

هدفت هذه الدراسة إلى معرفة اثر بعض الأنماط القيادية على تطبيق إدارة الجودة الشاملة في القطاع الحكومي السعودي. وشملت عينة الدراسة (45) مديرا في الإدارة العليا. واستخدم الباحث الاستبانة كأداة لجمع البيانات من مفردات عينة الدراسة.

ومن ابرز نتائج هذه الدراسة وجود علاقة قوية بين طبيعة النمط القيادي المستخدم من قبل الإدارة العليا ومستويات تطبيق معايير ومبادئ إدارة الجودة الشاملة. حيث أظهرت النتائج أن النمط القيادي التشاركي يسهم وبشكل فاعل في تطبيق هذه المعايير والمبادئ، في حين يشكل النمط القيادي التسلطي عائقا أمام جهود تطبيق وتفعيل معايير ومبادئ إدارة الجودة الشاملة.

11- دراسة القرعان (2004) بعنوان "تطوير نموذج لقياس درجة تطبيق إدارة الجودة الشاملة في الوحدات الإدارية في الجامعات الأردنية"

هدفت هذه الدراسة إلى تطوير أنموذج لقياس درجة تطبيق إدارة الجودة الشاملة في الوحدات الإدارية في الجامعات الأردنية. إذ تم اختيار عينه عشوائية تكونت من (357) فردا، وتكون الأنموذج من أحد عشر عنصرا تتعلق

بممارسات إدارة الجودة الشاملة، وجاءت ابرز نتائج الدراسة على النحو التالي:

1. جاءت درجة إمكانية تطبيق عناصر إدارة الجودة الشاملة بشكل عام والتي تم على ضوئها بناء الأنموذج متوسطة.
2. إن عدم توفر الكوادر التدريبية المؤهلة في تحسين الجودة هي من أكثر العقبات التي تحد من تطبيق إدارة الجودة الشاملة في الجامعة الأردنية.

12- دراسة المهيدب (2005) بعنوان "إدارة الجودة الشاملة وإمكانية تطبيقها في الأجهزة الأمنية: دراسة تطبيقية على ضباط شرطة منطقة الرياض".

دراسة هدفت إلى معرفة مدى إمكانية تطبيق إدارة الجودة الشاملة في الأجهزة الأمنية في مدينة الرياض. من حيث مدى فهم العاملين في شرطة منطقة الرياض بمفهوم إدارة الجودة الشاملة، ومدى دعم الإدارة العليا للممارسات ذات العلاقة بهذا المفهوم. حيث قام الباحث باستخدام المنهج الوصفي من خلال تطبيق المسح الميداني لعينة مكونة من (298) ضابطا.

ولقد توصلت هذه الدراسة إلى وجود قناعة واهتمام من قبل الإدارة العليا بالممارسات ذات العلاقة بإدارة الجودة الشاملة من خلال إشراك العاملين باتخاذ القرارات، وتكوين فرق عمل لتطوير الأداء، وكذلك احترام العاملين وتقديرهم، والاستجابة الفاعلة للجمهور. وعليه توصلت هذه الدراسة إلى وجود إدراك وفهم من قبل العاملين في شرطة منطقة الرياض لمفهوم إدارة الجودة الشاملة.

13- دراسة الغزي (2005) بعنوان "إمكانية تطبيق إدارة الجودة الشاملة على إدارة مرور مدينة الرياض: دراسة تطبيقية".

هدفت هذه الدراسة إلى معرفة مدى إمكانية تطبيق إدارة الجودة الشاملة على إدارة المرور بمدينة الرياض من حيث مدى إلمام ضباط المرور بمفهوم إدارة الجودة الشاملة، وتحديد متطلبات ومجالات ومعوقات تطبيق هذا المفهوم في بيئة عمل هذا الجهاز. ولقد قام الباحث باستخدام المنهج الوصفي القائم على توزيع الاستبانات.

ومن ابرز نتائج هذه الدراسة وجود إلمام واضح لدى الضابط عينة الدراسة بمفهوم إدارة الجودة الشاملة. كما وأظهرت نتائج هذه الدراسة أن التحسين المستمر، والمشاركة في اتخاذ القرارات وكذلك إتباع بعض أساليب العمل التقليدية تحتاج إلى مزيد من الاهتمام والرعاية والتطبيق ليتسنى تفعيل إدارة الجودة الشاملة وجني الفوائد المترتبة على تطبيقها.

14- دراسة العتيبي (2006) بعنوان "نموذج مقترح لإدارة الجودة الشاملة في الكويت في ضوء تطورات القيادات وأعضاء هيئة التدريس فيها لإمكانية تطبيقها".

هدفت هذه الدراسة إلى تطوير أنموذج مقترح لإدارة الجودة الشاملة في جامعة الكويت في ضوء تصور القيادات وأعضاء هيئة التدريس لإمكانية تطبيقها. وقد تكونت عينة الدراسة من (115) فردا من القادة الإداريين وأعضاء هيئة التدريس في جامعة الكويت. وقد توصلت الدراسة إلى عدة نتائج من أبرزها:

1. إمكانية تطبيق مبادئ إدارة مبادئ إدارة الجودة الشاملة متوسطة من وجهة نظر أعضاء هيئة التدريس باستثناء مجال التخطيط الاستراتيجي الذي كانت امكانية تطبيقه عالية نسبيا.

2. عدم وجود فروق ذات دلالة إحصائية بين تصورات القادة الإداريين وتصورات أعضاء هيئة التدريس لإمكانية تطبيق مبادئ الجودة الشاملة في جامعة الكويت تعزى لمتغير المسمى الوظيفي.

15- دراسة أبو فارة (2006) بعنوان " واقع تطبيقات إدارة الجودة الشاملة في الجامعات الفلسطينية".

هدفت هذه الدراسة إلى التعرف إلى واقع تطبيقات إدارة الجودة الشاملة في الجامعات الفلسطينية، ولتحقيق هدف لدراسة تم إعداد استبانة خاصة جرى اختبار صدقها اعتمادا على آراء خمسة من المتخصصين. واختبرت عينة عشوائية من (234) عضو هيئة تدريس في هذه الجامعات. وأظهرت النتائج أن الجامعات الفلسطينية لا تولي اهتماما جوهريا لسبعة عناصر رئيسية من عناصر إدارة الجودة الشاملة وهي (التركيز على المستفيد، والثقافة التنظيمية، وتصميم العملية، ودعم الإدارة العليا للجودة، والتحسين المستمر، والتركيز على العاملين، والعلاقة مع الموردين). بينما تولي الجامعات اهتماما لثلاث عناصر فقط وهي (القياس الدقيق، وضمان الجودة، والبعد المجتمعي).

16- دراسة النعيمي (2006) بعنوان ")، اتجاهات القيادات الأمنية نحو تطبيق إدارة الجودة الشاملة -دراسة ميدانية بالتطبيق على وزارة الداخلية بدولة قطر".

هدفت هذه الدراسة إلى التعـرف عـلى اتجاهـات القيـادات الأمنيـة نحـو تطبيق إدارة الجودة الشاملة في وزارة الداخلية في دولة قطر من حيـث متطلبـات تطبيقهـا ومعوقـات التـي تحـول دون تطبيقهـا. ولقـد اسـتخدمت هـذه الدراسـة الاستبانة كأداة لجمع البيانات من عينة بلغ قوامها (300) ضابطا.

ولقد توصلت هذه الدراسة إلى:

- هنالك فهم وإدراك ودعم من قبل الإدارة العليا وبدرجـة عاليـة جـدا لمرتكـزات إدارة الجودة الشاملة في وزارة الداخلية في دولة قطر.

- وجود عدد لا بـاس فيـه مـن متطلبـات تطبيـق إدارة الجـودة الشـاملة في وزارة الداخلية في دولة قطر ومنها: التخلص مـن الأسـاليب التقليديـة في العمـل، تقـدير واحترام العاملين، تبسيط ومراجعة إجراءات العمل، والتركيز على العمل الجماعي.

- من المعوقات التي تحد من فاعليـة تطبيـق إدارة الجـودة الشـاملة عـدم وجـود معايير دقيقـة للقيـاس، وعـدم وجـود تـدريب متخصـص في مجـال إدارة الجـودة الشاملة.

17- دراسة مركز بحوث الشرطة في مصر (2007) بعنـوان "ادارة الجـودة الشـاملة في العمل الشرطي".

هدفت هذه الدراسة إلى إلقاء الضوء على إدارة الجودة الشاملة كفلسـفة إدارية حديثة من خلال دراسة مـدى إمكانيـة تطبيقهـا في مجـال العمـل الأمنـي ومردودها الإيجابي في الارتقاء بمستوى أدائه. كما وهدفت هذه الدراسة إلى تحديد أهم السمات المميزة للمنظمات الشرطية، ومدى قدرة هذه الأنظمة على استيعاب وتطبيق مبادئ إدارة الجودة الشـاملة، ومـا هـي أنسـب منـاهج التطبيـق لهـذه المنظمات.

ولقد اعتمدت هذه الدراسة على تحليل مجموعة كبيرة من المؤلفات والدراسات السابقة في مجال إدارة الجودة الشاملة. ولقد خلصت هذه الدراسة إلى النتائج التالية:

1- تتحدد فلسفة إدارة الجودة الشاملة في أنها أسلوب مستحدث لإدارة المنظمات يهدف إلى تحقيق أهداف التنظيم للمنظمة، لإرضاء العملاء، وزيادة كفاءة العاملين فيه من خلال التحسين المستمر لنظام الجودة الذي يتكون من نظم اجتماعية وتقنية ونظم إدارية متطورة.

2- إن إدارة الجودة الشاملة، لا يمكن تنفيذها في المنظمات من خلال قرارات أو قوانين لأنها فعل لا قول ولا يمكن خداع الرأي العام بالالتزام بإدارة الجودة الشاملة ولكنه ثقافة تعنى الالتزام الكلي بالجودة من جميع العاملين بالمنظمة بصرف النظر عن موقعه، وبشكل مستمر ودائم، عن طريق استخدام الأساليب أو التقنيات العلمية الحديثة.

3- إن إدارة الجودة الشاملة ليست في التركيز على تجويد وتحسين الخدمة أو السلعة إرضاء للفرد أو العميل فحسب، وإنما يقتضى مفهوم إدارة الجودة الشاملة – وبنفس القدر- التركيز على تطوير ورعاية الفرد العامل أو المنتج للخدمة أو السلعة، لأنه ببساطة لن تتحقق جودة الأداء لإرضاء العميل إلا بعد تطوير وإرضاء الفرد العامل ذاته.

4- أن إدارة الجودة الشاملة ترتكز على مجموعة من الأسس الهامة يجب توافرها في المنظمة حتى يمكن أن تقوم بها إدارة جودة شاملة وأهم هذه الأسس: القيادة الواعية المستنيرة، وشمولية إدارة الجودة واستمرارية الجهود ولا نهائية الجود، والتخطيط الهادف، والاهتمام بالإجراءات والنتائج معا.

5- ليست العبرة بالتحديد الأكاديمي أو النظري لمراحل تطبيق إدارة الجودة الشاملة، لأنه مهما حققت هذه المرحلة من دقة في الصياغة والتفسير، ستظل العبرة دائما بالواقع العملي من حيث توافر المناخ والبيئة والمتطلبات الأساسية اللازمة لتطبيق أساليب الجودة الشاملة.

6- أن عملية قياس مستويات الأداء وفقا للطرق العلمية الكمية، سواء بالنسبة لجودة السلع أو الخدمات تحتاج إلى ممارسين أكفاء أو متخصصين في هذا المجال.

7- انتهت الدراسة إلى إمكانية تطبيق أساليب إدارة الجودة الشاملة في قطاع الشرطة، وعرضت لنماذج منها في المجتمعات الغربية (إنجلترا – الولايات المتحدة الأمريكية) ونماذج أخرى في الدول العربية (شرطتي دبي وأبو ظبي بالإمارات العربية المتحدة) وأنه على الرغم من أن الأمن خدمة من الصعب تطبيق أساليب الجودة الشاملة عليها، باعتباره ليس هدفا كميا بقدر ما هو هدف اجتماعي إنساني حضاري، ولكنها ليست مستحيلة كما أكد ذلك العديد من الخبراء، وأكدته الممارسة العملية في بعض أجهزة الشرطة.

8- كشفت الدراسة أيضا عن وجود بعض المعوقات في مجال تطبيق منهج وأساليب الجودة الشاملة سواء في مجال المنظمات التي تسعى إلى إنتاج سلعة أو تلك التي تقدم خدمة، وركزت الدراسة على المعوقات التي يصعب تطبيقها في المجال الشرطي نظرا لطبيعة تنظيمه العسكري ونوعية جماهيره، وأنهت الدراسة إلى أن مبررات الالتزام بمنهج شمولية الجودة يفوق صعوبات ومعوقات تطبيقها، وأن الشرطة أشد ما تكون حاجة لأساليب الإدارة الحديثة ومنها الجودة الشاملة لإدارة العمل الأمني وملاحقة تطور الجريمة وتعاظم دورها-أي الشرطة- في المجتمع.

9- أجابت الدراسة أيضا عن إمكانية تطبيق أساليب إدارة الجودة الشاملة في جهاز الشرطة بجمهورية مصر العربية وأكدت أن ذلك حادث وواقع بالفعل منذ سنوات بعيدة بوصف أن قيادات الشرطة المصرية في شغل دائم نحو التجديد والتطوير بهدف تفعيل وتطوير الخدمات الأمنية للمواطنين. وتناولت الدراسة بالعرض عدة نماذج من أجهزة الشرطة التي شملتها الجودة الشاملة.

3-3 الدراسات الأجنبية

1- دراسة سيمور (Seymour, 1991) بعنوان "Total Quality Management in Higher Education Cleaning the Hurdles"

هدفت هذه الدراسة إلى التعرف إلى ايجابيات تطبيق برنامج إدارة الجودة الشاملة في الجامعات الأمريكية. ولتحقيق هدف الدراسة، فقد قام الباحث باستخدام أداة لقياس الميزات الأساسية للكليات والجامعات التي تطبق إدارة الجودة الشاملة ودرجة تحقيقها. وقد طبقت الدراسة على (23) كلية وجامعة تقوم بتنفيذ برنامج إدارة الجودة الشاملة.

وقد خلصت نتائج الدراسة إلى أن الجامعات التي تطبق إدارة الجودة الشاملة تستطيع أن تخلق فرقا واضحا في تحسين جودة التعليم ومن ذلك تضاعف إمكانية المؤسسة التعليمية على تحمل مسؤولية الخدمات التي تقدمها وتحسين البيئة التعليمية، واتخاذ القرار بشكل قائم على المعطيات والحقائق أكثر مما كان عليه سابقا. كما وأتاح تطبيق إدارة الجودة الشاملة فرصة لأعضاء الدوائر المختلفة أن يعملوا معا، وتضاعفت معرفة جميع العاملين بالعملية التعليمية، وتقلصت النفقات وانخفضت الأعمال التي تتطلب الإعادة.

2- دراسة هيو وتام (Hui and Tam, 1994) بعنوان "Total Quality Management in a Public Transport Organization"

هدفت هذه الدراسة إلى معرفة تأثير تطبيق مفهوم إدارة الجودة الشاملة على تحسين الأداء في مؤسسة النقل العام في هونج كونج. حيث قام الباحثان باستخدام أسلوب المؤشر الدال على رضا العميل الداخلي؛ كونه احد أساليب إدارة الجودة الشاملة والخاص بالكشف عن أسباب ضعف كفاءة النظام بغية العمل على تحسينه، وبالتالي الوصول بشكل تدريجي إلى تطبيق عناصر مفهوم إدارة الجودة الشاملة.

ولقد أظهرت نتائج الدراسة أن استخدام المؤشر الدال على رضا العميل الداخلي يعمل باستمرار على تحسين أداء كل قسم من أقسام المنظمة كل على حدة، وبالتالي الوصول لتحسين الأداء ككل. كما أن استخدام هذا المؤشر يساعد على إرضاء العملاء وخلق نظام اتصال فعال بين الأقسام داخل المنظمة الواحدة، هذا بالإضافة إلى نشوء ثقافة تنظيمية تجعل إرضاء العميل الهدف الأساسي التي تسعى المنظمة والعاملين إلى تحقيقه، كما بنيت الدراسة أن تطبيق مفهوم إدارة الجودة يساعد على تطوير أداء منظمات قطاع الخدمات.

3- دراسة لام (Lam, 1995) بعنوان "Quality Management and Job Satisfaction: An Empirical Study"

هدفت هذه الدراسة إلى معرفة اثر إدارة الجودة الشاملة على الرضا الوظيفي لـ(220) مشرف إداري في هونغ كونغ. ولقد أظهرت نتائج هذه الدراسة إلى أن تطبيق معايير إدارة الجودة الشاملة ساهم بشكل كبير في إثراء الوظائف وجعلها تتطلب المزيد من المهارات وزيادة مستويات الدقة.

4- دراسة ايستن وجـارل (Easton and Jarrell, 1998) بعنـوان "The Effects of Total Quality Management on Corporate Performance: An empirical investigation"

هدفت هذه الدراسة إلى معرفة اثر الممارسات ذات العلاقة بإدارة الجودة الشاملة على الأداء المؤسسي. وشملت هذه الدراسـة (108) شركـة أمريكيـة بـدأت بتنفيذ هذه الممارسات منذ العام 1981 أو 1991. ولقد أظهرت النتائج أن هنالك علاقة ايجابية واثر واضح لإدارة الجودة الشاملة على بعض مجالات الأداء المؤسسي لهذه الشركات. كـما أظهرت النتـائج أن هنالـك تفـاوت في مسـتويات أداء هـذه الشركات يعزى لمستوى ممارسة إدارة الجودة الشاملة.

5- دراسـة كـوش (Couch, 1999) بعنـوان "A measurement of Total Quality Management in Selected North Carolina Community College"

هدفت هذه الدراسة إلى قياس مدى تطبيق إدارة الجودة الشاملة في الكليات العلمية الواقعة شمال كارولينا الأمريكية. كـما وهدفت هـذه الدراسـة إلى بيـان الفروقات في استجابات الإداريين وأعضاء هيئة التدريس نحو هذا التطبيق.

كما عمدت هذه الدراسة إلى قياس مـدى تأثير بعـض العوامـل عـلى تطبيق إدارة الجودة الشـاملة كالعوامـل الشخصـية (العمـر، الجـنس، العـرق، وسـنوات التوظيـف) والعوامـل المؤسسـية (مـدى تطبيـق إدارة الجودة الشاملة في الكليـة، مكان عملها وحجمها، ومدى مشاركتها في مجتمع إدارة الجودة في كارولينا).

وتم بناء أداة الدراسة بناءا على جائزة مالكوم بالدريج للجودة الوطنية[3].
ووزعت الأداة على (8) من الإداريين و(8) من أعضاء هيئة التدريس في (29) كلية في كارولينا للاطلاع عليها ومراجعتها، بعدها تم توزيع الأداة على (268) فردا. وتوصلت الدراسة إلى النتائج الآتية:

1. هناك فروق في الاستجابات حول إدارة الجودة الشاملة بين الإداريين وأعضاء هيئة التدريس.

2. الجوانب الايجابية والتي كان لها اثر في تطبيق معايير إدارة الجودة الشاملة أدت إلى تحسين وتطوير الاتصال، وتطوير النظام وخدمة الزبون، وزيادة الإسهام في المشاركة في صنع القرار على مستوى الكلية.

3. الجوانب السلبية لتطبيق معايير إدارة الجودة الشاملة شملت على عدم التناسق بين فلسفة الكلية والواقع العلمي، وضياع الكثير من الوقت، وزيادة كثافة العمل والكثير من العمل الكتابي.

6- دراسة زنك (Zhang, 2000) بعنوان "Developing A Model of Quality Management Methods and Evaluating Their Effects on Business Performance"

هدفت هذه الدراسة إلى تطوير أنموذج لإدارة الجودة الشاملة ودراسة أثره على الأداء المؤسسي. ولقد شملت عينة الدراسة (10) شركات

---

3 يعتبر مالكوم بالدريج أحد رواد إدارة الجودة الشاملة الأمريكية، حيث خصصت هذه الجائزة باسمه وتم إقرارها عام 1987م، تقديرا لجهوده في المساهمة في تحسين كفاءة وفاعلية وزارة التجارة الأمريكية ويشرف على هذه الجائزة المعهد الوطني للمعايير والتكنولوجيا الأمريكية التابع لوزارة التجارة الأمريكية ويحق للشركات الصناعية والخدمية الدخول في منافسة جائزة بالدريج.

هولنديـة. واعتمـدت هـذه الدراسـة عـلى أسـلوب المقابلات المهيكلـة
(Structured Interviews).

ولقد توصلت هذه الدراسة إلى هنالك تأثير ايجابي لتطبيـق إدارة الجودة
الشاملة على جـودة المنتجـات وكـذلك بعض مجـالات الأداء المؤسسي- كالإنتاجيـة
والحصة السوقية.

**7- دراسـة ميكـول (Mikol, 2003) بعنـوان "Quality Assurance in
Australian Higher Education. A Case Study Of The University Of
Western"**

هدفت هذه الدراسة إلى التعرف على أثر الممارسات ذات العلاقـة بضـمان
الجـودة عـلى الإدارة المؤسسـة واتخـاذ القرارات في سـياق العمليـة التعليميـة في
جامعة جنوب سدني. وقد بنيت النتائج أن استخدام ضمان الجودة قـد اثـر إيجابـا
وعزز قرارات الإدارة من حيث تغيير النظام، وإعادة بناء نظام الحوافز والمكافآت،
واهتمام المتخصصين في تقييم المواد التدريسية، كما واثر في نمط القيادة الأكاديميـة
وخدمة العملاء.

**8- دراسـة تـبرات (Tipparat, 2004) بعنـوان "Leadership and Quality
Management: A Comparison Between the U.S. and Thailand"**

فقد تناولت هذه الدراسة موضـوع القيـادة الإداريـة والثقافـة التنظيميـة
ودورهما في تعزيز جهـود تطبيـق إدارة الجـودة الشـاملة في المنظمات التايلنديـة
والأمريكية.

ولقد توصلت هذه الدراسة إلى أن القيـادة التحويليـة والثقافـة التنظيميـة
الداعمة لهما أثـر ايجابي في تعزيز الممارسات ذات العلاقة بإدارة الجودة الشاملة في
كلتا الدولتين. كما وأظهرت النتائج أن المنظمات التايلاندية توفر

متطلبات البنية التحتية لتطبيق إدارة الجودة الشاملة بشكل أفضل من المنظمات الأمريكية. ويعزى ذلك لطبيعة الثقافة الوطنية السائدة في كلتا الدولتين (البعد الجماعي في تايلند مقابل البعد الفردي في أمريكيا) .

9- دراسة تاري (Tari, 2005) بعنوان "Components of Successful Total Quality Management"

هدفت هذه الدراسة إلى التعرف على العناصر الأساسية لإدارة الجودة الشاملة من خلال تطوير استبانة خاصة وزعت على (106) شركة اسبانية حاصلة على شهادة الايزو (ISO 9000). ولقد توصلت هذه الدراسة إلى انه لا يوجد نموذج واحد لبرامج إدارة الجودة الشاملة، ولكن يجب أن يتم تصميم هذه البرامج بحيث تحتوي على بعض العناصر المهمة (كالقيادة، والثقافة، والمورد البشري)، وبعض الآليات والتقنيات خاصة الإحصائية والكمية منها.

10- دراسة شارما (Sharma, 2006) بعنوان "Quality Management Dimensions, Contextual Factors and Performance: An empirical Investigation"

هدفت هذه الدراسة إلى معرفة العلاقة بين ركائز إدارة الجودة وأنظمة الجودة (مثل: ISO 9000, TQM) وعلاقة كل منهما بأداء المنظمة، حيث طبقت هذه الدراسة في استراليا، وشملت مستوى الإدارة العليا في قطاعات الصناعة، والخدمات والإنشاءات. وقد بلغ عددهم (140) مديرا عاما، واستخدم الباحث الإستبانة كأداة لجمع البيانات.

أشارت الدراسة إلى أن الشركات التي تتبنى برنامج إدارة الجودة الشاملة أكثر اهتماما بالقياس (أدوات الجودة) والتدريب من الشركات التي لديها ISO- 9000، أو الشركات التي لديها كلا البرنامجين. وأظهرت الدراسة

أيضا أن الشركات كبيرة الحجم تهتم بالمقارنة المرجعية أكثر من الصغيرة والمتوسطة. بالإضافة إلى أن الشركات الصناعية تهتم بالقياس وتحسين العمليات أكثر من شركات القطاع الإنشائي.

11- دراسة حفيظ وآخرون (Hafeez *et al.*, 2006) بعنوان "A Framework for TQM to Achieve Business Excellence"

كان الهدف من هذه الدراسة تحليل ركائز إدارة الجودة الشاملة وأثرها على الأداء المالي وغير المالي. حيث قسم الباحث إدارة الجودة الشاملة إلى ثلاث أنواع من الركائز؛ التكنولوجيا والأدوات (مثل: المقارنة المرجعية والتحسين المستمر)، تنظيم وأنظمة العمل (مثل: الهيكل التنظيمي والاتصالات)، وأخيرا الأفراد (مثل: التمكين، التدريب والمكافآت). وتم قياس الأداء المالي من خلال (الإنتاجية، ودوران المخزون ومعدل الخطأ) وغير المالي من خلال (إرضاء الزبون، وابتكار منتج جديد). وتكونت عينة هذا البحث من 9 شركات صناعية وخدمية أروبية، وتم استخدام إستبانة لجمع المعلومات، وكانت نتائجها تشير بأن معظم تلك الشركات تعاني من ضعف في تطبيق أغلب الركائز. وبينت الدراسة أن هناك علاقة ارتباط قوية بين أنواع الركائز الثلاثة وأداء تلك الشركات المالي وغير المالي.

12- دراسة لاكال وآخرون (Lakhal *et al.*, 2006) بعنوان "Quality Management Practices and Their Impact on Performance"

هدفت هذه الدراسة إلى استكشاف العلاقة بين ركائز إدارة الجودة وتأثيرها على الأداء (مثل: جودة المنتج والأداء المالي). وقد قسمت تلك الدراسة الركائز إلى ثلاثة أنواع؛ متعلقة بالإدارة (مثل: التزام ودعم الإدارة

العليا)، وممارسات البنية التحتية (مثل: التدريب، والمشاركة، والتركيز على الزبون) وأخيرا الممارسات الجوهرية Core Practices مثل (استخدام تقنيات وأساليب الجودة الإحصائية).

وقد وزعت إستبانة هذه الدراسة على مدراء عدة شركات في قطاع تشكيل البلاستيك في تونس وكان عددهم 133 شركة.

وقد أظهرت الدراسة أن هناك علاقة ارتباط إيجابية بين جميع الركائز بأنواعها الثلاث وأداء تلك المنظمات، خصوصا تأثير الركائز المرتبطة بالإدارة وممارسات البنية التحتية على الأداء المتعلق بالعمليات، وكذلك الممارسات الجوهرية على جودة المنتج.

3-3 التعقيب على الدراسات السابقة

من واقع الدراسات السابقة تم التوصل إلى أن الكثير من الدراسات اهتمت بإبراز الاهمية والدور الحيوي لإدارة الجودة الشاملة في رفع مستويات الأداء في مختلف المؤسسات سواء أكانت مؤسسات عامة أو خاصة، لكونها من أكثر المداخل الإدارية شمولا وعطاء وأفضل الأساليب الإدارية الحديثة للارتقاء بمستوى المنتجات المقدمة، بما يحقق متطلبات واحتياجات العملاء بشكل أكثر تميزا وإتقانا.

ونظرا لذلك فقد تم الاستفادة من الدراسات السابقة في الوقوف على جوانب تتعلق بموضوع الدراسة، وفي إثراء الإطار النظري للدراسة الحالية، وأيضا في المنهجية المتبعة وبناء أداة الدراسة، كما تم الإطلاع على بعض المراجع التي استندت إليها تلك الدراسات لإثراء المعرفة ذات العلاقة بموضوع هذه الدراسة.

وبناء على ذلك يمكن ملاحظة أن أهم ما يميز هذه الدراسة عن غيرها من الدراسات السابقة اختلافها في المنحنى الذي اتجهت إليه في تطبيق هـذه الأبعاد، ولكونها تركز على تطبيق معظم ركائز إدارة الجـودة الشـاملة في مـديريتي الأمـن العام والدرك و ذلك من وجهة نظـر العـاملين فيهـا، وتأثير تبنـي هـذه الفلسـفة الإدارية على الأداء الوظيفي، الأمر الذي لم يتم تناولـه فيما سبق في نطـاق البيئـة العربية عامـة، والأردنيـة خاصـة. بمـا يسـاهم في تسـليط الضـوء عـلى واقـع هـذه الفلسـفة الإدارية الحديثة في أجهزة حيوية تسهم في تحقيق الأمـن والاسـتقرار بمـا يعزز جميع مجالات التنمية المختلفة. وهـذا ما جعـل الدراسـة الحاليـة إضافة للدراسات السابقة وليست تكـرار؛ فهـي تعتبر مكملـة للدراسـات السـابقة لأنها تغطي جوانب لم يتم إثراؤها حتى الآن.

الفصل الرابع
منهجية الدراسة

الفصل الرابع
منهجية الدراسة

4-1 المقدمة

سيتناول هـذا الجـزء منهجيـة الدراسـة مـن حيـث تصـميمها، ومجتمعهـا، وعينتها، ومصادر جمع البيانـات، وكيفيـة التحقـق مـن صـدقها وثباتهـا، والمعالجـة الإحصائية لتحليل بيانات الدراسة، وذلك على النحو الآتي:

4-2 تصميم الدراسة

اعتمدت هذه الدراسة على المنهج الوصفي التحليلي، وأسلوب الدراسة الميدانية، ومن خلال إعداد وتطوير استبانة كأداة رئيسية لجمع البيانات. فقد ساعدت الدراسات السابقة سواء العربية منها أم الأجنبية في توجيه الباحث نحو هذا التصميم الذي يراه منسجما مع أهداف الدراسة في محاولتها فهم وتوصيف مدخل إدارة الجودة الشاملة، وتحليل بعض جوانبها من جهة أخرى، وتطلع الباحث إلى تعميم نتائجها بدرجة معقولة ومقبولة.

4-3 نموذج الدراسة

يوضح الشكل رقم (4-1) نموذج الدراسة والذي يعكس متغيراتها المستقلة والتابعة.

الشكل رقم (4-1)

نموذج الدراسة

المتغيرات المستقلة

درجة تطبيق ركائز إدارة الجودة الشاملة في مديريتي الأمن العام والدرك، وهذه الركائز هي:

1- التخطيط الاستراتيجي
2- دعم الإدارة العليا
3- إدارة المعرفة ونظم المعلومات
4- القيادة
5- العمل الجماعي
6- التدريب
7- التمكين
8- العمل الجماعي
9- التحسين المستمر

المتغيرات التابعة

مستوى فاعلية الأداء الوظيفي في مديريتي الأمن العام والدرك في المجالات التالية:

1- المعرفة بالعمل
2- جودة العمل
3- الإنتاجية
4- تخطيط وتنظيم العمل
5- علاقات العمل
6- توقيت العمل
7- المبادرة والحضور
8- صنع القرار
9- التفاعل مع المجتمع المحلي.
10-سلوك المواطنة التنظيمية (الطاعة والولاء والمشاركة التنظيمية)

4-4 قياس المتغيرات

تقوم هذه الدراسة على مجموعة من المتغيرات المستقلة والبالغ عددها تسعة متغيرات والتي استخدمت لقياس ركائز ادارة الجودة الشاملة. في حين تمثلت المتغيرات التابعة بالمجالات العشرة لفاعلية الاداء الوظيفي (انظر شكل رقم (4-1)).

وعليه لاستكشاف طبيعة العلاقة ما بين ادارة الجودة الشاملة والاداء الوظيفي، فقد ارتىء الباحث الى تقسيم ادارة الجودة الشاملة الى تسعة ركائز وهي:

1- التخطيط الاستراتيجي
2- دعم الإدارة العليا
3- إدارة المعرفة ونظم المعلومات
4- القيادة
5- العمل الجماعي
6- التدريب
7- التمكين
8- العمل الجماعي
9- التحسين المستمر

اما الاداء الوظيفي، فقد تم تقسيمه الى عشرة مجالات، وهذه المجالات هي:

1- المعرفة بالعمل
2- جودة العمل
3- الإنتاجية

4- تخطيط وتنظيم العمل
5- علاقات العمل
6- توقيت العمل
7- المبادرة والحضور
8- صنع القرار
9- التفاعل مع المجتمع المحلي.
10-سلوك المواطنة التنظيمية (الطاعة والولاء والمشاركة التنظيمية)

5-4 فرضيات الدراسة

بناء على نموذج الدراسة ومتغيراتها المستقلة والتابعة، فقد تم صياغة فرضيات الدراسة وعلى النحو التالي:

الفرضية الأولى: يوجد تأثير ذو دلالة إحصائية لدرجة تطبيق ركائز إدارة الجودة الشاملة على مستوى فاعلية الأداء الوظيفي في مديريتي الأمن العام والدرك في الأردن. وتنقسم هذه الفرضية إلى الفرضيات الفرعية التسعة التالية:

1- يوجد تأثير ذو دلالة إحصائية لدرجة تطبيق ركيزة التدريب على مستوى فاعلية الأداء الوظيفي في مديريتي الأمن العام والدرك في الأردن.

2- يوجد تأثير ذو دلالة إحصائية لدرجة تطبيق ركيزة التمكين على مستوى فاعلية الأداء الوظيفي في مديريتي الأمن العام والدرك في الأردن.

3- يوجد تأثير ذو دلالة إحصائية لدرجة تطبيق ركيزة التحسين المستمر على مستوى فاعلية الأداء الوظيفي في مديريتي الأمن العام والدرك في الأردن.

4- يوجد تأثير ذو دلالة إحصائية لدرجة تطبيق ركيزة التخطيط الاستراتيجي على مستوى فاعلية الأداء الوظيفي في مديريتي الأمن العام والدرك في الأردن.

5- يوجد تأثير ذو دلالة إحصائية لدرجة تطبيق ركيزة إدارة المعرفة ونظم المعلومات على مستوى فاعلية الأداء الوظيفي في مديريتي الأمن العام والدرك في الأردن.

6- يوجد تأثير ذو دلالة إحصائية لدرجة تطبيق ركيزة دعم الإدارة العليا على مستوى فاعلية الأداء الوظيفي في مديريتي الأمن العام والدرك في الأردن.

7- يوجد تأثير ذو دلالة إحصائية لدرجة تطبيق ركيزة التركيز على المستفيد على مستوى فاعلية الأداء الوظيفي في مديريتي الأمن العام والدرك في الأردن.

8- يوجد تأثير ذو دلالة إحصائية لدرجة تطبيق ركيزة العمل الجماعي على مستوى فاعلية الأداء الوظيفي في مديريتي الأمن العام والدرك في الأردن.

9- يوجد تأثير ذو دلالة إحصائية لدرجة تطبيق ركيزة القيادة على مستوى فاعلية الأداء الوظيفي في مديريتي الأمن العام والدرك في الأردن.

الفرضية الثانية: يوجد فروقات ذات دلالة إحصائية بين مديرية الأمن العام ومديرية الدرك في الأردن في درجة تطبيق ركائز إدارة الجودة الشاملة.

الفرضية الثالثة: يوجد فروقات ذات دلالة إحصائية بين مديرية الأمن العام ومديرية الدرك في الأردن في مستوى فاعلية الأداء الوظيفي.

الفرضية الرابعة: يوجد فروقات ذات دلالة إحصائية في درجة تطبيق ركائز إدارة الجودة الشاملة في مديرية الأمن العام ومديرية الدرك في الأردن تعزى لمتغير المؤهل العلمي وعدد سنوات الخبرة.

6-4 مجتمع وعينة الدراسة[4]

يتكون مجتمع الدراسة من جميع مديري ورؤساء الأقسام في مديريات الأمن العام والدرك ومديري ورؤساء الأقسام في المراكز الأمنية في جميع أنحاء المملكة الأردنية الهاشمية لعام 2009، إضافة لضباط الميدان في كل من مديريتي الأمن العام والدرك. ولقد تم اختبار عينة الدراسة بالطريقة الطبقية العشوائية، بحيث بلغ قوامها (700) فردا من مجتمع الدراسة.

وقد تم توزيع الاستبانة على عينة الدراسة شخصيا وباليد، حيث تم استرداد (507) صالحة للتحليل؛ أي ما نسبته (72.4%) من مجموع الاستبانات الموزعة.

ويبين الجدول رقم (4-1) ابرز خصائص هذه العينة حسب الخصائص الديمغرافية والوظيفية المستخدمة في هذه الدراسة.

---

4 لقد قام الباحث بتقديم عرض ونبذة عن القطاع المبحوث والمتمثل بمديريتي الأمن العام والدرك في الاردن (انظر ملحق رقم (2))

جدول رقم (4-1)

توزيع عينة الدراسة حسب متغيرات الدراسة الديمغرافية والوظيفية

المتغير	الفئات	التكرار	النسبة %
الجنس	ذكر	490	96.6
	انثى	17	3.4
المديرية	الأمن	349	68.8
	الدرك	158	31.2
المؤهل العلمي	توجيهي فاقل	78	15
	بكالوريوس	349	69
	ماجستير فأعلى	80	16
سنوات الخبرة	اقل من 5 سنوات	33	6.5
	من 5-10 سنوات	70	13.8
	أكثر من 10 سنوات	404	79.7
المجموع		**507**	**100.0**

يشير الجدول رقم (4-1) إلى أن نسبة الذكور في عينة الدراسة بلغت (96.6%) بالنسبة، وشكلت نسبة الإناث (3.4%)، وبذلك تكون نسبة تمثيل الذكور أعلى من الإناث في العينة.

أما عن توزيع أفراد العينة حسب المديرية، فيشير الجدول إلى أن نسبة تمثيل أفراد عينة الدراسة والذين ينتمون إلى مديرية الأمن العام قد بلغت

(68.8%)، في حين بلغت نسبة تمثيل أفراد عينة الدراسة والذين ينتمون إلى مديرية الدرك (31.2%). وأما فيما يتعلق بتوزيع أفراد العينة حسب المؤهل العلمي، فيشير الجدول إلى أن ما نسبته (69%) يحملون مؤهل بكالوريوس، في حين بلغت نسبة أفراد العينة من حملة درجة الماجستير أو أعلى (16%). أما نسبة حملة توجيهي فأقل بلغت (15%).

وتشير النتائج فيما يتعلق بتوزيع أفراد عينة الدراسة حسب عدد سنوات الخبرة، أن ما نسبته (79.7%) من أفراد عينة الدراسة يمتلكون خبرة تزيد عن 10 سنوات. أما نسبة أفراد عينة الدراسة ممن لديهم خبرة تتراوح بين (5-10) سنوات فقد بلغت (13.8%)، بينما جاءت نسبة الذين لديهم عدد من سنوات الخبرة يقل عن 5 سنوات، فقد تدنت في التمثيل وبلغت (6.5%).

7-4 طرق جمع البيانات

أ- وسائل جمع البيانات الثانوية

تم الحصول على البيانات الثانوية من خلال مراجعة الباحث للأدبيات من كتب ودوريات والدراسات السابقة ذات العلاقة بموضوع الدراسة.

ب- وسائل جمع البيانات الأولية

لقد تم تطوير استبانة كوسيلة لجمع البيانات الأولية، وقد اشتملت هذه الاستبانة على ثلاثة أجزاء (أنظر الملحق رقم (1)): احتوى الجزء الأول على معلومات عامة متعلقة بالعوامل الديموغرافية والوظيفية لمديري ورؤساء الأقسام في مديريات الأمن العام والدرك المشمولين في هذه الدراسة من حيث الجنس، والمستوى التعليمي، وعدد سنوات الخبرة. ويهدف هذا الجزء إلى إعطاء وتوفير خلفية عامة عن المديرين المشمولين في هذه الدراسة. كما يهدف

هذا الجزء إلى توظيف بعض المتغيرات في الكشف عن أثرها على بعض جوانب تطبيق إدارة الجودة الشاملة.

اشتمل الجزء الثاني من الاستبانة على مجموعة من الأسئلة المغلقة والتي تهدف إلى قياس درجة تطبيق ركائز إدارة الجودة الشاملة والتي تمثل المتغيرات التابعة للدراسة، وهي:

● **المحور الأول:** تعلق هذا المحور بقياس درجة تطبيق ركيزة "**التدريب**" في مديريتي الأمن العام والدرك في الأردن، وبني هذا المحور على (4) سؤال مغلق.

● **المحور الثاني:** تعلق هذا المحور بقياس درجة تطبيق ركيزة "**التمكين**" في مديريتي الأمن العام والدرك في الأردن، وبني هذا المحور على (3) سؤال مغلق.

● **المحور الثالث:** تعلق هذا المحور بقياس درجة تطبيق ركيزة " **التحسين المستمر**" في مديريتي الأمن العام والدرك في الأردن، وبني هذا المحور على (6) سؤال مغلق.

● **المحور الرابع:** تعلق هذا المحور بقياس درجة تطبيق ركيزة "**التخطيط الاستراتيجي**" في مديريتي الأمن العام والدرك في الأردن، وبني هذا المحور على (5) سؤال مغلق.

● **المحور الخامس:** تعلق هذا المحور بقياس درجة تطبيق ركيزة "**إدارة المعرفة ونظم المعلومات**" في مديريتي الأمن العام والدرك في الأردن، وبني هذا المحور على (4) سؤال مغلق.

● **المحور السادس:** تعلق هذا المحور بقياس درجة تطبيق ركيزة "**دعم الإدارة العليا**" في مديريتي الأمن العام والدرك في الأردن، وبني هذا المحور على (6) سؤال مغلق.

● **المحور السابع:** تعلق هذا المحور بقياس درجة تطبيق ركيزة "التركيز على المستفيد" في مديريتي الأمن العام والدرك في الأردن، وبني هذا المحور على (5) سؤال مغلق.

● **المحور الثامن:** تعلق هذا المحور بقياس درجة تطبيق ركيزة "العمل الجماعي" في مديريتي الأمن العام والدرك في الأردن، وبني هذا المحور على (3) سؤال مغلق.

● **المحور التاسع:** تعلق هذا المحور بقياس درجة تطبيق ركيزة "القيادة" في مديريتي الأمن العام والدرك في الأردن، وبني هذا المحور على (6) سؤال مغلق.

وقد استخدام مقياس ليكرت الخماسي في قياس المحاور سالفة الذكر، وعلى الشكل التالي: (1) لـ(درجة منخفضة جدا)، (2) لـ(درجة منخفضة)، (3) لـ(درجة متوسطة)، (4) لـ(درجة عالية)، (5) لـ(درجة عالية جدا).

وقد اشتمل الجزء الثالث من الاستبانة للدراسة على مجموعة من الأسئلة المغلقة والتي تهدف إلى قياس مستوى فاعلية الأداء الوظيفي للمسئولين الإداريين من وجهة نظر المديرين المشرفين عليهم. وفي عدد من المجالات والتي تمثل المتغيرات التابعة للدراسة، وهي[5]:

1- **المعرفة بالعمل:** وتضمن هذا المجال خمسة اسئلة مغلقة، (الفقرات من (1-5) في الاستبانة).

2- **جودة العمل:** وتضمن هذا المجال أربعة اسئلة مغلقة، (الفقرات من (6-9) في الاستبانة).

---

5 تم بناء هذه المجالات من (1-8) بناء على كتيب صادر عن مكتب الولايات المتحدة لإدارة الأفراد (2001) United States Office of Personnel Management نقلا عن دراسة (نوفل، 2007). أما المجالين (9-10) فقد تم تطويرهما من قبل الباحث.

3- **الإنتاجية:** وتضمن هذا المجال ثلاثة اسئلة مغلقة، (الفقرات من (10-12) في الاستبانة).

4- **تخطيط وتنظيم العمل:** وتضمن هذا المجال ثلاثة اسئلة مغلقة، (الفقرات من (13-15) في الاستبانة).

5- **علاقات العمل:** وتضمن هذا المجال ثلاثة اسئلة مغلقة، (الفقرات من (16-18) في الاستبانة).

6- **توقيت العمل:** وتضمن هذا المجال سؤالين مغلقين، (الفقرات من (19-20) في الاستبانة).

7- **المبادرة والحضور:** وتضمن هذا المجال ثلاثة اسئلة مغلقة، (الفقرات من (21-23) في الاستبانة).

8- **صنع القرار:** وتضمن هذا المجال ثلاثة اسئلة مغلقة، (الفقرات من (24-26) في الاستبانة).

9- **التفاعل مع المجتمع المحلي:** وتضمن هذا المجال أربعة اسئلة مغلقة، (الفقرات من (27-30) في الاستبانة).

10- **سلوك المواطنة التنظيمية:** وتضمن هذا المجال كل من السلوكيات ذات العلاقة بالطاعة والولاء والمشاركة التنظيمية، وتضمن هذا المجال أربعة اسئلة مغلقة، (الفقرات من (31-34) في الاستبانة).

وقد استخدام مقياس ليكرت الخماسي في قياس هذا المحور، وعلى الشكل التالي: (1) لـ(درجة منخفضة جدا)، (2) لـ(درجة منخفضة)، (3) لـ(درجة متوسطة)، (4) لـ(درجة عالية)، (5) لـ(درجة عالية جدا).

8-4 الاختبارات الخاصة بأداة القياس (الاستبانة)

أ- صدق الأداة Instrument Validity

لقد تم التأكد من صدق المحتوى لأداة القياس والممثلة بالاستبانة والتي تم تطويرهما من قبل الباحث بناء على الطرح النظري للمراجع الثانوية ذات العلاقة بموضوع هذه الدراسة، بحيث تم عرضها بعد تطوير شكلها الأولي على عشرة من المحكمين من أعضاء هيئة التدريس في جامعة آل البيت وجامعة اليرموك، للتأكد من تغطيتها لجوانب الموضوع الأساسية ووضوحها، وسلامة صياغتها ومحتوياتها. ثم عدلت الاستبانة بناء على ملاحظاتهم في حذف بعض العبارات، وتعديل وإضافة عبارات جديدة، وإعادة صياغة بعض الفقرات، لتصبحا أكثر وضوحا وفهما لدى الأفراد عينة الدراسة، وأكثر صدقا في قياس موضوع هذه الدراسة.

ولمزيد من التأكد من صدق الاستبانة، فقد تم الاعتماد على نوعين من مقاييس صدق الأداة هما: صدق المحتوى (Content Validity) والذي يمثل مقياس للتأكد من أن العناصر أو العبارات التي تحتويها أداة القياس تبدو في ظاهرها متوافقة مع ما تم قياسه، وقادرة على قياس الظاهرة المراد بحثها قياسا صحيحا. في حين يمثل المقياس الأخر (Construct Validity) أو صدق البناء (التركيبة)، ويعرف بأنه مقياس التأكد من أن النتائج التي تم الحصول عليها من استخدام أداة القياس تناسب وتتفق مع النظريات التي صممت الأداة من أجلها (Schwab, 1980). حيث يعتبر صدق المحتوى وصدق التركيبة لأداة الدراسة مقبول لإجراء هذه الدراسة عند مستوى دلالة ($\alpha \leq 0.05$).

ويمثل الجدول رقم (4-2) العلاقات الارتباطية بين محاور إدارة الجودة

الشاملة والمتمثلة بركائزها التسعة، أما الجدول رقم (4-3) فيمثل العلاقات الارتباطية بين محاور الأداء الوظيفي والمتمثلة بمجالاته العشرة.

جدول رقم (4-2)

العلاقة الارتباطية بين ركائز إدارة الجودة الشاملة التسعة (ن=507).

رقم الفقرة	الفقرة	صدق المحتوى		تحليل صدق التركيبة (TQM)		صدق التركيبة الكلي	
		معامل الارتباط	P-value	معامل الارتباط	P-value	معامل الارتباط	P-value
1- التدريب							
1	توفير البرامج التدريبية ذات العلاقة بقضايا الجودة للمسؤولين الإداريين بشكل مستمر.	0.891	0.000	0.760	0.000	0.635	0.000
2	تقييم الاحتياجات التدريبية للمسؤولين الإداريين والمتعلقة بتطوير الجودة.	0.845	0.000	0.733	0.000	0.646	0.000
3	تقييم فعالية البرامج التدريبية المقدمة للمسؤولين الإداريين في ضوء القضايا المرتبطة بالجودة.	0.785	0.000	0.734	0.000	0.711	0.000
4	العمل على إكساب المسؤولين الإداريين أنماطا واتجاهات سلوكية جديدة لصالح العمل.	0.721	0.000	0.634	0.000	0.512	0.000

2- التمكين							
0.000	0.468	0.000	0.663	0.000	0.662	منح المسؤولين الإداريين السلطة المتعلقة بالأعمال والموضوعات ضمن تخصصاتهم الوظيفية.	5
0.000	0.577	0.000	0.690	0.000	0.871	تحرير المسؤولين الإداريين من الضبط المحدد عن طريق التعليمات.	6
0.000	0.570	0.000	0.747	0.000	0.856	منح المسؤولين الإداريين الحرية لتحمل مسئولياتهم وآرائهم، وقراراتهم، وتطبيقاتها.	7
3- التحسين المستمر							
0.000	0.711	0.000	0.705	0.000	0.813	تحفيز ودعم عمليات البحث والتقصي والتحسين المستمر المقدمة من المسؤولين الإداريين لجميع الخدمات المقدمة.	8
0.000	0.583	0.000	0.699	0.000	0.776	تقديم مجموعة من الحقائق والمعلومات التي تسهم في دعم جهود المسؤولين الإداريين في التطوير والتحسين.	9
0.000	0.420	0.000	0.512	0.000	0.678	العمل على تصميم وتنفيذ الأنظمة والعمليات بشكل جيد وباستمرار.	10

0.000	0.736	0.000	0.805	0.000	0.803	تطبيـق مبـدأ أداء عمـل اليوم بالشكل الصحيح وغدا بشكل أفضل.	11
0.000	0.583	0.000	0.699	0.000	0.701	اسـتخدام الأدوات والأسـاليب الإحصائية للرقابـة علـى جـودة الخـدمات المقدمـة والعمل على تطويرها.	12
0.000	0.620	0.000	0.794	0.000	0.812	اسـتخدام أسـلوب العصف الـذهني في اختيار العمليات المراد تحسينها.	13
						4- التخطيط الاستراتيجي	
0.000	0.697	0.000	0.858	0.000	0.904	وضـع تصـورات ورؤى مسـتقبلية للمديريـة ورسم سياستها وتحديد غاياتها على المدى البعيد في إطار برامج الجودة.	14
0.000	0.463	0.000	0.582	0.000	0.609	تحليـل نقـاط القـوة والضـعف الداخليـة للمديريـة في ضـوء القضـايا ذات العلاقـة بالجودة.	15
0.000	0.659	0.000	0.708	0.000	0.840	تحليـل الفـرص والتهديـدات المحيطـة ببيئة المديرية الخارجية في ضـوء القضـايا ذات العلاقة بالجودة.	16

0.000	0.636	0.000	0.724	0.000	0.899	صياغة أهداف الجودة في ضوء كل من الفاعلية والكفاءة.	17
0.000	0.583	0.000	0.685	0.000	0.886	صياغة أهداف الجودة ضمن إطار وجدول زمني قابل للتطبيق.	18
						5- إدارة المعرفة ونظم المعلومات	
0.000	0.716	0.000	0.825	0.000	0.889	العمل على نشر المعرفة بين المسؤولين الإداريين والمتعاملين معها.	19
0.000	0.513	0.000	0.634	0.000	0.787	العمل على توفير قاعدة بيانات تسهم في جهود التحسين المستمر والتنسيق بين الجهود المختلفة.	20
0.000	0.710	0.000	0.745	0.000	0.765	يتم توفير المعلومات الضرورية للمسؤولين الإداريين بشكل سهل الوصول لمساعدتهم في اتخاذ القرارات الرشيدة.	21
0.000	0.711	0.000	0.873	0.000	0.915	يتم استخدام أنظمة معلومات محوسبة من قبل المسؤولين الإداريين لترشيد القرارات المتعلقة بالجودة.	22

6- دعم الإدارة العليا							
23	إيمان الإدارة العليا بالتحسين المستمر للجودة.	0.756	0.000	0.691	0.000	0.436	0.000
24	تعمل الإدارة العليا على توضيح الرسالة الأمنية من خلال التعريف بها للعاملين.	0.657	0.000	0.611	0.000	0.582	0.000
25	تقوم الإدارة العليا بمراجعة مستمرة لأعمالها للتأكد من درجة فاعلية تطبيق القضايا ذات العلاقة بجهود الجودة.	0.878	0.000	0.764	0.000	0.620	0.000
26	تعمل الإدارة على إزالة المعوقات التي تحول دون عملية تطبيق القضايا ذات العلاقة بجهود الجودة.	0.873	0.000	0.705	0.000	0.536	0.000
27	تعتبر الإدارة العليا الجودة عاملا استراتيجيا لأعمالها.	0.912	0.000	0.791	0.000	0.632	0.000
28	تعمل الإدارة العليا على نشر ثقافة الجودة وتجسيدها ممارسة.	0.578	0.000	0.494	0.000	0.420	0.000

							7- التركيز على المستفيد
0.000	0.436	0.000	0.505	0.000	0.678	يركز المسؤولون الإداريون على تحقيق رضا المستفيد باعتباره أساس الجودة.	29
0.000	0.533	0.000	0.549	0.000	0.754	يتم ترجمة احتياجات ومتطلبات وتوقعات المستفيدين من الخدمات المقدمة من المديرية إلى معايير جودة للمخرجات.	30
0.000	0.730	0.000	0.776	0.000	0.876	يعمل المسؤولون الإداريون على توفير قنوات اتصال مع المستفيدين من الخدمات المقدمة من المديرية، لمعرفة ملاحظتهم وأرائهم واحتياجاتهم حول جودة الخدمات المقدمة.	31
0.000	0.733	0.000	0.825	0.000	0.903	يتم الأخذ بعين الاعتبار بوجهات نظر واحتياجات المستفيدين من الخدمات المقدمة من المديرية في تصميم هذه الخدمات.	32

33	يهتم جميع العاملين في المستويات المختلفة لملاحظات وشكاوي المستفيدين من الخدمات المقدمة من المديرية.	0.744	0.000	0.644	0.000	0.523	0.000
8- العمل الجماعي							
34	العمل على نشر ثقافة الفريق الواحد.	0.567	0.000	0.524	0.000	0.436	0.000
35	العمل على تنمية مهارات العمل ضمن الفريق لدى المسؤولين الإداريين.	0.777	0.000	0.439	0.000	0.413	0.000
36	يتم تكوين فرق العمل كوسيلة مناسبة للتغيير وآلية تنظيمية من أجل مشاركة العاملين في عملية تحسين الجودة.	0.673	0.000	0.600	0.000	0.520	0.000
9- القيادة							
37	العمل على الاستثمار الأمثل لجميع الموارد البشرية العاملة في المديرية، وتوجيه طاقاتها لخدمة المجتمع والبيئة المحيطة.	0.551	0.000	0.500	0.000	0.432	0.000
38	تخضع عملية اختيار قادة إدارة الجودة في مديريتكم لمقاييس دقيقة بالنسبة لنوعيات القيادة.	0.723	0.000	0.645	0.000	0.551	0.000

39	تمتلك القيادة في مديريتكم الشخصية والنشاط والرؤية الواضحة لعملية تحسين الجودة.	0.908	0.000	0.741	0.000	0.727	0.000
40	تمتلك القيادة في مديريتكم مهارات الاتصال مع الناس والمرونة للتعامل مع النوعيات المختلفة للموظفين والمستفيدين.	0.862	0.000	0.705	0.000	0.646	0.000
41	تعمل القيادة في مديريتكم بمعالجة الخلافات والصراعات واتخاذ القرار بشأنها في الوقت المناسب.	0.712	0.000	0.699	0.000	0.597	0.000
42	تعمل القيادة في مديريتكم على مكافأة الإسهامات التي يقدمها الأفراد العاملين في مجال تحسين ودعم جهود الجودة	0.913	0.000	0.894	0.000	0.810	0.000

وتشير النتائج الواردة في الجدول رقم (4-2) إلى أن صدق المحتوى (Content Validity) لجميع فقرات ركائز إدارة الجودة الشاملة قد بلغ (P-Value = 0.000)، مما يدل على درجة المصداقية العالية، وكذلك بالنسبة لتحليل صدق التركيبة (Construct Validity) المتعلق بهذه

الركائز، وصدق التركيبة الكلي فقد بلغ (P-Value = 0.000)، وهذا يعكس أيضا درجة المصداقية العالية بين فقرات ركائز إدارة الجودة الشاملة وقوة الترابط فيما بينها.

أما فيما يتعلق بالعلاقات الارتباطية بين محاور الأداء الوظيفي والمتمثلة بمجالاته العشرة. فيبين الجدول رقم (4-3) ابرز النتائج ذات العلاقة بهذه العلاقات الارتباطية.

جدول رقم (4-3)

العلاقة الارتباطية بين مجالات الأداء الوظيفي العشرة (ن=507).

رقم الفقرة	الفقرة	صدق المحتوى		تحليل صدق التركيبة Performance		صدق التركيبة الكلي	
		معامل الارتباط	P-value	معامل الارتباط	P-value	معامل الارتباط	P-value
أ- المعرفة بالعمل							
1	معرفة متطلبات أداء المهام الموكلة إليه.	0.641	0.000	0.510	0.000	0.442	0.000
2	معرفة إجراءات تأدية المهام الموكلة إليه.	0.745	0.000	0.700	0.000	0.678	0.000
3	معرفة مكان وزمان المعلومات ذات العلاقة بعمله.	0.876	0.000	0.665	0.000	0.559	0.000
4	معرفة سياسات المديرية العامة.	0.556	0.000	0.534	0.000	0.400	0.000
5	معرفة أهداف وتطلعات المديرية.						
ب- جودة العمل							
6	القدرة على أداء المهام الموكلة إليه بدقة.	0.787	0.000	0.710	0.000	0.667	0.000

7	إتباع الإجراءات التصحيحية في أداء مهامه.	0.734	0.000	0.657	0.000	0.587	0.000
8	الاهتمام بحيثيات العمل وتفصيلاته.	0.764	0.000	0.667	0.000	0.531	0.000
9	يمتلك المهارات اللازمة لأداء مهامه بدون أخطاء.	0.854	0.000	0.765	0.000	0.654	0.000
ج- الإنتاجية							
10	يقوم بإنجاز كمية كافية من متطلبات العمل اليومي.	0.769	0.000	0.675	0.000	0.601	0.000
11	يستخدم الوقت بشكل كفؤ في إنجاز المهام الموكلة إليه.	0.776	0.000	0.567	0.000	0.504	0.000
12	ينتج مخرجات عمل متسقة ومتجانسة.	0.874	0.000	0.677	0.000	0.527	0.000
د- تخطيط وتنظيم العمل							
13	القدرة على أداء المهام الموكلة إليه بدون الحاجة إلى التذكير المستمر من قبلكم.	0.845	0.000	0.798	0.000	0.667	0.000
14	القدرة على التركيز في أداء المهام الموكلة إليه.	0.878	0.000	0.765	0.000	0.666	0.000
15	القدرة على حل المشكلات والمعيقات التي تعترض أدائه للمهام.	0.823	0.000	0.715	0.000	0.603	0.000
هـ- علاقات العمل							
16	القدرة على تكوين علاقات فاعلة مع مشرفيه، وزملائه في العمل.	0.719	0.000	0.665	0.000	0.536	0.000
17	القدرة على تنسيق أنشطته في ضوء أنشطة الآخرين.	0.787	0.000	0.634	0.000	0.513	0.000

0.000	0.678	0.000	0.807	0.000	0.901	القدرة على إدراك العلاقة ما بين مهامه ومهام القسم الذي يعمل فيه.	18
						و- توقيت العمل	
0.000	0.491	0.000	0.568	0.000	0.676	القدرة على إكمال المهام الموكلة إليه وتحقيق الهدف منها حسب الجدول الزمني لها.	19
0.000	0.785	0.000	0.861	0.000	0.893	القدرة على المحافظة على الوقت واستغلاله بشكل منتج.	20
						ز- المبادرة والحضور	
0.000	0.614	0.000	0.765	0.000	0.876	القدرة على المبادرة في إنجاز المهام الموكلة إليه.	21
0.000	0.644	0.000	0.791	0.000	0.962	المحافظة على الحضور إلى العمل بانتظام.	22
0.000	0.658	0.000	0.744	0.000	0.816	المبادأة في طرح وتقديم الأفكار الجديدة.	23
						ح- صنع القرار	
0.000	0.555	0.000	0.605	0.000	0.786	القدرة على صنع قرارات صائبة ومجدولة للقضايا ذات العلاقة بمهامه.	24
0.000	0.546	0.000	0.610	0.000	0.679	القدرة على تحليل الحقائق، والوصول إلى استنتاجات منطقية.	25
0.000	0.634	0.000	0.755	0.000	0.876	القدرة على اختيار الإجراءات الملائمة حسب طبيعة المهام المختلفة الموكلة إليه.	26

						ط- التفاعل مع المجتمع المحلي	
0.000	0.449	0.000	0.520	0.000	0.589	استدعاء إفراد المجتمع المحلي للمشاركة في الخطط الأمنية.	27
0.000	0.499	0.000	0.541	0.000	0.678	التعاون مع أفراد المجتمع المحلي في حل المشكلات.	28
0.000	0.530	0.000	0.670	0.000	0.777	دعوة شخصيات من المجتمع المحلي للمشاركة في الاحتفالات الوطنية.	29
0.000	0.401	0.000	0.488	0.000	0.567	معاملة إفراد المجتمع المحلي بالاحترام.	30
						ي- سلوك المواطنة التنظيمية	
0.000	0.411	0.000	0.548	0.000	0.671	قبول جميع لوائح ونظم المنظمة والتوصيف الوظيفي والتدرج الرئاسي وسياسات العمل.	31
0.000	0.532	0.000	0.645	0.000	0.744	التوحد مع أفكار المديرية وقادتها.	32
0.000	0.551	0.000	0.631	0.000	0.615	الدفاع عن مصالح المديرية والتعاون مع الآخرين لخدمة هذه المصالح.	33
0.000	0.556	0.000	0.601	0.000	0.774	حضور الاجتماعات وإبداء الرأي والمقترحات التي تسهم في تطوير العمل.	34

وتشير النتائج الواردة في الجدول رقم (4-3) إلى أن صدق المحتوى (Content Validity) لجميع فقرات مجالات الأداء الوظيفي قد بلغ (P-Value = 0.000)، مما يدل على درجة المصداقية العالية، وكذلك بالنسبة لتحليل صدق التركيبة (Construct Validity) المتعلق بهذه المجالات، وصدق التركيبة الكلي فقد بلغ (P-Value = 0.000)، وهذا يعكس أيضا

درجة المصداقية العالية بين فقرات مجالات الأداء الوظيفي وقوة الترابط فيما بينها.

ب- ثبات الأداة Instrument Reliability : لقد تم التأكد من ثبات الأداة المستخدمة في الدراسة من خلال استخراج معامل كرونباخ ألفا للاتساق الداخلي Cronbach Alpha لأسئلة الدراسة ذات المقاييس متعددة النقاط. من أجل التأكد من عدم حصول أداة القياس على بيانات خاطئة إذا أعيدت الدراسة نفسها وباستخدام نفس الأداة في الظروف نفسها التي استخدمت فيها للمرة الأولى. وكلما اقتربت قيمة هذا المعامل من (1) كلما كانت الأداة أكثر ثباتا. ويبين الجدول رقم (4-4) أبرز نتائج هذا الاختبار والتي تعكس مدى ثبات أداة القياس.

جدول رقم (4-4)

نتائج معامل كرونباخ ألفا للاتساق الداخلي لمحاور ومجالات الدراسة

رقم المحور	عوامل المحور	عدد الفقرات	قيمة ألفا
1	التدريب	4	0.872
2	التمكين	3	0.789
3	التحسين المستمر	6	0.901
4	التخطيط الاستراتيجي	5	0.876
5	إدارة المعرفة ونظم المعلومات	4	0.787
6	دعم الإدارة العليا	6	0.889
7	التركيز على المستفيد	5	0.973
8	العمل الجماعي	3	0.784
9	القيادة	6	0.812
ركائز إدارة الجودة الشاملة ككل		**42**	**0.921**

1	المعرفة بالعمل	5	0.785
2	جودة العمل	4	0.887
3	الإنتاجية	3	0.745
4	تخطيط وتنظيم العمل	3	0.881
5	علاقات العمل	3	0.921
6	توقيت العمل	2	0.881
7	المبادرة والحضور	3	0.965
8	صنع القرار	3	0.781
9	التفاعل مع المجتمع المحلي	4	0.842
10	سلوك المواطنة التنظيمية	4	0.698
مجالات الأداء الوظيفي ككل		**34**	0.788
أداة الدراسة (جميع الفقرات)		**76**	**0.942**

9-4 الأساليب الإحصائية المستخدمة

لقد تم استخدام برنامج الحزمة الإحصائية للعلوم الاجتماعية Statistical Package for Social Sciences- SPSS في تحليل البيانات الأولية التي جمعها لأغراض هذه الدراسة، وتماشيا مع طبيعة هذه الدراسة، وأهدافها، وأسئلتها وفرضياتها، فقد تم استخدام عدة أساليب إحصائية منها بعض الأساليب الوصفية التي شملت على: النسب المئوية والتكرارات والمتوسطات الحسابية والانحرافات المعيارية لفقرات الاستبانة المختلفة. من أجل إعطاء وصف شامل لدرجة موافقة أفراد عينة الدراسة على فقرات الاستبانة المختلفة.

كما استخدم عدة اختبارات إحصائية منها: كرونباخ ألفا بهدف التحقق من التجانس أو الاتساق الداخلي لأداة القياس والتأكد من ثباتها. وتم أيضا استخدام تحليل الانحدار البسيط (Simple Regression Analysis) لأجل معرفة العلاقة بين المتغيرات المستقلة والتابعة لنموذج الدراسة، وكذلك معرفة للتأكد من صدق المحتوى وصدق البناء لأداة الدراسة.

كما تم أيضا استخدام اختبار كروسكال والس (Kruskal-Wallis Test)، والذي يستخدم عادة لإظهار الاختلافات المهمة ما بين (3) مجموعات مستقلة أو أكثر فيما يتعلق بمتغير تابع معين، ويلائم طبيعة البيانات ذات المقياس المتعدد. وتم استخدام هذا الاختبار من أجل معرفة فيما إذا كان هناك اختلاف دال إحصائيا في اتجاهات الأفراد عينة الدراسة نحو درجة تطبق ركائز إدارة الجودة الشاملة تعزى لبعض المتغيرات الديمغرافية والوظيفية. كما تم استخدام اختبار مان ويتني (Mann-Whiteny) والذي يستخدم عادة لفحص الاختلافات المهمة بين مجموعتين مستقلتين من أجل فحص الاختلاف بين مديريتي الأمن العام والدرك في درجة تطبيق ركائز إدارة الجودة الشاملة ومستوى فاعلية الأداء الوظيفي.

لقد تم استخدام مقياس ليكرت الخماسي لقياس الأبعاد المتعلقة بركائز ادارة الجودة الشاملة ومجالات الاداء الوظيفي. حيث تم احتساب المتوسطات الحسابية لكل سؤال من الأسئلة المكونة للبعد الواحد كل على حدى. ثم بعد ذلك تجميع هذه المتوسطات لحساب المتوسط الحسابي الكلي (العام) للبعد. ويبين الجدول رقم (4-5) معيار مقياس التحليل الذي تم على أساسه التحليل بناء على قيم المتوسط الحسابي.

جدول رقم (4-5)

معيار مقياس التحليل

المتوسط الحسابي	الدرجة
2.49-1	ضعيفة
3.49-2.5	متوسطة
5-3.5	عالية

كما تحديد قوة العلاقة بين المتغيرات المستقلة والمتغير التابع بناء على قيمة معامل ارتباط بيرسون، وعلى النحو التالي:

- إذا كانت قيمة معامل الارتباط أقل من (40%)، فإن العلاقة بين المتغيرات ضعيفة.

- إذا قيمة معامل الارتباط تتراوح بين (40%-70%)، فإن العلاقة بين المتغيرات متوسطة.

- إذا كانت قيمة معامل الارتباط أكبر من (70%)، فإن العلاقة بين المتغيرات قوية.

الفصل الخامس
عرض نتائج الدراسة

الفصل الخامس
عرض نتائج الدراسة

5-1 المقدمة

يتضمن هذا الفصل من الدراسة عرض لنتائج الدراسة في إطار أهداف الدراسة وأسئلتها وفرضياتها، وكذلك الإجابة على أسئلة الدراسة واختبار فرضياتها.

5-2 عرض نتائج الدراسة واختبار فرضياتها

طرحت هذه الدراسة مجموعة من الأسئلة الأساسية ذات علاقة مباشرة بموضوع ادارة الجودة الشاملة واثرها على الاداء الوظيفي. وفيما يلي سنحاول الإجابة على أسئلة الدراسة اعتمادا على ما تم جمعه وتحليله من بيانات. واختبار فرضياتها في ضوء نتائج الاجابة عن اسئلتها.

السؤال الأول: ما هي درجة تطبيق ركائز إدارة الجودة الشاملة في الوحدات الإدارية في مديريتي الأمن العام والدرك في الأردن من وجهة نظر الإداريين العاملين فيها؟.

للإجابة عن هذا السؤال تم استخراج المتوسطات الحسابية والانحرافات المعيارية لدرجة تطبيق ركائز إدارة الجودة الشاملة التسعة في الوحدات الإدارية في مديريتي الأمن العام والدرك في الأردن من وجهة نظر الإداريين فيها.

وتبين الجداول من (5-1) إلى (5-9) ابرز النتائج المتعلقة بهذا السؤال. وفيما يلي عرض للنتائج ذات العلاقة بركائز إدارة الجودة الشاملة والمتمثلة بكل من: التدريب، والتمكين، والتحسن المستمر، والتخطيط

الاستراتيجي، وإدارة المعرفة ونظم المعلومات، ودعم الإدارة العليا، والتركيز على المستفيد، والعمل الجماعي، وأخيرا، القيادة.

1- ركيزة التدريب:

يبين الجدول رقم (5-1) المتوسطات الحسابية والانحرافات المعيارية ودرجة تطبيق التدريب كركيزة من ركائز إدارة الجودة الشاملة.

جدول رقم (5-1)

المتوسطات الحسابية والانحرافات المعيارية ودرجة التطبيق لركيزة "التدريب" في مديريتي الأمن العام والدرك (حجم العينة = 507)

الرقم	الفقرات	المتوسط الحسابي	الانحراف المعياري	درجة التطبيق
1	توفير البرامج التدريبية ذات العلاقة بقضايا الجودة للمسؤولين الإداريين بشكل مستمر.	3.41	0.678	متوسطة
2	تقييم الاحتياجات التدريبية للمسؤولين الإداريين والمتعلقة بتطوير الجودة.	3.78	0.713	عالية
3	تقييم فعالية البرامج التدريبية المقدمة للمسؤولين الإداريين في ضوء القضايا المرتبطة بالجودة.	4.2	0.853	عالية
4	العمل على إكساب المسؤولين الإداريين أنماطا واتجاهات سلوكية جديدة لصالح العمل.	4.3	0.568	عالية
	المتوسط الحسابي العام	3.92		عالية

يتبين من الجدول رقم (5-1) أن درجة تطبيق الأفراد عينة الدراسة للممارسات ذات العلاقة بالتدريب كركيزة من ركائز إدارة الجودة الشاملة كان عاليا، إذ بلغ المتوسط الحسابي العام لذلك (3.97). كما يشير الجدول رقم (5-1) إلى أن الممارسة المتعلقة بـ"العمل على إكساب المسؤولين الإداريين أنماطا واتجاهات سلوكية جديدة لصالح العمل"، احتلت المرتبة الأولى من حيث درجة التطبيق، وبمتوسط حسابي بلغ (4.3). وحل في المرتبة الثانية من حيث الممارسة القيام بـ"تقييم فعالية البرامج التدريبية المقدمة للمسؤولين الإداريين في ضوء القضايا المرتبطة بالجودة"، وبمتوسط حسابي بلغ (4.2). وجاء في المرتبة الثالثة "تقييم الاحتياجات التدريبية للمسؤولين الإداريين والمتعلقة بتطوير الجودة" وبمتوسط حسابي بلغ (3.78). أما القيام بـ"توفير البرامج التدريبية ذات العلاقة بقضايا الجودة للمسؤولين الإداريين بشكل مستمر"، فقد احتلت المرتبة الرابعة وبدرجة تطبيق متوسطة نسبيا. حيث بلغ المتوسط الحسابي لذلك (3.41).

2- ركيزة التمكين:

يبين الجدول رقم (5-2) المتوسطات الحسابية والانحرافات المعيارية ودرجة تطبيق التمكين كركيزة من ركائز إدارة الجودة الشاملة.

جدول رقم (5-2)

المتوسطات الحسابية والانحرافات المعيارية ودرجة التطبيق لركيزة "التمكين" في مديريتي الأمن العام والدرك (حجم العينة = 507)

الرقم	الفقرات	المتوسط الحسابي	الانحراف المعياري	درجة التطبيق
5	منح المسؤولين الإداريين السلطة المتعلقة بالأعمال والموضوعات ضمن تخصصاتهم الوظيفية.	3.94	0.773	عالية
6	تحرير المسؤولين الإداريين من الضبط المحدد عن طريق التعليمات.	3.25	0.900	متوسطة
7	منح المسؤولين الإداريين الحرية لتحمل مسئولياتهم وآرائهم، وقراراتهم، وتطبيقاتها.	3.68	0.789	عالية
	المتوسط الحسابي العام	3.62		عالية

يتبين من الجدول رقم (5-2) أن درجة تطبيق الأفراد عينة الدراسة للممارسات ذات العلاقة بالتمكين كركيزة من ركائز إدارة الجودة الشاملة كان عاليا نسبيا، إذ بلغ المتوسط الحسابي العام لذلك (3.62). كما يشير الجدول رقم (5-2) إلى أن الممارسة المتعلقة بـ"منح المسؤولين الإداريين السلطة المتعلقة بالأعمال والموضوعات ضمن تخصصاتهم الوظيفية"، احتلت المرتبة الأولى من حيث درجة التطبيق، وبمتوسط حسابي بلغ (3.94). أما في المرتبة الثانية فقد جاءت الممارسة المتعلقة بـ "منح المسؤولين الإداريين الحرية لتحمل مسئولياتهم وآرائهم، وقراراتهم، وتطبيقاتها" وبمتوسط حسابي بلغ (3.68). أما في المرتبة

الثالثة فقد احتلتها الممارسة المتعلقة بـ"تحرير المسؤولين الإداريين من الضبط المحدد عن طريق التعليمات"، وبمتوسط حسابي بلغ (3.25). ويشير المتوسط الحسابي لهذه الفقرة بدرجة تطبيق متوسطة نسبيا.

3- ركيزة التحسين المستمر:

يبين الجدول رقم (5-3) المتوسطات الحسابية والانحرافات المعيارية ودرجة تطبيق التحسين المستمر كركيزة من ركائز إدارة الجودة الشاملة.

جدول رقم (5-3)

المتوسطات الحسابية والانحرافات المعيارية ودرجة التطبيق لركيزة "التحسين المستمر" في مديريتي الأمن العام والدرك (حجم العينة = 507)

الرقم	الفقرات	المتوسط الحسابي	الانحراف المعياري	درجة التطبيق
8	تحفيز ودعم عمليات البحث والتقصي والتحسين المستمر المقدمة من المسؤولين الإداريين لجميع الخدمات المقدمة.	3.68	0.773	عالية
9	تقديم مجموعة من الحقائق والمعلومات التي تسهم في دعم جهود المسؤولين الإداريين في التطوير والتحسين.	4.21	0.900	عالية
10	العمل على تصميم وتنفيذ الأنظمة والعمليات بشكل جيد وباستمرار.	3.98	0.789	عالية
11	تطبيق مبدأ أداء عمل اليوم بالشكل الصحيح وغدا بشكل أفضل.	3.65	0.630	عالية

12	استخدام الأدوات والأساليب الإحصائية للرقابة على جودة الخدمات المقدمة والعمل على تطويرها.	3.21	0.812	متوسطة
13	استخدام أسلوب العصف الذهني في اختيار العمليات المراد تحسينها.	3.46	0.765	متوسطة
	المتوسط الحسابي العام	3.75		عالية

يتبين من الجدول رقم (5-3) أن درجة تطبيق الأفراد عينة الدراسة للممارسات ذات العلاقة بالتحسين المستمر كركيزة من ركائز إدارة الجودة الشاملة كان عاليا، إذ بلغ المتوسط الحسابي العام لذلك (3.75).

كما يشير الجدول رقم (5-3) إلى أن الممارسة المتعلقة بـ"تقديم مجموعة من الحقائق والمعلومات التي تسهم في دعم جهود المسؤولين الإداريين في التطوير والتحسين"، احتلت المرتبة الأولى من حيث درجة التطبيق وبدرجة عالية، وبمتوسط حسابي بلغ (4.21). أما في المرتبة الثانية فقد جاءت الممارسة المتعلقة بـ"العمل على تصميم وتنفيذ الأنظمة والعمليات بشكل جيد وباستمرار"، وبمتوسط حسابي بلغ (3.98). أما فيما يتعلق بـ"تحفيز ودعم عمليات البحث والتقصي والتحسين المستمر المقدمة من المسؤولين الإداريين لجميع الخدمات المقدمة" فقد احتلت المرتبة الثالثة وبدرجة تطبيق عالية. حيث بلغ المتوسط الحسابي لهذه الفقرة (3.68). كما وتشير النتائج الواردة في الجدول رقم (5-3) إلى أن "تطبيق مبدأ أداء عمل اليوم بالشكل الصحيح وغدا بشكل أفضل" قد طبق بدرجة عالية نسبيا واحتل المرتبة الرابعة من حيث درجة التطبيق، إذ بلغ المتوسط الحسابي لذلك (3.65). أما "استخدام أسلوب

العصف الذهني في اختيار العمليات المراد تحسينها" و"استخدام الأدوات والأساليب الإحصائية للرقابة على جودة الخدمات المقدمة والعمل على تطويرها". فقد احتلا المرتبة الخامسة والسادسة وعلى التوالي وبدرجة ممارسة تطبيقية متوسطة. حيث بلغت المتوسطات الحسابية لكل منهما (3.46) و(3.21) وعلى التوالي.

4- ركيزة التخطيط الاستراتيجي:

يبين الجدول رقم (5-4) المتوسطات الحسابية والانحرافات المعيارية ودرجة تطبيق التخطيط الاستراتيجي كركيزة من ركائز إدارة الجودة الشاملة.

جدول رقم (5-4)

المتوسطات الحسابية والانحرافات المعيارية ودرجة التطبيق لركيزة "التخطيط الاستراتيجي" في مديريتي الأمن العام والدرك (حجم العينة = 507)

الرقم	الفقرات	المتوسط الحسابي	الانحراف المعياري	درجة التطبيق
14	وضع تصورات ورؤى مستقبلية للمديرية ورسم سياستها وتحديد غاياتها على المدى البعيد في إطار برامج الجودة.	4.51	0.882	عالية
15	تحليل نقاط القوة والضعف الداخلية للمديرية في ضوء القضايا ذات العلاقة بالجودة.	4.21	0.786	عالية
16	تحليل الفرص والتهديدات المحيطة ببيئة المديرية الخارجية في ضوء القضايا ذات العلاقة بالجودة.	4.00	0.733	عالية

عالية	0.765	3.87	صياغة أهداف الجودة في ضوء كل من الفاعلية والكفاءة.	17
عالية	0.878	3.87	صياغة أهداف الجودة ضمن إطار وجدول زمني قابل للتطبيق.	18
عالية		4.09	**المتوسط الحسابي العام**	

يتبين من الجدول رقم (4-5) أن درجة تطبيق الأفراد عينة الدراسة للممارسات ذات العلاقة بالتخطيط الاستراتيجي كركيزة من ركائز إدارة الجودة الشاملة كان عاليا، إذ بلغ المتوسط الحسابي العام لذلك (4.09). كما يشير الجدول رقم (4-5) إلى أن الممارسة المتعلقة بـ"وضع تصورات ورؤى مستقبلية للمديرية ورسم سياستها وتحديد غاياتها على المدى البعيد في إطار برامج الجودة"، احتلت المرتبة الأولى من حيث درجة التطبيق وبدرجة عالية، وبمتوسط حسابي بلغ (4.51). وأما فيما يتعلق بالقيام بتحليل البيئة الداخلية والخارجية في إطار ما يسمى (SWOT Analysis) كأداة في التخطيط الاستراتيجي لإظهار عناصر القوة والضعف، وكذلك تحديد الفرص والتهديدات، فقد أظهرت النتائج الواردة في الجدول رقم (4-5) إلى وجود درجة تطبيق عالية لهذا التحليل من قبل الأفراد عينة الدراسة. فقد احتل "تحليل نقاط القوة والضعف الداخلية للمديرية في ضوء القضايا ذات العلاقة بالجودة" المرتبة الثانية من حيث درجة التطبيق وبمتوسط حسابي بلغ (4.21). أما "تحليل الفرص والتهديدات المحيطة ببيئة المديرية الخارجية في ضوء القضايا ذات العلاقة بالجودة" فقد احتل المرتبة الثالثة من حيث درجة التطبيق وبمتوسط حسابي بلغ (4.00). كما وتشير النتائج الواردة في الجدول رقم (4-5) إلى أن القيام بـ "صياغة أهداف الجودة في ضوء كل من الفاعلية والكفاءة"، وكذلك القيام بـ"صياغة أهداف الجودة ضمن إطار وجدول زمني قابل للتطبيق" قد طبقا

بدرجة عالية نسبيا واحتلا المرتبة الرابعة من حيث درجة التطبيق، إذ تساوت موسطاتهما الحسابية (3.87). وتعكس النتائج السابقة، درجة الوعي لدى الأفراد المبحوثين بأهمية التخطيط الاستراتيجي ودوره في تعزيز القضايا ذات العلاقة بالجودة.

5- ركيزة إدارة المعرفة ونظم المعلومات:

يبين الجدول رقم (5-5) المتوسطات الحسابية والانحرافات المعيارية ودرجة تطبيق إدارة المعرفة ونظم المعلومات كركيزة من ركائز إدارة الجودة الشاملة.

جدول رقم (5-5)

المتوسطات الحسابية والانحرافات المعيارية ودرجة التطبيق لركيزة "إدارة المعرفة ونظم المعلومات" في مديريتي الأمن العام والدرك (حجم العينة = 507)

الرقم	الفقرات	المتوسط الحسابي	الانحراف المعياري	درجة التطبيق
19	العمل على نشر المعرفة بين المسؤولين الإداريين والمتعاملين معها.	3.61	0.771	عالية
20	العمل على توفير قاعدة بيانات تسهم في جهود التحسين المستمر والتنسيق بين الجهود المختلفة.	4.02	0.876	عالية
21	توفير المعلومات الضرورية للمسؤولين الإداريين بشكل سهل الوصول لمساعدتهم في اتخاذ القرارات الرشيدة.	4.32	0.784	عالية
22	استخدام أنظمة معلومات محوسبة من قبل المسؤولين الإداريين لترشيد القرارات المتعلقة بالجودة.	3.68	0.791	عالية
المتوسط الحسابي العام		3.91		عالية

يتبين من الجدول رقم (5-5) أن درجة تطبيق الأفراد عينة الدراسة للممارسات ذات العلاقة بإدارة المعرفة ونظم المعلومات كركيزة من ركائز إدارة الجودة الشاملة كان عاليا، إذ بلغ المتوسط الحسابي العام لذلك (3.91).

كما يشير الجدول رقم (5-5) إلى أن الممارسة المتعلقة بـ"توفير المعلومات الضرورية للمسؤولين الإداريين بشكل سهل الوصول لمساعدتهم في اتخاذ القرارات الرشيدة"، احتلت المرتبة الأولى من حيث درجة التطبيق وبدرجة عالية، وبمتوسط حسابي بلغ (4.32). وأما فيما يتعلق بالقيام بـ"العمل على توفير قاعدة بيانات تسهم في جهود التحسين المستمر والتنسيق بين الجهود المختلفة"، فقد احتلت هذه الممارسة المرتبة الثانية من حيث درجة التطبيق وبمتوسط حسابي بلغ (4.02). أما "استخدام أنظمة معلومات محوسبة من قبل المسؤولين الإداريين لترشيد القرارات المتعلقة بالجودة" فقد احتلت المرتبة الثالثة من حيث درجة التطبيق وبمتوسط حسابي بلغ (3.68). كما وتشير النتائج الواردة في الجدول رقم (5-5) إلى أن القيام بـ "العمل على نشر المعرفة بين المسؤولين الإداريين والمتعاملين معها" قد طبق بدرجة عالية نسبيا واحتل المرتبة الرابعة من حيث درجة التطبيق، إذ بلغ المتوسط الحسابي لهذه الممارسة (3.61).

6- دعم الإدارة العليا:

يبين الجدول رقم (5-6) المتوسطات الحسابية والانحرافات المعيارية ودرجة تطبيق دعم الإدارة العليا كركيزة من ركائز إدارة الجودة الشاملة.

جدول رقم (5-6)

المتوسطات الحسابية والانحرافات المعيارية ودرجة التطبيق لركيزة "دعم الإدارة العليا" في مديريتي الأمن العام والدرك (حجم العينة = 507)

الرقم	الفقرات	المتوسط الحسابي	الانحراف المعياري	درجة التطبيق
23	إيمان الإدارة العليا بالتحسين المستمر للجودة.	3.78	0.822	عالية
24	تعمل الإدارة العليا على توضيح الرسالة الأمنية من خلال التعريف بها للعاملين.	4.10	0.902	عالية
25	تقوم الإدارة العليا بمراجعة مستمرة لأعمالها للتأكد من درجة فاعلية تطبيق القضايا ذات العلاقة بجهود الجودة.	4.12	0.773	عالية
26	تعمل الإدارة على إزالة المعوقات التي تحول دون عملية تطبيق القضايا ذات العلاقة بجهود الجودة.	3.65	0.834	عالية
27	تعتبر الإدارة العليا الجودة عاملا استراتيجيا لأعمالها.	3.56	0.854	عالية
28	تعمل الإدارة العليا على نشر ثقافة الجودة وتجسيدها ممارسة.	3.72	0.912	عالية
	المتوسط الحسابي العام	3.82		عالية

يتبين من الجدول رقم (5-6) أن درجة تطبيق الأفراد عينة الدراسة للممارسات ذات العلاقة بدعم الإدارة العليا كركيزة من ركائز إدارة الجودة الشاملة كان عاليا، إذ بلغ المتوسط الحسابي العام لذلك (3.82).

كما يشير الجدول رقم (5-6) إلى أن الممارسة المتعلقة بقيام "الإدارة العليا بمراجعة مستمرة لأعمالها للتأكد من درجة فاعلية تطبيق القضايا ذات العلاقة بجهود الجودة"، احتلت المرتبة الأولى من حيث درجة التطبيق وبدرجة عالية، وبمتوسط حسابي بلغ (4.12).

وأما فيما يتعلق بقيام الإدارة العليا بـ"توضيح الرسالة الأمنية من خلال التعريف بها للعاملين"، فقد احتلت هذه الممارسة المرتبة الثانية من حيث درجة التطبيق وبمتوسط حسابي بلغ (4.10).

كما وتشير النتائج الواردة في الجدول رقم (5-6) إلى أن هنالك إيمان عالي لدى الإدارة العليا بفلسفة التحسين المستمر، حيث احتلت الفقرة المتعلقة بـ"إيمان الإدارة العليا بالتحسين المستمر للجودة" المرتبة الثالثة من حيث درجة التطبيق، إذ بلغ المتوسط الحسابي لهذه الممارسة (3.78).

اما الممارسة المتعلقة بقيام الإدارة العليا بـ"نشر ثقافة الجودة وتجسيدها ممارسة" فقد احتلت المرتبة الرابعة وبدرجة تطبيق عالية أيضا، حيث بلغ المتوسط الحسابي لها (3.72).

أما الممارسة المتعلقة بـ"تعمل الإدارة على إزالة المعوقات التي تحول دون عملية تطبيق القضايا ذات العلاقة بجهود الجودة"، وكذلك الممارسة المتعلقة بـ"تعتبر الإدارة العليا الجودة عاملا استراتيجيا لأعمالها"، فقد احتلتا المرتبة الخامسة والسادسة وعلى التوالي. حيث بلغت المتوسطات الحسابية لكليهما (3.65) و(3.56) وعلى التوالي.

7- التركيز على المستفيد:

ويقصد بالمستفيد: الشخص الذي تقدم له الخدمات الأساسية من قبل مديرية الأمن العام ومديرية الدرك. ويبين الجدول رقم (5-7) المتوسطات الحسابية والانحرافات المعيارية ودرجة تطبيق التركيز على المستفيد كركيزة من ركائز إدارة الجودة الشاملة.

جدول رقم (5-7)

المتوسطات الحسابية والانحرافات المعيارية ودرجة التطبيق لركيزة "التركيز على المستفيد" في مديريتي الأمن العام والدرك (حجم العينة = 507)

الرقم	الفقرات	المتوسط الحسابي	الانحراف المعياري	درجة التطبيق
29	يركز المسؤولون الإداريون على تحقيق رضا المستفيد باعتباره أساس الجودة.	4.21	0.743	عالية
30	يتم ترجمة احتياجات ومتطلبات وتوقعات المستفيدين من الخدمات المقدمة من المديرية إلى معايير جودة للمخرجات.	3.78	0.789	عالية
31	يعمل المسؤولون الإداريون على توفير قنوات اتصال مع المستفيدين من الخدمات المقدمة من المديرية، لمعرفة ملاحظاتهم وأرائهم واحتياجاتهم حول جودة الخدمات المقدمة.	3.88	0.812	عالية

32	يتم الأخذ بعين الاعتبار بوجهات نظر واحتياجات المستفيدين من الخدمات المقدمة من المديرية في تصميم هذه الخدمات.	3.43	0.921	متوسطة
33	يهتم جميع العاملين في المستويات المختلفة لملاحظات وشكاوي المستفيدين من الخدمات المقدمة من المديرية.	3.76	0.873	عالية
المتوسط الحسابي العام		3.81		عالية

يتبين من الجدول رقم (5-7) أن درجة تطبيق الأفراد عينة الدراسة للممارسات ذات العلاقة بدعم الإدارة العليا كركيزة من ركائز إدارة الجودة الشاملة كان عاليا، إذ بلغ المتوسط الحسابي العام لذلك (3.77).

كما يشير الجدول رقم (5-7) إلى أن الممارسة المتعلقة بقيام "المسؤولين الإداريين بالتركيز على تحقيق رضا المستفيد باعتباره أساس الجودة"، احتلت المرتبة الأولى من حيث درجة التطبيق وبدرجة عالية، وبمتوسط حسابي بلغ (4.21). وأما فيما يتعلق بقيام المسؤولين الإداريين بـ"توفير قنوات اتصال مع المستفيدين من الخدمات المقدمة من المديرية، لمعرفة ملاحظتهم وأرائهم واحتياجاتهم حول جودة الخدمات المقدمة"، فقد احتلت هذه الممارسة المرتبة الثانية من حيث درجة التطبيق وبمتوسط حسابي بلغ (3.88).

كما وتشير النتائج الواردة في الجدول رقم (4-7) إلى أنه "يتم ترجمة احتياجات ومتطلبات وتوقعات المستفيدين من الخدمات المقدمة من المديرية إلى معايير جودة للمخرجات" بدرجة عالية، حيث احتلت هذه الممارسة المرتبة

الثالثة من حيث درجة التطبيق، إذ بلغ المتوسط الحسابي لذلك (3.78). أما الممارسة المتعلقة باهتمام جميع العاملين في المستويات المختلفة "لملاحظات وشكاوي المستفيدين من الخدمات المقدمة من المديرية" فقد احتلت المرتبة الرابعة وبدرجة تطبيق عالية أيضا، حيث بلغ المتوسط الحسابي لها (3.76).

وفي المرتبة الأخيرة وبدرجة تطبيق متوسطة نسبيا، جاءت الممارسة المتعلقة بـ"يتم الأخذ بعين الاعتبار بوجهات نظر واحتياجات المستفيدين من الخدمات المقدمة من المديرية في تصميم هذه الخدمات". حيث بلغ المتوسط الحسابي لذلك (3.43).

8- العمل الجماعي:

ويقصد بالعمل الجماعي السعي من قبل مدرتي الأمن العام والدرك نحو تشكيل فرق عمل مسؤولة عن قضايا الجودة وتفعيل دورها في خدمة هذه القضايا.

ويبين الجدول رقم (5-8) المتوسطات الحسابية والانحرافات المعيارية ودرجة تطبيق العمل الجماعي كركيزة من ركائز إدارة الجودة الشاملة.

جدول رقم (5-8)

المتوسطات الحسابية والانحرافات المعيارية ودرجة التطبيق لركيزة "العمل الجماعي" في مديريتي الأمن العام والدرك (حجم العينة = 507)

الرقم	الفقرات	المتوسط الحسابي	الانحراف المعياري	درجة التطبيق
34	العمل على نشر ثقافة الفريق الواحد.	4.57	0.664	عالية
35	العمل على تنمية مهارات العمل ضمن الفريق لدى المسؤولين الإداريين.	4.24	0.764	عالية
36	تكوين فرق العمل كوسيلة مناسبة للتغيير وآلية تنظيمية من أجل مشاركة العاملين في عملية تحسين الجودة.	4.02	0.901	عالية
المتوسط الحسابي العام		4.28		عالية

يتبين من الجدول رقم (5-8) أن درجة تطبيق الأفراد عينة الدراسة للممارسات ذات العلاقة بالعمل الجماعي كركيزة من ركائز إدارة الجودة الشاملة كان عاليا، إذ بلغ المتوسط الحسابي العام لذلك (4.28). كما يشير الجدول رقم (5-8) إلى أن الممارسة المتعلقة بقيام "على نشر ثقافة الفريق الواحد"، احتلت المرتبة الأولى من حيث درجة التطبيق وبدرجة عالية جدا، وبمتوسط حسابي بلغ (4.57). وأما فيما يتعلق بـ"العمل على تنمية مهارات العمل ضمن الفريق لدى المسؤولين الإداريين"، فقد احتلت هذه الممارسة

المرتبة الثانية من حيث درجة التطبيق وبمتوسط حسابي بلغ (4.24). كما وتشير النتائج الواردة في الجدول رقم (5-8) إلى أن الممارسة المتعلقة بالعمل على "تكوين فرق العمل كوسيلة مناسبة للتغيير وآلية تنظيمية من أجل مشاركة العاملين في عملية تحسين الجودة" تطبق بدرجة عالية ايضا، حيث احتلت هذه الممارسة المرتبة الثالثة من حيث درجة التطبيق، إذ بلغ المتوسط الحسابي لذلك (4.02).

ولا غرو من هذه النتائج المرتفعة نسبيا، إذ أن جوهر عمل أجهزة مديريتي الأمن العام والدرك يتطلب تفعيل هذه الركيزة آلا وهي العمل بروح الفريق الواحد بسبب طبيعة المهام الموكلة إليهم.

9- القيادة:

يبين الجدول رقم (5-9) المتوسطات الحسابية والانحرافات المعيارية ودرجة تطبيق المنهج القيادي الكفء كركيزة من ركائز إدارة الجودة الشاملة.

جدول رقم (5-9)

المتوسطات الحسابية والانحرافات المعيارية ودرجة التطبيق لركيزة "القيادة" في مديريتي الأمن العام والدرك (حجم العينة = 507)

الرقم	الفقرات	المتوسط الحسابي	الانحراف المعياري	درجة التطبيق
37	تعمل القيادة على الاستثمار الأمثل لجميع الموارد البشرية العاملة في المديرية، وتوجيه طاقاتها لخدمة المجتمع والبيئة المحيطة.	4.11	0.678	عالية
38	تخضع عملية اختيار قادة إدارة الجودة في مديريتكم لمقاييس دقيقة بالنسبة لنوعيات القيادة.	4.34	0.743	عالية
39	تمتلك القيادة في مديريتكم الشخصية والنشاط والرؤية الواضحة لعملية تحسين الجودة.	4.38	0.712	عالية
40	تمتلك القيادة في مديريتكم مهارات الاتصال مع الناس والمرونة للتعامل مع النوعيات المختلفة للموظفين والمستفيدين.	3.83	0.809	عالية
41	تعمل القيادة في مديريتكم بمعالجة الخلافات والصراعات واتخاذ القرار بشأنها في الوقت المناسب.	3.88	0.741	عالية
42	تعمل القيادة في مديريتكم على مكافأة الإسهامات التي يقدمها الأفراد العاملين في مجال تحسين ودعم جهود الجودة.	3.47	0.764	متوسطة
	المتوسط الحسابي العام	4.00		عالية

يتبين من الجدول رقم (5-9) أن درجة تطبيق الأفراد عينة الدراسة للممارسات ذات العلاقة بالقيادة الفاعلة والكفؤة كركيزة من ركائز إدارة الجودة الشاملة كان عاليا، إذ بلغ المتوسط الحسابي العام لذلك (4.00). كما يشير الجدول رقم (5-9) إلى أن امتلاك القيادة في مديريتي الأمن العام والدرك "الشخصية والنشاط والرؤية الواضحة لعملية تحسين الجودة"، قد احتلت المرتبة الأولى من حيث درجة التطبيق وبدرجة عالية، وبمتوسط حسابي بلغ (4.38). وأما فيما بالية اختيار القادة في هاتين المدريتين عينة الدراسة، فقد احتلت الممارسة المتعلقة بـ"خضوع عملية اختيار قادة إدارة الجودة لمقاييس دقيقة بالنسبة لنوعيات القيادة" المرتبة الثانية من حيث درجة التطبيق وبمتوسط حسابي بلغ (4.34). كما وتشير النتائج الواردة في الجدول رقم (5-9) إلى أن القيادة في عينة الدراسة "تعمل على الاستثمار الأمثل لجميع الموارد البشرية العاملة في المديرية، وتوجيه طاقاتها لخدمة المجتمع والبيئة المحيطة" بدرجة عالية، حيث احتلت هذه الممارسة المرتبة الثالثة من حيث درجة التطبيق، إذ بلغ المتوسط الحسابي لذلك (4.11). أما الممارسة المتعلقة بقيام القيادة بـ"معالجة الخلافات والصراعات واتخاذ القرار بشأنها في الوقت المناسب" فقد احتلت المرتبة الرابعة وبدرجة تطبيق عالية أيضا، حيث بلغ المتوسط الحسابي لها (3.88).

وأما فيم يتعلق بمهارات العلاقات الإنسانية والتي تتمتع بها القيادات العاملة في مديريتي الأمن العام والدرك عينة الدراسة، فتشير النتائج الواردة في الجدول رقم (5-9) إلى أن "القيادة تمتلك مهارات الاتصال مع الناس والمرونة للتعامل مع النوعيات المختلفة للموظفين والمستفيدين" بدرجة عالية. حيث احتلت هذه الممارسة المرتبة الخامسة وبمتوسط حسابي بلغ (3.83). وفي

المرتبة الأخيرة، وبدرجة تطبيق تقترب من الحدود الدنيا للدرجة العالية، جاءت الممارسة المتعلقة بـ"تعمل القيادة في مديريتكم على مكافأة الإسهامات التي يقدمها الأفراد العاملين في مجال تحسين ودعم جهود الجودة". حيث بلغ المتوسط الحسابي لذلك (3.47).

ويبين الجدول رقم (5-10) خلاصة لأبرز نتائج الممارسات ذات العلاقة بركائز إدارة الجودة الشاملة في المديريات والمراكز عينة الدراسة.

جدول رقم (5-10)

الترتيب التنازلي لركائز إدارة الجودة الشاملة حسب ممارستها من قبل الأفراد عينة الدراسة في مديريتي الأمن العام والدرك (حجم العينة = 507)

مجال الممارسة الأدنى	مجال الممارسة الأفضل	المتوسط الحسابي (درجة التطبيق)	الركيزة	الرتبة
تكوين فرق العمل من أجل مشاركة العاملين في عملية تحسين الجودة.	العمل على نشر ثقافة الفريق الواحد.	4.28 (عالية)	العمل الجماعي	1
صياغة أهداف الجودة في ضوء كل من الفاعلية والكفاءة، وضمن إطار وجدول زمني قابل للتطبيق.	وضع تصورات ورؤى مستقبلية للمديرية ورسم سياستها وتحديد غاياتها على المدى البعيد في إطار برامج الجودة.	4.09 (عالية)	التخطيط الاستراتيجي	2
تعمل القيادة في مديريتكم على مكافأة الإسهامات التي يقدمها الأفراد العاملين في مجال تحسين ودعم جهود الجودة.	تمتلك القيادة في مديريتكم الشخصية والنشاط والرؤية الواضحة لعملية تحسين الجودة.	4.00 (عالية)	القيادة	3

4	التدريب	3.92 (عالية)	العمـل علـى إكسـاب المسؤولين الإداريـين أنماطا واتجاهـات سلوكية جديدة لصالح العمل.	توفير البرامـج التدريبية ذات العلاقـة بقضـايا الجـودة للمسؤولين الإداريـين بشكل مستمر.
5	إدارة المعرفة ونظم المعلومات	3.91 (عالية)	تـوفير المعلومـات الضـرورية للمسؤولين الإداريـين بشكل سهل الوصول لمساعدتهم في اتخاذ القرارات الرشيدة.	العمـل علـى نشـر المعرفة بـين المسؤولين الإداريـين والمتعاملين معها.
6	دعم الإدارة العليا	3.82 (عالية)	تقـوم الإدارة العليـا بمراجعـة مستمرة لأعمالها للتأكـد مـن درجـة فاعليـة تطبيق القضـايا ذات العلاقـة بجهود الجودة.	تعتبر الإدارة العليا الجـودة عـامـلا استراتيجيا لأعمالها.
7	التركيز على المستفيد	3.81 (عالية)	يركـز المسـؤولون الإداريون على تحقيق رضا المستفيد باعتباره أساس الجودة.	يتم الأخذ بعين الاعتبار بوجهـات نظـر واحتياجـات المسـتفيدين مـن الخدمات المقدمة من المديريـة في تصـميم هذه الخدمات.
8	التحسين المستمر	3.75 (عالية)	تقـديم مجموعـة مـن الحقـائق والمعلومـات التي تسـهم في دعـم جهـود المسـؤولين الإداريـين في التطـوير والتحسين.	اسـتخدام الأدوات والأساليب الإحصائية للرقابة علـى جـودة الخدمات المقدمـة والعمل على تطويرها.
9	التمكين	3.62 (عالية)	منح المسؤولين الإداريين السـلطة المتعلقـة بـالأعمال والموضوعات ضـمن تخصصاتهم الوظيفية.	تحريـر المسؤولين الإداريـين مـن الضبط المحدد عـن طريـق التعليمات.
المتوسط الحسابي العام	3.90 (عالية)		

يتبين من الجدول رقم (5-10) أن درجة تطبيق ركائز إدارة الجودة الشاملة مجتمعة من قبل عينة الدراسة كان عاليا، إذ بلغ المتوسط الحسابي العام لذلك (3.90) وهو يمثل درجة ممارسة عالية.

كما تشير النتائج الواردة في الجدول رقم (5-10) إلى أن درجة تطبيق هذه الركائز كانت مرتبة تنازليا وعلى النحو التالي: العمل الجماعي، التخطيط الاستراتيجي، القيادة، التدريب، إدارة المعرفة ونظم المعلومات، دعم الإدارة العليا، التركيز على المستفيد، التحسين المستمر، واخيرا التمكين.

وتشير النتائج السابقة إلى إمكانية تطبيق ركائز إدارة الجودة الشاملة في مدرتي الأمن العام والدرك في الأردن وبصورية مرضية تماما. وتتفق هذه النتيجة مع ما توصلت اليه الدراسة التي عقدها مركز بحوث الشرطة في مصر (2007) والتي انتهت إلى إمكانية تطبيق أساليب إدارة الجودة الشاملة في قطاع الشرطة والأجهزة الأمنية الأخرى.

وأما فيما يتعلق بقيم الانحراف المعياري المتدنية نسبيا والواردة في جميع الجداول من (5-1) إلى (5-9) ولكافة الفقرات على أن إجابات المبحوثين متقاربة وغير متباعدة، وعلى أن هناك اتفاق قوي بين وجهات نظر الأفراد المبحوثين حول ركائز إدارة الجودة الشاملة ودرجة تطبيقها.

السؤال الثاني: ما مستوى فاعلية الأداء الوظيفي في مديريتي الأمن العام والدرك في الأردن من وجهة نظر الإداريين فيها؟.

لقد تم قياس مستوى فاعلية الأداء الوظيفي للمسؤولين الإداريين في مديريتي الأمن العام والدرك عينة الدراسة من وجهة نظر المشرفين عليهم من خلال عشرة مجالات وهي: المعرفة بالعمل، وجودة العمل، والإنتاجية،

وتخطيط وتنظيم العمل، وعلاقات العمل، وتوقيت العمل، والمبادرة والحضور، والتفاعل مع المجتمع المحلي، وأخيرا، سلوك المواطنة التنظيمية.

وتبين الجداول من رقم (5-11) إلى رقم (5-20) النتائج المتعلقة بهذا السؤال. حيث أن كل جدول من الجداول السابقة يقيس مستوى فاعلية الأداء الوظيفي للأفراد العاملين وفي المجالات العشرة سالفة الذكر وعلى التوالي. وسيتم عرض محتويات كل جدول على حداه والتعليق على نتائجه وفقا للمجال ذي العلاقة.

أولا: المجال المتعلق بالمعرفة بالعمل

يبين الجدول رقم (5-11) النتائج المتعلقة بفقرات هذا المجال.

جدول رقم (5-11)

المتوسطات الحسابية والانحرافات المعيارية ومستوى فاعلية الأداء الوظيفي في مجال "المعرفة بالعمل" في مديريتي الأمن العام والدرك عينة الدراسة (حجم العينة=507)

الرقم	مجالات الأداء الوظيفي	المتوسط الحسابي	الانحراف المعياري	مستوى الفاعلية
	أ- المعرفة بالعمل			
1	معرفة متطلبات أداء المهام الموكلة إليه.	3.67	0.891	عالي
2	معرفة إجراءات تأدية المهام الموكلة إليه.	3.78	0.815	عالي
3	معرفة مكان وزمان المعلومات ذات العلاقة بعمله.	3.89	0.714	عالي
4	معرفة سياسات المديرية العامة.	3.64	0.870	عالي
5	معرفة أهداف وتطلعات المديرية.	3.30	0.684	متوسط
	المتوسط الحسابي العام	3.66		عالي

يتبين من الجدول رقم (5-11) أن مستوى فاعلية الأداء الوظيفي للمسؤولين الإداريين في مديريتي الأمن العام والدرك عينة الدراسة من وجهة نظر المشرفين عليهم كان عاليا في مجال المعرفة بالعمل. إذ بلغ المتوسط الحسابي العام لذلك (3.66). كما يشير الجدول رقم (5-11) إلى أفضل ممارسة كانت في مجال "معرفة المسؤول الإداري لمكان وزمان المعلومات ذات العلاقة بعمله"، حيث بلغ المتوسط الحسابي لذلك (3.89). أما أدنى هذه المجالات من حيث مستوى الفاعلية، فقد كانت في مجال "معرفة المسؤول الإداري لأهداف وتطلعات المديرية"، حيث بلغ المتوسط الحسابي لذلك (3.30). وهو يمثل مستوى متوسط من الفاعلية. وكانت بقية المجالات بمستوى عالي نسبيا بناء على قيم المتوسطات الحسابية وهي "معرفة المسؤول الإداري لإجراءات تأدية المهام الموكلة إليه" و"معرفته بمتطلبات أداء المهام الموكلة إليه"، وكذلك " معرفته بسياسات المديرية العامة".

ثانيا: المجال المتعلق بجودة العمل

يبين الجدول رقم (12-5) النتائج المتعلقة بفقرات هذا المجال.

جدول رقم (12-5)

المتوسطات الحسابية والانحرافات المعيارية ومستوى فاعلية الأداء الوظيفي في مجال "جودة العمل" في مديريتي الأمن العام والدرك عينة الدراسة (حجم العينة=507)

مستوى الفاعلية	الانحراف المعياري	المتوسط الحسابي	مجالات الأداء الوظيفي	الرقم
			ب- جودة العمل	
عالي	0.768	3.63	القدرة على أداء المهام الموكلة إليه بدقة.	6
عالي	0.875	3.56	إتباع الإجراءات التصحيحية في أداء مهامه.	7
عالي	0.523	3.81	الاهتمام بحيثيات العمل وتفصيلاته.	8
عالي	0.754	3.61	يمتلك المهارات اللازمة لأداء مهامه بدون أخطاء.	9
عالي	3.65		**المتوسط الحسابي العام**	

يتبين من الجدول رقم (12-5) أن مستوى فاعلية الأداء الوظيفي للمسؤولين الإداريين في مديريتي الأمن العام والدرك عينة الدراسة من وجهة نظر المشرفين عليهم كان عاليا في مجال جودة العمل. إذ بلغ المتوسط الحسابي العام لذلك (3.65). كما يشير الجدول رقم (12-5) إلى أفضل ممارسة كانت في مجال "الاهتمام بحيثيات العمل وتفصيلاته"، حيث بلغ المتوسط الحسابي لذلك (3.81). أما أدنى هذه المجالات من حيث مستوى الفاعلية، فقد كانت في مجال "إتباع الإجراءات التصحيحية في أداء مهامه"، حيث بلغ المتوسط

الحسابي لذلك (3.56). ولكنه يمثل مستوى عالي من الفاعلية. وكانت بقية المجالات بمستوى عالي نسبيا بناء على قيم المتوسطات الحسابية وهي " قدرة المسؤول الإداري على أداء المهام الموكلة إليه بدقة " وكذلك "امتلكه للمهارات اللازمة لأداء مهامه بدون أخطاء".

ثالثا: المجال المتعلق بالإنتاجية:

يبين الجدول رقم (5-13) النتائج المتعلقة بفقرات هذا المجال.

جدول رقم (5-13)

المتوسطات الحسابية والانحرافات المعيارية ومستوى فاعلية الأداء الوظيفي في مجال "الإنتاجية" في مديريتي الأمن العام والدرك عينة الدراسة (حجم العينة=507)

الرقم	مجالات الأداء الوظيفي	المتوسط الحسابي	الانحراف المعياري	مستوى الفاعلية
	ج- الإنتاجية			
10	يقوم بإنجاز كمية كافية من متطلبات العمل اليومي.	3.55	0.674	عالي
11	يستخدم الوقت بشكل كفؤ في انجاز المهام الموكلة إليه.	3.23	0.889	متوسط
12	ينتج مخرجات عمل متسقة ومتجانسة.	3.80	0.867	عالي
	المتوسط الحسابي العام	3.53		عالي

يتبين من الجدول رقم (5-13) أن مستوى فاعلية الأداء الوظيفي للمسؤولين الإداريين في مديريتي الأمن العام والدرك عينة الدراسة من وجهة نظر المشرفين عليهم كان عاليا في مجال الإنتاجية. إذ بلغ المتوسط الحسابي

العام لذلك (3.53). كما يشير الجدول رقم (5-13) إلى أفضل ممارسة كانت في مجال " إنتاج مخرجات عمل متسقة ومتجانسة"، حيث بلغ المتوسط الحسابي لذلك (3.80). أما أدنى هذه المجالات من حيث مستوى الفاعلية، فقد كانت في مجال "استخدام الوقت بشكل كفؤ في انجاز المهام الموكلة إليه"، حيث بلغ المتوسط الحسابي لذلك (3.23). وهو يمثل مستوى متوسط من الفاعلية. أما المجال المتعلق بـ" القيام بإنجاز كمية كافية من متطلبات العمل اليومي" فقد كان يتمتع بمستوى عالي من الفاعلية. بناء على قيمة المتوسط الحسابي والبالغة (3.55).

رابعا: المجال المتعلق بتخطيط وتنظيم العمل

يبين الجدول رقم (5-14) النتائج المتعلقة بفقرات هذا المجال.

جدول رقم (5-14)

المتوسطات الحسابية والانحرافات المعيارية ومستوى فاعلية الأداء الوظيفي في مجال "تخطيط وتنظيم العمل" في مديريتي الأمن العام والدرك عينة الدراسة (حجم العينة=507)

الرقم	مجالات الأداء الوظيفي	المتوسط الحسابي	الانحراف المعياري	مستوى الفاعلية
	د- تخطيط وتنظيم العمل			
13	القدرة على أداء المهام الموكلة إليه بدون الحاجة إلى التذكير المستمر من قبلكم.	3.72	0.733	عالي
14	القدرة على التركيز في أداء المهام الموكلة إليه.	3.62	0.598	عالي
15	القدرة على حل المشكلات والمعيقات التي تعترض أدائه للمهام.	3.22	1.182	متوسط
	المتوسط الحسابي العام	3.52		عالي

يتبين من الجدول رقم (5-13) أن مستوى فاعلية الأداء الوظيفي للمسؤولين الإداريين في مديريتي الأمن العام والدرك عينة الدراسة من وجهة نظر المشرفين عليهم كان عاليا في مجال تخطيط وتنظيم العمل. إذ بلغ المتوسط الحسابي العام لذلك (3.52). كما يشير الجدول رقم (5-14) إلى أفضل ممارسة كانت في مجال "القدرة على أداء المهام الموكلة إليه بدون الحاجة إلى التذكير المستمر من قبلكم"، حيث بلغ المتوسط الحسابي لذلك (3.72). أما أدنى هذه المجالات من حيث مستوى الفاعلية، فقد كانت في مجال "القدرة على حل المشكلات والمعيقات التي تعترض أدائه للمهام"، حيث بلغ المتوسط الحسابي لذلك (3.22). وهو يمثل مستوى متوسط من الفاعلية. أما المجال المتعلق بـ"القدرة على التركيز في أداء المهام الموكلة إليه" فقد كان يتمتع بمستوى عالي من الفاعلية. بناء على قيمة المتوسط الحسابي والبالغة (3.62).

خامسا: المجال المتعلق بعلاقات العمل

يبين الجدول رقم (5-15) النتائج المتعلقة بفقرات هذا المجال.

جدول رقم (5-15)

المتوسطات الحسابية والانحرافات المعيارية ومستوى فاعلية الأداء الوظيفي في مجال "علاقات العمل" في مديريتي الأمن العام والدرك عينة الدراسة (حجم العينة=507)

الرقم	مجالات الأداء الوظيفي	المتوسط الحسابي	الانحراف المعياري	مستوى المساهمة
	هـ- علاقات العمل			
16	القدرة على تكوين علاقات فاعلة مع مشرفيه، وزملائه في العمل.	3.63	0.823	عالي
17	القدرة على تنسيق أنشطته في ضوء أنشطة الآخرين.	3.78	0.871	عالي
18	القدرة على إدراك العلاقة ما بين مهامه ومهام قسمه.	3.72	0.896	عالي
	المتوسط الحسابي العام	3.71		عالي

يتبين من الجدول رقم (5-15) أن مستوى فاعلية الأداء الوظيفي للمسؤولين الإداريين في مديريتي الأمن العام والدرك عينة الدراسة من وجهة نظر المشرفين عليهم كان عاليا في مجال علاقات العمل. إذ بلغ المتوسط الحسابي العام لذلك (3.71). كما يشير الجدول رقم (5-15) إلى أفضل ممارسة كانت في مجال "القدرة على تنسيق أنشطته في ضوء أنشطة الآخرين"، حيث بلغ المتوسط الحسابي لذلك (3.78). أما أدنى هذه المجالات من حيث مستوى الفاعلية، فقد كانت في مجال "القدرة على تكوين علاقات فاعلة مع

مشرفيه، وزملائه في العمل"، حيث بلغ المتوسط الحسابي لذلك (3.63). ولكنه يمثل مستوى عالي من الفاعلية. أما المجال المتعلق بـ"القدرة على إدراك العلاقة ما بين مهامه ومهام القسم الذي يعمل فيه" فقد كان يتمتع بمستوى عالي من الفاعلية. بناء على قيمة المتوسط الحسابي والبالغة (3.63).

سادسا: المجال المتعلق بتوقيت العمل

يبين الجدول رقم (5-16) النتائج المتعلقة بفقرات هذا المجال.

جدول رقم (5-16)

المتوسطات الحسابية والانحرافات المعيارية ومستوى فاعلية الأداء الوظيفي في مجال "توقيت العمل" في مديريتي الأمن العام والدرك عينة الدراسة (حجم العينة=507)

الرقم	مجالات الأداء الوظيفي	المتوسط الحسابي	الانحراف المعياري	مستوى الفاعلية
	و- توقيت العمل			
19	القدرة على إكمال المهام الموكلة إليه وتحقيق الهدف منها حسب الجدول الزمني لها.	3.80	0.863	عالي
20	القدرة على المحافظة على الوقت واستغلاله بشكل منتج.	3.53	0.814	عالي
	المتوسط الحسابي العام	3.67		عالي

يتبين من الجدول رقم (5-16) أن مستوى فاعلية الأداء الوظيفي للمسؤولين الإداريين في مديريتي الأمن العام والدرك عينة الدراسة من وجهة

نظر المشرفين عليهم كان عاليا في مجال توقيت العمل. إذ بلغ المتوسط الحسابي العام لذلك (3.67).

كما يشير الجدول رقم (5-16) إلى الممارسة المتعلقة بـ "القدرة على إكمال المسؤول الإداري للمهام الموكلة إليه وتحقيق الهدف منها حسب الجدول الزمني لها" كانت أفضل من الممارسة المتعلقة بـ"القدرة على المحافظة على الوقت واستغلاله بشكل منتج" من حيث مستوى الفاعلية، حيث بلغ المتوسط الحسابي للممارسة الاولى (3.80). أما الممارسة الثانية، فقد بلغ متوسطها الحسابي (3.53). وكليهما يمثلان مستوى عالي من الفاعلية.

سابعا: المجال المتعلق بالمبادرة والحضور

يبين الجدول رقم (5-17) النتائج المتعلقة بفقرات هذا المجال.

جدول رقم (5-17)

المتوسطات الحسابية والانحرافات المعيارية ومستوى فاعلية الأداء الوظيفي في مجال "المبادرة والحضور" في مديريتي الأمن العام والدرك عينة الدراسة (حجم العينة=507)

الرقم	مجالات الأداء الوظيفي	المتوسط الحسابي	الانحراف المعياري	مستوى الفاعلية
	ز- المبادرة والحضور			
21	القدرة على المبادرة في انجاز المهام الموكلة إليه.	3.25	0.683	متوسط
22	المحافظة على الحضور إلى العمل بانتظام.	3.85	0.771	عالي
23	المبادأة في طرح وتقديم الأفكار الجديدة.	3.22	0.872	متوسط
المتوسط الحسابي العام		3.44		متوسط

يتبين من الجدول رقم (5-17) أن مستوى فاعلية الأداء الوظيفي للمسؤولين الإداريين في مديريتي الأمن العام والدرك عينة الدراسة من وجهة نظر المشرفين عليهم كان متوسط نسبيا في مجال المبادرة والحضور. إذ بلغ المتوسط الحسابي العام لذلك (3.44).

كما يشير الجدول رقم (5-17) إلى أفضل ممارسة كانت في مجال "المحافظة على الحضور إلى العمل بانتظام"، حيث بلغ المتوسط الحسابي لذلك (3.85). أما أدنى هذه المجالات من حيث مستوى الفاعلية، فقد كانت في مجال "المبادأة في طرح وتقديم الأفكار الجديدة"، حيث بلغ المتوسط الحسابي لذلك (3.22). وهو يمثل مستوى متوسط من الفاعلية. أما المجال المتعلق بـ"القدرة على المبادرة في انجاز المهام الموكلة إليه" فقد كان ايضا متوسطا من حيث مستوى الفاعلية؛ وذلك بناء على قيمة المتوسط الحسابي والبالغة (3.25).

ثامنا: المجال المتعلق بصنع القرار

يبين الجدول رقم (18-5) النتائج المتعلقة بفقرات هذا المجال.

جدول رقم (18-5)

المتوسطات الحسابية والانحرافات المعيارية ومستوى فاعلية الأداء الوظيفي في مجال "صنع القرار" في مديريتي الأمن العام والدرك عينة الدراسة (حجم العينة=507)

مستوى الفاعلية	الانحراف المعياري	المتوسط الحسابي	مجالات الأداء الوظيفي	الرقم
			ح- صنع القرار	
عالي	0.562	3.63	القدرة على صنع قرارات صائبة ومجدولة للقضايا ذات العلاقة بمهامه.	24
عالي	0.813	3.54	القدرة على تحليل الحقائق، والوصول إلى استنتاجات منطقية.	25
عالي	0.686	3.65	القدرة على اختيار الإجراءات الملائمة حسب طبيعة المهام المختلفة الموكلة إليه.	26
عالي		3.61	**المتوسط الحسابي العام**	

يتبين من الجدول رقم (18-5) أن مستوى فاعلية الأداء الوظيفي للمسؤولين الإداريين في مديريتي الأمن العام والدرك عينة الدراسة من وجهة نظر المشرفين عليهم كان عاليا في مجال صنع القرار. إذ بلغ المتوسط الحسابي العام لذلك (3.61). كما يشير الجدول رقم (18-5) إلى أفضل ممارسة كانت في مجال "قدرة المسؤول الإداري على اختيار الإجراءات الملائمة حسب طبيعة المهام المختلفة الموكلة إليه"، حيث بلغ المتوسط الحسابي لذلك (3.65). تلاها من حيث مستوى الفاعلية، امتلاك "القدرة على صنع قرارات صائبة ومجدولة

للقضايا ذات العلاقة بمهامه"، حيث بلغ المتوسط الحسابي لذلك (3.63). أما المجال المتعلق بـ"القدرة على تحليل الحقائق، والوصول إلى استنتاجات منطقية" فقد كان أدنى هذه الممارسات من حيث مستوى الفاعلية؛ وذلك بناء على قيمة المتوسط الحسابي والبالغة (3.54).

تاسعا: المجال المتعلق بالتفاعل مع المجتمع المحلي

يبين الجدول رقم (5-19) النتائج المتعلقة بفقرات هذا المجال.

جدول رقم (5-19)

المتوسطات الحسابية والانحرافات المعيارية ومستوى فاعلية الأداء الوظيفي في مجال "التفاعل مع المجتمع المحلي" في مديريتي الأمن العام والدرك عينة الدراسة (حجم العينة=507)

الرقم	مجالات الأداء الوظيفي	المتوسط الحسابي	الانحراف المعياري	مستوى الفاعلية
	ط- التفاعل مع المجتمع المحلي			
27	استدعاء إفراد المجتمع المحلي للمشاركة في الخطط الأمنية.	3.11	0.662	متوسط
28	التعاون مع أفراد المجتمع المحلي في حل المشكلات.	3.57	0.875	عالي
29	دعوة شخصيات من المجتمع المحلي للمشاركة في الاحتفالات الوطنية.	4.13	0.523	عالي
30	معاملة إفراد المجتمع المحلي بالاحترام.	3.65	0.754	عالي
	المتوسط الحسابي العام	3.62		عالي

يتبـين مـن الجـدول رقـم (5-19) أن مسـتوى فاعليـة الأداء الـوظيفي للمسؤولين الإداريين في مديريتي الأمن العام والدرك عينة الدراسة من وجهة نظر المشرفين عليهم كان عاليا في مجال التفاعل مع المجتمع المحلي. إذ بلغ المتوسط الحسابي العام لذلك (3.62). كما يشـير الجـدول رقـم (5-19) إلى أفضـل ممارسـة كانت في مجال "دعـوة شخصـيات مـن المجتمـع المحلي للمشاركة في الاحتفـالات الوطنية"، حيث بلغ المتوسط الحسابي لـذلك (4.13). أمـا أدنى هـذه المجالات مـن حيث مسـتوى الفاعليـة، فقـد كانت في مجال "اسـتدعاء إفراد المجتمع المحلي للمشاركة في الخطط الأمنية"، حيث بلغ المتوسط الحسابي لذلك (3.11). وهو يمثل مسـتوى متوسـط من الفاعلية. وكانت بقية المجالات بمستوى عالي نسبيا بناء على قيم المتوسطات الحسابية وهي "معاملة إفراد المجتمـع المحلـي بـالاحترام" وكـذلك "التعاون مع أفراد المجتمع المحلي في حل المشكلات".

عاشرا: المجال المتعلق بسلوك المواطنة التنظيمية

لقد تم قياس هذا المجال من خلال ثلاثة محاور رئيسية لسلوك المواطنة التنظيمية وهي: الطاعة والولاء والمشاركة التنظيمية. ويبين الجدول رقم (5-20) النتائج المتعلقة بفقرات هذا المجال.

جدول رقم (5-20)

المتوسطات الحسابية والانحرافات المعيارية ومستوى فاعلية الأداء الوظيفي في مجال "سلوك المواطنة التنظيمية" في مديريتي الأمن العام والدرك عينة الدراسة (حجم العينة=507)

الرقم	مجالات الأداء الوظيفي	المتوسط الحسابي	الانحراف المعياري	مستوى الفاعلية
	ي- سلوك المواطنة التنظيمية			
31	قبول جميع لوائح ونظم المنظمة والتوصيف الوظيفي والتدرج الرئاسي وسياسات العمل.	4.13	0.553	عالي
32	التوحد مع أفكار المديرية وقادتها.	3.68	0.773	عالي
33	الدفاع عن مصالح المديرية والتعاون مع الآخرين لخدمة هذه المصالح.	4.00	0.644	عالي
34	حضور الاجتماعات وإبداء الرأي والمقترحات التي تسهم في تطوير العمل.	3.89	0.661	عالي
	المتوسط الحسابي العام	3.93		عالي

يتبين من الجدول رقم (5-20) أن مستوى فاعلية الأداء الوظيفي للمسؤولين الإداريين في مديريتي الأمن العام والدرك عينة الدراسة من وجهة نظر المشرفين عليهم كان عاليا في مجال سلوك المواطنة التنظيمية. إذ بلغ المتوسط الحسابي العام لذلك (3.93). كما يشير الجدول رقم (5-20) إلى

أفضل ممارسة كانت في مجال "قبول جميع لوائح ونظم المنظمة والتوصيف الوظيفي والتدرج الرئاسي وسياسات العمل"، حيث بلغ المتوسط الحسابي لذلك (4.13). أما أدنى هذه المجالات من حيث مستوى الفاعلية، فقد كانت في مجال "التوحد مع أفكار المديرية وقادتها"، حيث بلغ المتوسط الحسابي لذلك (3.68). وهو يمثل مستوى عالي من الفاعلية. وكانت بقية المجالات بمستوى عالي نسبيا بناء على قيم المتوسطات الحسابية وهي "الدفاع عن مصالح المديرية والتعاون مع الآخرين لخدمة هذه المصالح" وكذلك "حضور الاجتماعات وإبداء الرأي والمقترحات التي تسهم في تطوير العمل".

وتدل قيم الانحراف المعياري الواردة في جميع الجداول من رقم (5-11) إلى رقم (5-20)على أن إجابات المبحوثين متقاربة وغير متباعدة، وعلى أن هناك اتفاق قوي بين وجهات نظر المبحوثين حول هذه الفقرات.

ويبين الجدول رقم (5-21) خلاصة لأبرز النتائج ذات العلاقة بمستوى فاعلية الأداء الوظيفي للمسؤولين الإداريين في مديريتي الأمن العام والدرك عينة الدراسة من وجهة نظر المشرفين عليهم من خلال العشرة مجالات مرتبة تنازليا.

جدول رقم (5-21)

الترتيب التنازلي لمستوى فاعلية مجالات الأداء الوظيفي للمسؤولين الإداريين في مديريتي الأمن العام والدرك عينة الدراسة من وجهة نظر المشرفين عليهم (حجم العينة = 507)

الرتبة	مجالات الأداء	المتوسط الحسابي	مستوى الفاعلية
1	**سلوك المواطنة التنظيمية**	3.93	عالي
2	**علاقات العمل**	3.71	عالي
3	**توقيت العمل**	3.67	عالي
4	**المعرفة بالعمل**	3.66	عالي
5	**جودة العمل**	3.65	عالي
6	**التفاعل مع المجتمع المحلي**	3.62	عالي
7	**صنع القرار**	3.61	عالي
	الإنتاجية	3.53	عالي
1	**تخطيط وتنظيم العمل**	3.52	عالي
2	**المبادرة والحضور**	3.44	متوسط
المتوسط الحسابي العام		3.64	عالي

يتبين من الجدول رقم (5-21) أن مستوى فاعلية الأداء الوظيفي للمسؤولين الإداريين في مديريتي الأمن العام والدرك عينة الدراسة من وجهة نظر المشرفين عليهم وللمجالات مجتمعة ككل كان بدرجة عالية نسبيا، إذ بلغ المتوسط الحسابي العام لذلك (3.64). بحيث كانت أفضل مجالات الأداء الوظيفي في سلوك المواطنة التنظيمية، وأدناها في مجال المبادرة والحضور، حيث كان مستوى هذا المجال متوسطا نسبيا. وقد تعزى هذه النتيجة إلى أن

الممارسات ذات العلاقة بالقدرة على المبادرة في انجاز المهام الموكلة للفرد العامل، وكذلك قدرته على المبادأة في طرح وتقديم الأفكار الجديدة، كانتا في مستوى متوسط من مستويات فاعلية الأداء. ويمكن اعزاء ذلك إلى احتلال ركيزة التمكين المرتبة الأخيرة من بين ركائز إدارة الجودة الشاملة، حيث أن هذه الممارسات تتطلب تحرير المسؤولين الإداريين من الضبط المحدد عن طريق التعليمات ليتسنى لهم العمل على المبادرة في انجاز المهام وكذلك تقديم وطرح الأفكار الجديدة (انظر جدول رقم (5-10)).

السؤال الثالث: هل هناك تأثير ذو دلالة احصائية لدرجة تطبيق ركائز إدارة الجودة الشاملة على مستوى فاعلية الأداء الوظيفي في مديريتي الأمن العام والدرك في الأردن؟.

ارتبط هذا السؤال بالفرضية الاولى للدراسة والتي تنص على "يوجد تأثير ذو دلالة إحصائية لدرجة تطبيق ركائز إدارة الجودة الشاملة على مستوى فاعلية الأداء الوظيفي في مديريتي الأمن العام والدرك في الأردن". وكذلك فرضياتها الفرعية التسعة.

وللإجابة على هذا السؤال واختبار هذه الفرضية وفرضياتها الفرعية، تم استخدام تحليل الانحدار البسيط لفحص اثر درجة تطبيق ركائز إدارة الجودة الشاملة على مجالات الأداء الوظيفي. حيث تم فحص هذا الأثر بأخذ الركائز مجتمعة وكذلك مجالات الأداء الوظيفي مجتمعة من جهة، ومن ثم فحص أثر كل ركيزة من ركائز إدارة الجودة الشاملة على مجالات الأداء الوظيفي مجتمعة. وتبين الجداول من رقم (5-22) إلى رقم (5-31) نتائج هذا الاختبار.

أولا: أثر درجة تطبيق ركائز إدارة الجودة الشاملة مجتمعة على مجالات الأداء الوظيفي ككل.

يبين الجدول رقم (5-22) ابرز نتائج تحليل الانحدار لهذا الأثر.

جدول (5-22)

تحليل الانحدار لأثر درجة تطبيق ركائز إدارة الجودة الشاملة مجتمعة على مجالات الأداء الوظيفي ككل

المتغير المستقل	قيمة معامل الارتباط R	قيمة معامل التحديد R^2	قيمة معامل التحديد المعدل Adj R^2	قيمة F	دلالة F الإحصائية	قيمة B المعيارية	قيمة t	الدلالة t الإحصائية
ركائز إدارة الجودةالشاملة	0.748	0.512	0.419	364.68	0.000	0.451	19.097	0.000

المتغير التابع: مجالات الأداء الوظيفي ككل

يتبين من الجدول رقم (2-22)، وجود علاقة ارتباط ايجابية وعالية بين كل من درجة تطبيق ركائز إدارة الجودة الشاملة مجتمعة وبين مستوى فاعلية الأداء الوظيفي. إذ بلغ معامل الارتباط بين المتغيرين (0.748) وهو بذلك يمثل علاقة ارتباط ايجابية وقوية. ويعني ذلك انه كلما زادت درجة تطبيق ركائز إدارة الجودة الشاملة، كلما انعكس ذلك إيجابا على مستوى الأداء الوظيفي.

كما تشير النتائج الواردة في الجدول رقم (5-22) إلى أن قيمة معامل التحديد (R^2) -يشير إلى النسبة المئوية من التغير الكلي في المتغير التابع الذي يمكن تفسيره بدلالة المتغير المستقل- قد بلغ (0.512)، وهذا يعني أن ما نسبته 51.2% من التغير في مستوى فاعلية الأداء الوظيفي، يمكن تفسيره من

خلال التغير في درجة تطبيق ركائز إدارة الجودة الشاملة. وبالنظر إلى قيمة (ف) المحسوبة (F=364.68) عند مستوى الدلالة (0.000)، نستطع القول بأن هنالك تأثير معنوي للمتغير المستقل على المتغير التابع. كما ونلاحظ من قيمة B المعيارية أن هذا التأثير ايجابي (B=0.451). وهذه القيمة معنوية من الناحية الاحصائية حيث بلغت قيمة (ت) (t=19.097) عند مستوى الدلالة (0.000).

وفي ضوء هذه النتيجة نستطيع قبول فرضية الدراسة الاولى والتي تنص على "يوجد تأثير ذو دلالة إحصائية لدرجة تطبيق ركائز إدارة الجودة الشاملة على مستوى فاعلية الأداء الوظيفي في مديريتي الأمن العام والدرك في الأردن".

وتتفق هذه النتيجة مع نتائج دراسة كل من:

1- دراسة **الطراونة والبلبيسي** (2002) والتي أظهرت وجود علاقة ارتباطية قوية بين جميع عناصر إدارة الجودة الشاملة مجتمعة أو منفردة والأداء المؤسسي.

2- دراسة **العميرة** (2003) والتي أشارت إلى أن زيادة درجة الممارسات ذات العلاقة بإدارة الجودة الشاملة تسهم في تحسين كفاءة الأداء الفردي من حيث انجاز العمل وحسن توقيته وتنظيمه، وكذلك التعاون مع الأطراف المحيطة.

3- دراسة **هيو وتام** (Hui and Tam, 1994) والتي بنيت أن تطبيق مفهوم إدارة الجودة يساعد على تطوير أداء منظمات قطاع الخدمات.

4- دراسة **ايستن وجارل** (Easton and Jarrell, 1998) والتي أظهرت نتائجها أن هنالك علاقة ايجابية واثر واضح لإدارة الجودة الشاملة على بعض

مجالات الأداء المؤسسي. كما أظهرت النتائج أن هنالك تفاوت في مستويات الأداء يعزى لمستوى ممارسة إدارة الجودة الشاملة.

5- دراسة **كوش** (Couch, 1999) والتي بنت أن من تطبيق معايير إدارة الجودة الشاملة أدى إلى تحسين وتطوير الاتصال، وتطوير النظام وخدمة الزبون، وزيادة الإسهام في المشاركة في صنع القرار على مستوى المؤسسة.

6- دراسة **زنك** (Zhang, 2000) والتي توصلت إلى هنالك تأثير ايجابي لتطبيق إدارة الجودة الشاملة على جودة المنتجات وكذلك بعض مجالات الأداء المؤسسي- كالإنتاجية.

ثانيا: أثر درجة تطبيق ركيزة التدريب على مجالات الأداء الوظيفي ككل.

يبين الجدول رقم (5-23) ابرز نتائج تحليل الانحدار لهذا الأثر.

جدول (5-23)

تحليل الانحدار لأثر درجة تطبيق ركيزة التدريب على مجالات الأداء الوظيفي ككل

المتغير المستقل	قيمة معامل الارتباط R	قيمة معامل التحديد R^2	قيمة معامل التحديد المعدل Adj R^2	قيمة F	دلالة F الإحصائية	قيمة B المعيارية	قيمة t	الدلالة t الإحصائية
ركيزة التدريب	0.611	0.434	0.324	264.78	0.001	0.144	11.234	.000

المتغير التابع: مجالات الأداء الوظيفي ككل

يتبين من الجدول رقم (5-23)، وجود علاقة ارتباط ايجابية متوسطة بين كل من درجة تطبيق ركيزة التدريب وبين مستوى فاعلية الأداء الوظيفي. إذ بلغ معامل الارتباط بين المتغيرين (0.611) وهو بذلك يمثل علاقة ارتباط

ايجابية متوسطة. ويعني ذلك انه كلما زادت درجة تطبيق ركائز إدارة الجودة الشاملة، كلما انعكس ذلك إيجابا على مستوى الأداء الوظيفي.

كما تشير النتائج الواردة في الجدول رقم (5-23) إلى أن قيمة معامل التحديد (R^2) قد بلغ (0.434)، وهذا يعني أن ما نسبته 43.4% من التغير في مستوى فاعلية الأداء الوظيفي، يمكن تفسيره من خلال التغير في درجة تطبيق ركيزة التدريب كإحدى ركائز إدارة الجودة الشاملة. وبالنظر إلى قيمة (ف) المحسوبة (F=264.78) عند مستوى الدلالة (0.001) نستطع القول بأن هنالك تأثير معنوي لدرجة تطبيق ركيزة التدريب على مستوى فاعلية الأداء الوظيفي. كما ونلاحظ من قيمة B المعيارية أن هذا التأثير ايجابي (B=0.144). وهذه القيمة معنوية من الناحية الاحصائية حيث بلغت قيمة (ت) (t=11.234) عند مستوى الدلالة (0.000).

وفي ضوء هذه النتيجة نستطيع قبول الفرضية الفرعية الأولى لفرضية الدراسة الاولى والتي تنص على "يوجد تأثير ذو دلالة إحصائية لدرجة تطبيق ركيزة التدريب على مستوى فاعلية الأداء الوظيفي في مديريتي الأمن العام والدرك في الأردن".

ثالثا: أثر درجة تطبيق ركيزة التمكين على مجالات الأداء الوظيفي ككل.

يبين الجدول رقم (5-24) ابرز نتائج تحليل الانحدار لهذا الأثر.

جدول (5-24)

تحليل الانحدار لأثر درجة تطبيق ركيزة التمكين على مجالات الأداء الوظيفي
ككل

الدلالة t الإحصائية	قيمة t	قيمة B المعيارية	دلالة F الإحصائية	قيمة F	قيمة معامل التحديد المعدل Adj R²	قيمة معامل التحديد R²	قيمة معامل الارتباط R	المتغير المستقل
.000	19.114	0.316	0.000	257.71	0.232	0.401	0.531	ركيـــزة التمكين

المتغير التابع: مجالات الأداء الوظيفي ككل

يتبين من الجدول رقم (5-24)، وجود علاقة ارتباط ايجابيـة متوسـطة بـين كل من درجة تطبيق ركيزة التمكين وبين مسـتوى فاعليـة الأداء الـوظيفي. إذ بلـغ معامل الارتباط بين المتغيرين (0.531) وهـو بـذلك يمثل علاقة ارتباط ايجابيـة متوسطة. ويعني ذلك انه كلما زادت درجة تطبيـق ركيـزة التمكين كإحـدى ركـائز إدارة الجـودة الشـاملة، كلـما انعكـس ذلك إيجابـا عـلى مسـتوى فاعليـة الأداء الوظيفي.

كـما تشـير النتـائج الـواردة في الجـدول رقم (5-24) إلى أن قيمـة معامـل التحديد (R^2) قد بلـغ (0.401)، وهـذا يعنـي أن مـا نسـبته 40.1% مـن التغـير في مستوى فاعلية الأداء الوظيفي، يمكن تفسـيره مـن خـلال التغـير في درجـة تطبيـق ركيزة التمكين. وبالنظر إلى قيمة (ف) المحسوبة (F=257.71) عند مستوى الدلالة (0.000) نستطع القول بأن هنالك تأثير معنوي لدرجة تطبيق ركيزة

التمكين على مستوى فاعلية الأداء الوظيفي. كما ونلاحظ من قيمة B المعيارية أن هذا التأثير ايجابي (B=0.316). وهذه القيمة معنوية من الناحية الاحصائية حيث بلغت قيمة (ت) (t=19.114) عند مستوى الدلالة (0.000).

وفي ضوء هذه النتيجة نستطيع قبول الفرضية الفرعية الثانية لفرضية الدراسة الاولى والتي تنص على "يوجد تأثير ذو دلالة إحصائية لدرجة تطبيق ركيزة التمكين على مستوى فاعلية الأداء الوظيفي في مديريتي الأمن العام والدرك في الأردن".

رابعا: أثر درجة تطبيق ركيزة التحسين المستمر على مجالات الأداء الوظيفي ككل.

يبين الجدول رقم (5-25) ابرز نتائج تحليل الانحدار لهذا الأثر.

جدول (5-25)

تحليل الانحدار لأثر درجة تطبيق ركيزة التحسين المستمر على مجالات الأداء الوظيفي ككل

المتغير المستقل	قيمة معامل الارتباط R	قيمة معامل التحديد R^2	قيمة معامل التحديد المعدل Adj R^2	قيمة F	دلالة F الإحصائية	قيمة B المعيارية	قيمة t	الدلالة t الإحصائية
ركيـــزة التحسين المستمر	0.732	0.621	0.508	321.11	0.000	0.128	22.212	.000

المتغير التابع: مجالات الأداء الوظيفي ككل

يتبين من الجدول رقم (5-25)، وجود علاقة ارتباط ايجابية عالية بين كل من درجة تطبيق ركيزة التحسين المستمر وبين مستوى فاعلية الأداء الوظيفي. إذ بلغ معامل الارتباط بين المتغيرين (0.732) وهو بذلك يمثل علاقة ارتباط ايجابية عالية. ويعني ذلك انه كلما زادت درجة تطبيق هذه الركيزة، كلما انعكس ذلك إيجابا على مستوى الأداء الوظيفي.

كما تشير النتائج الواردة في الجدول رقم (5-25) إلى أن قيمة معامل التحديد (R^2) قد بلغ (0.621)، وهذا يعني أن ما نسبته 62.1% من التغير في مستوى فاعلية الأداء الوظيفي، يمكن تفسيره من خلال التغير في درجة تطبيق ركيزة التحسين المستمر كإحدى ركائز إدارة الجودة الشاملة. وبالنظر إلى قيمة (ف) المحسوبة (F=321.11) عند مستوى الدلالة (0.000) نستطع القول بأن هنالك تأثير معنوي لدرجة تطبيق ركيزة التحسين المستمر على مستوى فاعلية الأداء الوظيفي. كما ونلاحظ من قيمة B المعيارية أن هذا التأثير ايجابي (B=0.128). وهذه القيمة معنوية من الناحية الاحصائية حيث بلغت قيمة (ت) (t=22.212) عند مستوى الدلالة (0.000).

وفي ضوء هذه النتيجة نستطيع قبول الفرضية الفرعية الثالثة لفرضية الدراسة الاولى والتي تنص على "يوجد تأثير ذو دلالة إحصائية لدرجة تطبيق ركيزة التحسين المستمر على مستوى فاعلية الأداء الوظيفي في مديريتي الأمن العام والدرك في الأردن".

خامسا: أثر درجة تطبيق ركيزة التخطيط الاستراتيجي على مجالات الأداء الوظيفي ككل.

يبين الجدول رقم (5-26) ابرز نتائج تحليل الانحدار لهذا الأثر.

جدول (5-26)

تحليل الانحدار لأثر درجة تطبيق ركيزة التخطيط الاستراتيجي على مجالات الأداء الوظيفي ككل

الدلالة t الإحصائية	قيمة t	قيمة B المعيارية	دلالة F الإحصائية	قيمة F	قيمة معامل التحديد المعدل Adj R^2	قيمة معامل التحديد R^2	قيمة معامل الارتباط R	المتغير المستقل
.001	15.324	0.411	0.003	167.89	0.216	0.335	0.543	ركيزة التخطيط الاستراتيجي

المتغير التابع: مجالات الأداء الوظيفي ككل

يتبين من الجدول رقم (5-26)، وجود علاقة ارتباط ايجابية متوسطة بين كل من درجة تطبيق ركيزة التخطيط الاستراتيجي وبين مستوى فاعلية الأداء الوظيفي. إذ بلغ معامل الارتباط بين المتغيرين (0.543) وهو بذلك يمثل علاقة ارتباط ايجابية متوسطة. ويعني ذلك انه كلما زادت درجة تطبيق التخطيط الاستراتيجي، كلما انعكس ذلك إيجابا على مستوى الأداء الوظيفي.

كما تشير النتائج الواردة في الجدول رقم (5-26) إلى أن قيمة معامل التحديد (R^2) قد بلغ (0.335)، وهذا يعني أن ما نسبته 33.5% من التغير في مستوى فاعلية الأداء الوظيفي، يمكن تفسيره من خلال التغير في درجة تطبيق

ركيزة التخطيط الاستراتيجي كإحدى ركائز إدارة الجودة الشاملة. وبالنظر إلى قيمة (ف) المحسوبة (F=167.89) عند مستوى الدلالة (0.003) نستطع القول بأن هنالك تأثير معنوي لدرجة تطبيق ركيزة التخطيط الاستراتيجي على مستوى فاعلية الأداء الوظيفي. كما ونلاحظ من قيمة B المعيارية أن هذا التأثير ايجابي (B=0.411). وهذه القيمة معنوية من الناحية الاحصائية حيث بلغت قيمة (ت) (t=15.324) عند مستوى الدلالة (0.001).

وفي ضوء هذه النتيجة نستطيع قبول الفرضية الفرعية الرابعة لفرضية الدراسة الاولى والتي تنص على "يوجد تأثير ذو دلالة إحصائية لدرجة تطبيق ركيزة التخطيط الاستراتيجي على مستوى فاعلية الأداء الوظيفي في مديريتي الأمن العام والدرك في الأردن".

سادسا: أثر درجة تطبيق ركيزة إدارة المعرفة ونظم المعلومات على مجالات الأداء الوظيفي ككل.

يبين الجدول رقم (27-5) ابرز نتائج تحليل الانحدار لهذا الأثر.

جدول (27-5)

تحليل الانحدار لأثر درجة تطبيق ركيزة إدارة المعرفة ونظم المعلومات على مجالات الأداء الوظيفي ككل

الدلالة t الإحصائية	قيمة t	قيمة B المعيارية	دلالة F الإحصائية	قيمة F	قيمة معامل التحديد المعدل Adj R²	قيمة معامل التحديد R²	قيمة معامل الارتباط R	المتغير المستقل
.000	14.678	0.119	0.004	178.12	0.221	0.312	0.433	ركيزة إدارة المعرفة ونظم المعلومات

المتغير التابع: مجالات الأداء الوظيفي ككل

يتبين من الجدول رقم (5-27)، وجود علاقة ارتباط ايجابيـة متوسـطة بـين كل من درجة تطبيق ركيزة إدارة المعرفة ونظم المعلومـات وبـين مسـتوى فاعليـة الأداء الوظيفي. إذ بلغ معامل الارتبـاط بـين المتغيرين (0.433) وهـو بـذلك يمثـل علاقة ارتباط ايجابية متوسطة. ويعني ذلك انه كلـما زادت درجـة تطبيـق إدارة المعرفة ونظم المعلومات، كلما انعكس ذلك إيجابا على مستوى الأداء الوظيفي.

كـما تشـير النتـائج الـواردة في الجـدول رقـم (5-27) إلى أن قيمـة معامـل التحديد (R^2) قد بلـغ (0.312)، وهـذا يعنـي أن مـا نسـبته 31.2% مـن التغير في مسـتوى فاعليـة الأداء الوظيفي، يمكن تفسـيره مـن خـلال التغـير في درجـة تطبيـق ركيزة إدارة المعرفة ونظم المعلومات كإحدى ركائز إدارة الجودة الشاملة. وبالنظر إلى قيمة (ف) المحسوبة (F=178.12) عند مستوى الدلالة (0.004) نستطع القول بأن هنالك تأثير معنوي لدرجة تطبيـق ركيزة التـدريب عـلى مسـتوى فاعليـة الأداء الوظيفي. كما ونلاحظ من قيمة B المعياريـة أن هـذا التـأثير ايجـابي (B=0.119). وهذه القيمة معنوية من الناحية الاحصائية حيث بلغـت قيمـة (ت) (t=14.678) عند مستوى الدلالة (0.000).

وفي ضوء هذه النتيجة نستطيع قبول الفرضـية الفرعيـة الخامسـة لفرضية الدراسة الاولى والتي تنص على "يوجد تأثير ذو دلالة إحصائية لدرجة تطبيق ركيزة إدارة المعرفة ونظم المعلومـات عـلى مسـتوى فاعليـة الأداء الـوظيفي في مـديريتي الأمن العام والدرك في الأردن".

سابعا: أثر درجة تطبيق ركيزة دعم الإدارة العليا على مجالات الأداء الوظيفي ككل.

يبين الجدول رقم (28-5) ابرز نتائج تحليل الانحدار لهذا الأثر.

جدول (28-5)

تحليل الانحدار لأثر درجة تطبيق ركيزة دعم الإدارة العليا على مجالات الأداء الوظيفي ككل

الدلالة t الإحصائية	قيمة t	قيمة B المعيارية	دلالة F الإحصائية	قيمة F	قيمة معامل التحديد المعدل Adj R^2	قيمة معامل التحديد R^2	قيمة معامل الارتباط R	المتغير المستقل
.000	21.487	0.346	0.000	317.49	0.509	0.663	0.823	ركيزة دعم الإدارة العليا

المتغير التابع: مجالات الأداء الوظيفي ككل

يتبين من الجدول رقم (28-5)، وجود علاقة ارتباط ايجابية عالية بين كل من درجة تطبيق ركيزة دعم الإدارة العليا وبين مستوى فاعلية الأداء الوظيفي. إذ بلغ معامل الارتباط بين المتغيرين (0.823) وهو بذلك يمثل علاقة ارتباط ايجابية عالية. ويعني ذلك انه كلما زادت درجة دعم الإدارة العليا لجهود إدارة الجودة الشاملة، كلما انعكس ذلك إيجابا على مستوى الأداء الوظيفي.

كما تشير النتائج الواردة في الجدول رقم (28-5) إلى أن قيمة معامل التحديد (R^2) قد بلغ (0.663)، وهذا يعني أن ما نسبته 66.3% من التغير في

مستوى فاعلية الأداء الوظيفي، يمكن تفسيره من خلال التغير في درجة دعم الإدارة العليا كإحدى ركائز إدارة الجودة الشاملة. وبالنظر إلى قيمة (ف) المحسوبة (F=317.49) عند مستوى الدلالة (0.000) نستطع القول بأن هنالك تأثير معنوي لدرجة تطبيق ركيزة دعم الإدارة العليا على مستوى فاعلية الأداء الوظيفي. كما ونلاحظ من قيمة B المعيارية أن هذا التأثير ايجابي (B=0.346). وهذه القيمة معنوية من الناحية الاحصائية حيث بلغت قيمة (ت) (t=21.487) عند مستوى الدلالة (0.000).

وفي ضوء هذه النتيجة نستطيع قبول الفرضية الفرعية السادسة لفرضية الدراسة الاولى والتي تنص على "يوجد تأثير ذو دلالة إحصائية لدرجة تطبيق ركيزة دعم الإدارة العليا على مستوى فاعلية الأداء الوظيفي في مديريتي الأمن العام والدرك في الأردن".

ثامنا: أثر درجة تطبيق ركيزة التركيز على المستفيد على مجالات الأداء الوظيفي ككل.

يبين الجدول رقم (5-29) ابرز نتائج تحليل الانحدار لهذا الأثر.

جدول (5-29)

تحليل الانحدار لأثر درجة تطبيق ركيزة التدريب على مجالات الأداء الوظيفي ككل

المتغير المستقل	قيمة معامل الارتباط R	قيمة معامل التحديد R^2	قيمة معامل التحديد المعدل Adj R^2	قيمة F	دلالة F الإحصائية	قيمة B المعيارية	قيمة t	الدلالة t الإحصائية
ركيزة التركيز على المستفيد	0.641	0.551	0.329	209.54	0.000	0.107	18.167	.000

المتغير التابع: مجالات الأداء الوظيفي ككل

يتبين من الجدول رقم (5-29)، وجود علاقة ارتباط ايجابية متوسطة بين كل من درجة تطبيق ركيزة التركيز على المستفيد وبين مستوى فاعلية الأداء الوظيفي. إذ بلغ معامل الارتباط بين المتغيرين (0.641) وهو بذلك يمثل علاقة ارتباط ايجابية متوسطة. ويعني ذلك انه كلما زادت درجة تطبيق ركيزة التركيز على الزبون كإحدى ركائز إدارة الجودة الشاملة، كلما انعكس ذلك إيجابا على مستوى الأداء الوظيفي.

كما تشير النتائج الواردة في الجدول رقم (5-29) إلى أن قيمة معامل التحديد (R^2) قد بلغ (0.551)، وهذا يعني أن ما نسبته 55.1% من التغير في مستوى فاعلية الأداء الوظيفي، يمكن تفسيره من خلال التغير في درجة تطبيق ركيزة التركيز على الزبون كإحدى ركائز إدارة الجودة الشاملة. وبالنظر إلى قيمة (ف) المحسوبة (F=209.54) عند مستوى الدلالة (0.000) نستطع القول بأن هنالك تأثير معنوي لدرجة تطبيق ركيزة التدريب على مستوى فاعلية الأداء الوظيفي. كما ونلاحظ من قيمة B المعيارية أن هذا التأثير ايجابي (B=0.107). وهذه القيمة معنوية من الناحية الاحصائية حيث بلغت قيمة (ت) (t=18.167) عند مستوى الدلالة (0.000).

وفي ضوء هذه النتيجة نستطيع قبول الفرضية الفرعية السابعة لفرضية الدراسة الاولى والتي تنص على "يوجد تأثير ذو دلالة إحصائية لدرجة تطبيق ركيزة التركيز على المستفيد على مستوى فاعلية الأداء الوظيفي في مديريتي الأمن العام والدرك في الأردن".

تاسعا: أثر درجة تطبيق ركيزة العمل الجماعي على مجالات الأداء الوظيفي ككل.

يبين الجدول رقم (5-30) ابرز نتائج تحليل الانحدار لهذا الأثر.

جدول (5-30)

تحليل الانحدار لأثر درجة تطبيق ركيزة العمل الجماعي على مجالات الأداء الوظيفي ككل

الدلالة t الإحصائية	قيمة t	قيمة B المعيارية	دلالة F الإحصائية	قيمة F	قيمة معامل التحديد المعدل Adj R^2	قيمة معامل التحديد R^2	قيمة معامل الارتباط R	المتغير المستقل
.000	25.268	0.289	0.000	341.78	0.510	0.633	0.853	ركيزة العمل الجماعي

المتغير التابع: مجالات الأداء الوظيفي ككل

يتبين من الجدول رقم (5-30)، وجود علاقة ارتباط ايجابية عالية بين كل من درجة تطبيق ركيزة العمل الجماعي وبين مستوى فاعلية الأداء الوظيفي. إذ بلغ معامل الارتباط بين المتغيرين (0.853) وهو بذلك يمثل علاقة ارتباط ايجابية عالية. ويعني ذلك انه كلما زادت درجة تطبيق ركيزة العمل الجماعي، كلما انعكس ذلك إيجابا على مستوى الأداء الوظيفي.

كما تشير النتائج الواردة في الجدول رقم (5-30) إلى أن قيمة معامل التحديد (R^2) قد بلغ (0.633)، وهذا يعني أن ما نسبته 63.3% من التغير في مستوى فاعلية الأداء الوظيفي، يمكن تفسيره من خلال التغير في درجة تطبيق

ركيزة العمل الجماعي كإحدى ركائز إدارة الجودة الشاملة. وبالنظر إلى قيمة (ف) المحسوبة (F=341.78) عند مستوى الدلالة (0.000) نستطع القول بأن هنالك تأثير معنوي لدرجة تطبيق ركيزة التدريب على مستوى فاعلية الأداء الوظيفي. كما ونلاحظ من قيمة B المعيارية أن هذا التأثير ايجابي (B=0.289). وهذه القيمة معنوية من الناحية الاحصائية حيث بلغت قيمة (ت) (t=25.268) عند مستوى الدلالة (0.000).

وفي ضوء هذه النتيجة نستطيع قبول الفرضية الفرعية الثامنة لفرضية الدراسة الاولى والتي تنص على "يوجد تأثير ذو دلالة إحصائية لدرجة تطبيق ركيزة العمل الجماعي على مستوى فاعلية الأداء الوظيفي في مديريتي الأمن العام والدرك في الأردن".

عاشرا: أثر درجة تطبيق ركيزة القيادة على مجالات الأداء الوظيفي ككل

ويقصد بالقيادة في هذا الإطار الممارسات والأنماط القيادية السائدة والتي ترتبط بشكل وثيق في تعزيز جهود الجودة. ويبين الجدول رقم (5-31) ابرز نتائج تحليل الانحدار لهذا الأثر.

جدول (5-31)

تحليل الانحدار لأثر درجة تطبيق ركيزة القيادة على مجالات الأداء الوظيفي ككل

المتغير المستقل	قيمة معامل الارتباط R	قيمة معامل التحديد R^2	قيمة معامل التحديد المعدل Adj R^2	قيمة F	دلالة F الإحصائية	قيمة B المعيارية	قيمة t	الدلالة t الإحصائية
ركيزة التدريب	0.731	0.534	0.671	339.11	0.000	0.227	19.554	.000

المتغير التابع: مجالات الأداء الوظيفي ككل

يتبين من الجدول رقم (5-31)، وجود علاقة ارتباط ايجابية عاليـة بـين كـل من درجة تطبيق ركيزة القيادة وبين مستوى فاعلية الأداء الوظيفي. إذ بلغ معامل الارتباط بين المتغيرين (0.731) وهو بذلك يمثل علاقة ارتباط ايجابية عالية. ويعني ذلك انه كلما زادت درجـة تطبيـق الأنماط والممارسـات القياديـة الداعمـة لجهـود الجودة الشاملة، كلما انعكس ذلك إيجابا على مستوى الأداء الوظيفي.

كـما تشـير النتـائج الـواردة في الجـدول رقـم (5-31) إلى أن قيمـة معامـل التحديد (R^2) قد بلـغ (0.534)، وهـذا يعنـي أن مـا نسبته 53.4% مـن التغير في مسـتوى فاعليـة الأداء الوظيفي، يمكن تفسيره مـن خلال التغـير في درجـة تطبيـق الأنماط والممارسات القيادية الداعمة لجهود الجودة الشاملة. وبـالنظر إلى قيمـة (ف) المحسـوبة (F=339.11) عنـد مسـتوى الدلالـة (0.000) نسـتطع القـول بـأن هنالـك تـأثير معنـوي لدرجـة تطبيـق ركيزة القيادة علـى مسـتوى فاعليـة الأداء الوظيفي. كما ونلاحظ من قيمة B المعيارية أن هـذا التـأثير ايجـابي (B=0.227). وهذه القيمة معنوية من الناحية الاحصائية حيث بلغت قيمـة (ت) (t=19.554) عند مستوى الدلالة (0.000).

وفي ضوء هذه النتيجة نستطيع قبـول الفرضية الفرعيـة التاسـعة لفرضية الدراسة الاولى والتي تنص على "يوجد تأثير ذو دلالة إحصائية لدرجة تطبيق ركيزة القيادة على مستوى فاعليـة الأداء الـوظيفي في مـديريتي الأمـن العـام والـدرك في الأردن".

وتتفق هذه النتيجة مع دراسة **الرشيدي** (2004)، والتي أشارت إلى وجود علاقة قوية بين طبيعة النمط القيادي المستخدم من قبل الإدارة العليا

ومستويات تطبيق معايير ومبادئ إدارة الجودة الشاملة. حيث أظهرت النتائج أن النمط القيادي التشاركي يسهم وبشكل فاعل في تطبيق هذه المعايير والمبادئ وبالتالي تحسين مجالات الأداء، في حين يشكل النمط القيادي التسلطي عائقا أمام جهود تطبيق وتفعيل معايير ومبادئ إدارة الجودة الشاملة، وبالتالي إعاقة الأداء.

السؤال الرابع: هل هنالك فروقات ذات دلالة إحصائية بين مديرية الأمن العام ومديرية الدرك في الأردن في درجة تطبيق ركائز إدارة الجودة الشاملة؟

ارتبط هذا السؤال بالفرضية الثانية للدراسة والتي تنص على "يوجد فروقات ذات دلالة إحصائية بين مديرية الأمن العام ومديرية الدرك في الأردن في درجة تطبيق ركائز إدارة الجودة الشاملة". وللإجابة على هذا السؤال واختبار هذه الفرضية، تم استخدام اختبار مان ويتني (Mann-Whiteny) للكشف عن الفروقات -إن وجدت- بين مديرية الأمن العام ومديرية الدرك في الأردن في درجة تطبيق ركائز إدارة الجودة الشاملة. ويعزى السبب في استخدام هذا الاختبار الغير معلمي (Non-Parametric Test) كبديل لاختبار (t-test) المعلمي كون حجم عينتي الدراسة (الامن العام والدرك) غير متقارب نسبيا. ويبين الجدول رقم (5-32) ابرز نتائج اختبار مان ويتني (Mann-Whiteny).

جدول رقم (5-32)

نتائج اختبار مان ويتني (Mann-Whiteny) للفروقات بين كل من مديرية الأمن العام والدرك في درجة تطبيق ركائز إدارة الجودة الشاملة (حجم العينة=507)

ركائز إدارة الجودة الشاملة	متوسطات الرتب		قيمة Mann-Whiteny test U درجة الحرية =1	مستوى الدلالة P
	مديرية الامن العام ن=349	مديرية الدرك ن=158		
التدريب	49.38	49.89	2685.500	0.630
التمكين	49.51	48.96	2552.500	0.532
التحسين المستمر	46.91	45.92	2542.500	0.501
التخطيط الاستراتيجي	43.22	43.10	2865.500	0.739
إدارة المعرفة ونظم المعلومات	49.38	49.89	2685.500	0.630
دعم الإدارة العليا	49.51	48.96	2552.500	0.532
التركيز على المستفيد	46.91	45.92	2542.500	0.501
العمل الجماعي	43.22	43.10	2865.500	0.739
القيادة	49.38	49.89	2685.500	0.630
الركائز ككل	49.51	48.96	2552.500	0.532

يشير الجدول رقم (5-32) إلى عدم وجود فروقات ذات دلالة إحصائية عند مستوى الدلالة ($\alpha \leq 0.05$) بين مديرية الأمن العام ومديرية الدرك في درجة تطبيق ركائز إدارة الجودة الشاملة. حيث أن جميع مستويات الدلالة الإحصائية الواردة في الجدول رقم (5-32) كانت اكبر من (5%).

وفي ضوء هذه النتيجة نستطيع رفض فرضية الدراسة الثانية والتي تنص على "يوجد فروقات ذات دلالة إحصائية بين مديرية الأمن العام ومديرية الدرك في الأردن في درجة تطبيق ركائز إدارة الجودة الشاملة". حيث أظهرت النتائج عدم وجود مثل هذه الفروقات.

السؤال الخامس: هل هنالك فروقات ذات دلالة إحصائية بين مديرية الأمن العام ومديرية الدرك في الأردن في مستوى فاعلية الأداء الوظيفي؟

ارتبط هذا السؤال بالفرضية الثالثة للدراسة والتي تنص على "يوجد فروقات ذات دلالة إحصائية بين مديرية الأمن العام ومديرية الدرك في الأردن في مستوى فاعلية الأداء الوظيفي". وللإجابة على هذا السؤال واختبار هذه الفرضية، تم استخدام اختبار مان ويتني (Mann-Whiteny) للكشف عن الفروقات -إن وجدت- بين مديرية الأمن العام ومديرية الدرك في الأردن في مستوى فاعلية الأداء الوظيفي.

ويبين الجدول رقم (5-33) ابرز نتائج اختبار مان ويتني (Mann-Whiteny). ويشير هذا الجدول إلى عدم وجود فروقات ذات دلالة إحصائية عند مستوى الدلالة ($\alpha \leq 0.05$) بين مديرية الأمن العام ومديرية الدرك في مستوى فاعلية أدائها الوظيفي. حيث أن جميع مستويات الدلالة الإحصائية الواردة في الجدول رقم (5-33) كانت اكبر من (5%).

جدول رقم (5-33)

نتائج اختبار مان ويتني (Mann-Whiteny) للفروقات بين كل من مديرية الأمن العام والدرك في مستوى فاعلية الأداء الوظيفي (حجم العينة=507)

مجالات الأداء الوظيفي	متوسطات الرتب		قيمة Mann-Whiteny test U درجة الحرية =1	مستوى الدلالة P
	مديرية الأمن العام ن=349	مديرية الدرك ن=158		
المعرفة بالعمل	61.11	60.76	2975.500	0.725
جودة العمل	42.56	42.91	2655.500	0.453
الإنتاجية	59.44	59.67	2667.500	0.699
تخطيط وتنظيم العمل	51.56	50.34	2533.500	0.665
علاقات العمل	45.15	45.88	2545.500	0.611
توقيت العمل	45.99	46.13	2722.500	0.709
المبادرة والحضور	57.33	55.98	2565.500	0.650
صنع القرار	44.66	43.34	2477.500	0.553
التفاعل مع المجتمع المحلي	56.18	55.99	2632.500	0.601
سلوك المواطنة التنظيمية	43.12	43.19	2882.500	0.744
المجالات ككل	59.01	58.84	2588.500	0.628

وفي ضوء هذه النتيجة نستطيع رفض فرضية الدراسة الثالثة للدراسة والتي تنص على "يوجد فروقات ذات دلالة إحصائية بين مديرية الأمن العام ومديرية الدرك في الأردن في مستوى فاعلية الأداء الوظيفي". حيث أظهرت النتائج عدم وجود مثل هذه الفروقات.

السؤال السادس: هل هنالك فروقات ذات دلالة إحصائية في درجة تطبيق ركائز إدارة الجودة الشاملة في مديرية الأمن العام ومديرية الدرك في الأردن تعزى لمتغير المؤهل العلمي وعدد سنوات الخبرة؟

ارتبط هذا السؤال بالفرضية الرابعة للدراسة والتي تنص على "يوجد فروقات ذات دلالة إحصائية في درجة تطبيق ركائز إدارة الجودة الشاملة في مديرية الأمن العام ومديرية الدرك في الأردن تعزى لمتغير المؤهل العلمي وعدد سنوات الخبرة". وبهدف اختبار هذا التأثير فقد تم استخدام اختبار كروسكال والس (Kruskal-Wallis Test). ويعزى السبب في استخدام هذا الاختبار كبديل لاختبار (One Way ANOVA) بسبب عدم تساوي تباين المجموعتين المستقلتين (الامن العام والدرك). ويبين الجدول رقم (5-34) أبرز نتائج هذا الاختبار والمتعلقة بأثر المؤهل العلمي. أما الجدول رقم (5-35) فيبن النتائج ذات العلاقة بأثر عدد سنوات الخبرة.

جدول رقم (5-34)

نتائج اختبار كرسكال والس (Kruskal-Wallis) لأثر المؤهل العلمي على درجة تطبيق ركائز إدارة الجودة الشاملة في مديرية الأمن العام والدرك

(حجم العينة=507)

المتغير	الفئات	ركائز إدارة الجودة الشاملة	
		متوسط الرتب	التكرار
المستوى التعليمي	توجيهي فأقل	33.21	78
	بكالوريوس	67.88	349
	ماجستير فأعلى	91.24	80
مربع كاي		*18.482	
مستوى الدلالة (P)		0.0012	

***دالة عند مستوى ($0.01 \geq \alpha$)**

يشير الجدول رقم (5-34) إلى وجود فروقات ذات دلالة إحصائية في اتجاهات أفراد عينة الدراسة نحو درجة تطبيق ركائز إدارة الجودة الشاملة في مديريتي الأمن العام والدرك في الأردن تعزى لمتغير المؤهل العلمي. حيث كان مستوى الدلالة لهذه الفروقات أقل من (0.05) (P=0.0012). وباعتماد متوسطات الرتب التي يبينها اختبار كروسكال والس، نجد أن هذه الفروقات كانت لصالح الأفراد من حملة درجة ماجستير فأعلى.

جدول رقم (5-35)

نتائج اختبار كرسكال والس (Kruskal-Wallis) لأثر عدد سنوات الخبرة على درجة تطبيق ركائز إدارة الجودة الشاملة في مديرية الأمن العام والدرك (حجم العينة=507)

ركائز إدارة الجودة الشاملة		الفئات	المتغير
التكرار	متوسط الرتب		
33	32.11	اقل من 5 سنوات	عدد سنوات الخبرة
70	53.66	5-10 سنوات	
404	89.94	أكثر من 10 سنوات	
20.333*		مربع كاي	
0.001		مستوى الدلالة (P)	

*دالة عند مستوى (0.05 ≤ α)

يشير الجدول رقم (5-35) إلى وجود فروقات ذات دلالة إحصائية في اتجاهات أفراد عينة الدراسة نحو درجة تطبيق ركائز إدارة الجودة الشاملة في مديريتي الأمن العام والدرك في الأردن تعزى لمتغير عدد سنوات الخبرة. حيث كان مستوى الدلالة لهذا التأثير أقل من (0.05) (P=0.001). وباعتماد متوسطات الرتب التي يبينها اختبار كروسكال والس، نجد أن هذه الفروقات كانت لصالح الأفراد من ذوي الخبرة العالية والتي تزيد عن (10) سنوات.

وفي ضوء النتائج الواردة في جدول رقم (5-34) والجدول رقم (5-35) يمكننا قبول فرضة الدراسة الرابعة والتي تنص على "يوجد فروقات ذات دلالة إحصائية في درجة تطبيق ركائز إدارة الجودة الشاملة في مديرية

الأمن العام ومديرية الدرك في الأردن تعزى لمتغير المؤهل العلمي وعدد سنوات الخبرة". وتتفق هذه النتيجة دراسة **المناصير** (1994) والتي كشفت عن وجود تأثير دال إحصائيا للمؤهل العلمي على اتجاهات العاملين نحو مبادئ ومرتكزات إدارة الجودة الشاملة. كما وتتفق مع نتيجة دراسة **اللوزي** (2003) والتي بينت أن هناك فروقات ذات دلالة إحصائية نحو مستوى تطبيق ركائز إدارة الجودة الشاملة تعزى للمؤهل العلمي وعدد سنوات الخبرة.

الفصل السادس
مناقشة النتائج والتوصيات

الفصل السادس
مناقشة النتائج والتوصيات

لقد تناول الفصل الخامس عرض وتحليل نتائج الدراسة في ضوء اسئلتها وفرضياتها. أما الفصل الحالي فيهدف إلى تقديم إيجاز لأهم النتائج التي توصلت إليها هذه الدراسة ومناقشتها، كما ويهدف إلى عرض لأهم التوصيات التي ارتأها الباحث في ضوء هذه النتائج.

1-6 ملخص لأهم النتائج ومناقشتها

1- إن الأفراد المشمولين في هذه الدراسة وبنسبة (96.6%) هم من الذكور، وان (68.8%) منهم ينتمون إلى مديرية الأمن العام، وأنهم ذوو تأهيل علمي عال؛ إذ أن حوالي (85%) منهم يحملون درجة البكالوريوس فأعلى، كما أن (79.7%) من أفراد عينة الدراسة يمتلكون خبرة تزيد عن 10 سنوات.

وتدل هذه النتائج على تدني مستوى مشاركة المرأة الأردنية وانخراطها في جهازي الأمن العام والدرك. يتضح لنا من النتائج ذات العلاقة بالمؤهل العلمي لأفراد عينة الدراسة مدى اهتمام مديريتي الأمن العام والدرك باستقطاب ذوي المؤهلات العلمية ضمن المستويات الإدارية المختلفة. كما وتشير هذه النتيجة إلى امتلاك مديريتي الأمن العام والدرك أفراد تمتعون بدرجة عالية من الوعي والثقافة والقدرة على تبني برامج التغيير والتطوير وانتهاج الأساليب الإدارية الحديثة. وتدل النتائج المتعلقة بعدد سنوات الخبرة على وجود كوادر بشرية ذات خبرة ودراية كافية بالعمل في مديريتي الأمن العام والدرك والتي يمكن أن تساعد في تبني وتطبيق المفاهيم الإدارية الحديثة وتجسيدها ممارسة ومنها إدارة الجودة الشاملة.

2- إن جميع ركائز إدارة الجودة الشاملة تمارس بدرجة عالية في مديريتي الامن العام والدرك في الاردن. وقد كان ترتيب هذه الركائز تنازليا على النحو التالي: العمل الجماعي، التخطيط الاستراتيجي، القيادة، التدريب، إدارة المعرفة ونظم المعلومات، دعم الإدارة العليا، التركيز على المستفيد، التحسين المستمر، واخيرا التمكين.

وتشير هذه النتائج إلى أن درجة تطبيق كل ركيزة من الركائز التسعة كانت عالية نسبيا. وهذا إشارة واضحة إلى درجة وعي واهتمام إدارات كل من مديريتي الأمن العام والدرك للدور المحوري لهذه الركائز. وفي ضوء النتائج السابقة يمكننا أن نستنتج بأن تطبيق ركائز إدارة الجودة الشاملة في كل من مديريتي الأمن العام والدرك ينحى نحو التركيز على الجودة بمعناها الواسع، بالاعتماد على العمل الجماعي من خلال فرق العمل، وبما يجسد التحول من الأسلوب التقليدي للإدارة إلى أسلوب المشاركة الفعالة من قبل الجميع. كما وتقوم فلسفة إدارة الجودة الشاملة في كلتا المديريتين على تكوين الرؤية الواضحة والمشتركة لجميع العاملين والإدارة العليا والتي تمثل توجه محدد لكليهما بشكل يضمن التخطيط والتنظيم والتنسيق والتكامل للجهود الفردية والجماعية لمختلف الأنشطة التي تقوم بهما. كما ينال تدريب العاملين لإكسابهم المهارات والقدرات اللازمة لتطوير وتحسين جودة أدائهم في العمل باهتمام كافي من قبل الإدارات في كلتا المديريتين. كما أن هنالك اهتمام بجوانب إدارة المعرفة ونظم المعلومات للاعتماد عليهما في عملية اتخاذ القرارات، والتوثيق الدائم للأحداث التي تتم في بيئة المديرة الداخلية والخارجية، و العمل على تحليلها لضمان التطوير والتحسين المستمر للأنشطة ذات العلاقة. كما وتعمد الإدارة العليا في هاتين المديريتين نحو خلق

ثقافة تنظيمية تتمحور أفاقها في تطوير الأنظمة والإجراءات التي تدعم الجودة وتحسين الخدمات بما يلبي رغبات وحاجات الأفراد المستفيدين من الخدمات المقدمة، ومعتمدة على خلق تكامل الجهود البشرية والموارد المادية المتاحة بما يحقق الهدف الأساسي لها من خلال منح السلطات اللازمة في إطار التخصصات الوظيفية. وعليه تشير النتائج السابقة إلى إمكانية تطبيق ركائز إدارة الجودة الشاملة في مدرتي الأمن العام والدرك في الأردن وبصورية مرضية تماما.

3- أن مستوى فاعلية الأداء الوظيفي للمسؤولين الإداريين في مديريتي الأمن العام والدرك عينة الدراسة من وجهة نظر المشرفين عليهم كان مرتفعا نسبيا. بحيث كانت أفضل مجالات الأداء الوظيفي في سلوك المواطنة التنظيمية، وأدناها في مجال المبادرة والحضور، حيث كان مستوى هذا المجال متوسطا نسبيا. وقد تعزى هذه النتيجة إلى أن الممارسات ذات العلاقة بالقدرة على المبادرة في انجاز المهام الموكلة للفرد العامل، وكذلك قدرته على المبادأة في طرح وتقديم الأفكار الجديدة، كانتا في مستوى متوسط من مستويات فاعلية الأداء. ويمكن اعزاء ذلك إلى احتلال ركيزة التمكين المرتبة الأخيرة من بين ركائز إدارة الجودة الشاملة، حيث أن هذه الممارسات تتطلب تحرير المسؤولين الإداريين من الضبط المحدد عن طريق التعليمات ليتسنى لهم العمل على المبادرة في انجاز المهام وكذلك تقديم وطرح الأفكار الجديدة.

5- وجود علاقة ارتباط ايجابية وعالية بين كل من درجة تطبيق ركائز إدارة الجودة الشاملة مجتمعة وبين مستوى فاعلية الأداء الوظيفي. وتعكس هذه النتيجة الدور الواضح والهام لادارة الجودة الشاملة في تحسين مستويات

ومعـدلات الاداء الـوظيفي، والـذي بـدوره -كـما اشـارات العديـد مـن الدراسـات السابقة- سينعكس ايجابا على الاداء المؤسسي ككل.

6- وجود علاقة ارتباط ايجابيـة بـين كـل مـن درجـة تطبيـق ركـائز إدارة الجـودة الشاملة منفردة وبين مستوى فاعلية الأداء الوظيفي. حيـث كانـت أقواهـا ارتباطـا مع الأداء الوظيفي في ركيزتي العمل الجماعي، ودعم الإدارة العليا. وأدناها ارتباطا في ركيزتي إدارة المعرفة ونظم المعلومات والتمكين.

7- ومن خلال قيم معامل التحديد (R^2)، كان من أفضل الركائز التي فسرت التباين في مسـتوى فاعليـة الأداء الـوظيفي ركيـزة القيـادة كإحـدى ركـائز إدارة الجـودة الشاملة. في حين كانـت ركيـزة إدارة المعرفـة ونظـم المعلومـات مـن اقلها تفسيرا للتباين في مستوى فاعلية الأداء الوظيفي.

8- عـدم وجود فروقـات ذات دلالة إحصائية عنـد مسـتوى الدلالـة ($\alpha \geq 0.05$) بـين مديرية الأمن العام ومديرية الدرك في درجـة تطبيـق ركـائز إدارة الجـودة الشـاملة. وكذلك عدم وجود فروقـات ذات دلالة إحصائية عنـد مسـتوى الدلالـة ($\alpha \geq 0.05$) بـين مديرية الأمن العام ومديرية الدرك في مستوى فاعليـة أدائها الـوظيفي. ولاغـرو من هذه النتائج إذ أن مديرية الدرك ما كانت إلا جـزء تنظيميا مـن مديريـة الأمـن العام.

9- وجود فروقات ذو دلالة إحصائية عند مستوى الدلالة ($\alpha \geq 0.05$) في اتجاهات أفراد عينة الدراسة نحو درجـة تطبيـق ركـائز إدارة الجـودة الشـاملة في مـديريتي الأمن العام والدرك في الأردن تعزى لمتغير المؤهـل العلمـي ولصالح حملة درجـة الماجستير فأعلى. وقد يعزى ذلك إلى أن الأفراد ذوي المؤهل العلمـي العـالي أكثـر إدراكا لمفهوم إدارة الجودة الشاملة وركائزها، وأهميتها في واقع بيئة العمل.

10- وجـود فروقـات ذو دلالـة إحصائية عنـد مسـتوى الدلالـة ($\alpha \geq 0.05$) في اتجاهات أفراد عينة الدراسة نحو درجـة تطبيـق ركائز إدارة الجودة الشاملة في مديريتي الأمن العام والدرك في الأردن تعزى لمتغير عـدد سـنوات الخبرة ولصالح الأفراد الذين يمتلكون سنوات خبرة تزيد عن (10) سنوات. وقد يعـزى ذلك إلى أن الأفراد ذوي العالية يمتلكون ممارسات أكثر وتجارب اعم من ذوي الخبرات المتدنية في ميدان الممارسات الإدارية، وبالتالي هـم الأكـثر قـدرة عـلى المفاضلة بـين النهج التقليدي في الإدارة والنهج الحديث ممثلا بـإدارة الجودة الشاملة موضوع هـذه الدراسة.

وعليه وفي ضوء النتائج فإن إدارة الجودة الشاملة تمثل أحد أبرز الفلسفات والتقنيات الإدارية الحديثة التي تتطلب أساليب إدارية وجهود ابتكارية مستمرة لا تنتهي ومهارات فنية متخصصة، والتزاما عميقا وجهدا مستمر من جانب الإدارة العليا والعاملين في كافة المستويات التنظيمية فرق العمل لأحداث تغييرات جذرية في أسلوب عمل المؤسسة وفلسفتها وأهدافها بهدف إجراء التحسينات المستمرة الشاملة على المدى الطويل لكافة الأنشطة فيها بما يتفق مع المواصفات المحددة، وبما يحقق الكفـاءة والفاعليـة في استخدام المـوارد الماديـة والبشريـة المتاحـة للمؤسسة، ويقودها إلى التميز من خلال تحقيق رضا العاملين وتلبية احتياجـات و رغبات العملاء أو ما يفـوق توقعـاتهم في ظل بيئـة تنافسية قويـة دون حـدوث مشكلات أو ازدواجية في العمل أو وجود جهود ضائعة.

كما ويرتكز مدخل ادارة الجودة الشاملة عـلى النهج الإسـتراتيجي القـائم على الرؤية الواضحة، والاسـتجابة لمتغيرات البيئـة الداخليـة والخارجيـة، ومظاهـر التكامل والترابط ما بين الإدارات الوظيفية كافة من جانب،

والاهتمام بحاجات وتوقعات العميل من جهة اخرى بشكل يجسد فلسفة التحسين المستمر للانشطة والعمليات والهياكل التنظيمية ذات العلاقة. حيث ابرزت معظم الدراسات السابقة ذات العلاقة الدور المحوري لركائز ادارة الجودة الشاملة في تحسين مجالات الاداء الوظيفي. حيث تعد الجودة مدخلا لاستمرارية التطوير في القدرات والمهارات والمعارف ذات العلاقة بالعمل من حيث الفاعلية في الأداء والكفاءة في الإنجاز، والمرونة في كافة إجراءات العمل على مستوى المؤسسة ككل.

كما وتتسم الاجهزة الامنية عن غيرها في اطار العمل الاداري بخصوصية نظرا لطبيعة تنظيمها العسكري ونوعية جماهيرها، وبالتالي فان هنالك امكانية من مواجهة بعض العقبات والمعوقات في مجال تطبيق مدخل ادارة الجودة الشاملة، إلا أن مبررات الالتزام بمنهج شمولية الجودة يفوق صعوبات ومعوقات تطبيقها، وأن هذه الاجهزة أشد ما تكون حاجة لأساليب الإدارة الحديثة ومنها ادارة الجودة الشاملة لإدارة العمل الأمني.

وفي ضوء نتائج هذه الدراسة فإن معظم مديري ورؤساء مديريات وأقسام الامن العام والدرك هم ذوو تأهيل علمي جيد ويمتلكون خبرات إدارية لا بأس بها. وهذا يدل على توفر الإمكانات والقدرات والمهارات العلمية في هذه المديريات، وهذا بدوره يمكن هذه المديريات من تبني المفاهيم والتقنيات الإدارية والتكنولوجية الحديثة والمعاصرة ذات العلاقة بتفعيل الدور المحوري لركائز ادارة الجودة الشاملة في تحسين مجالات الاداء الوظيفي.

كما ان نتائج المحور الرئيسي لهذه الدراسة والمتعلقة بدرجة تطبيق ركائز ادارة الجودة الشاملة في مديريتي الأمن العام والدرك والتي جاءت بدرجة عالية نسبيا، تعكس مدى توفر البنى والركائز اللازمة والضرورية لتجسيد

مدخل ادارة الجودة الشاملة وبالتالي امكانية تعميم ممارساتها على مستوى مؤسسات القطاع العام اجمالا. وذلك عكس الطرح المتداول والذي يعتبر هذا المدخل حكرا على منظمات القطاع الخاص.

كما ودللت النتائج المتعلقة بالأثر الايجابي لتطبيق مدخل ادارة الجودة الشاملة والمتمثل بركائزه التسعة على مستوى فاعلية الاداء الوظيفي للأفراد العاملين نحو فوائد هذا المدخل واهميته في تحسين وتطوير الاداء الفردي والذي يمثل احد اركان والدعائم الرئيسية للاداء الجماعي وبالتالي الاداء المؤسسي ككل.

واما فيما يتعلق بتأثير العوامل الديمغرافية والوظيفية مثل المؤهل العلمي وعدد سنوات الخبرة على درجة تطبيق ركائز ادارة الجودة الشاملة، فإن ذلك يعزز الفكرة القائلة بان للمؤهل العلمي والخبرة دور واهمية في استيعاب المفاهيم والممارسات ذات العلاقة بقضايا الجودة.

2-6 التوصيات

في ضوء نتائج هذه الدراسة، فقد تم اقتراح عدد من التوصيات، والتي إذا ما تم أخذها بعين الاعتبار، من قبل مديريتي الأمن العام والدرك، فإنه من المعتقد أن تنعكس إيجابيا على تحسين ركائز إدارة الجودة الشاملة وتطبيقاتها وبالتالي على تحسين مستوى فاعلية الأداء الوظيفي. وهذه التوصيات هي:

1- ضرورة قيام مديريتي الأمن العام والدرك بتوفير دورات تدريبية وبشكل مستمر للمسؤولين الإداريين العاملين فيها حول مفهوم إدارة الجودة الشاملة وركائزها وكيفية تبني هذه الركائز وممارستها على مستوى العمل، واتخاذ كافة التدابير الضرورية والقيام بالممارسات العملية اللازمة لنشر وتعميم ثقافة

الجودة في مختلف المستويات الإدارية؛ لما لذلك من أثر في تحسين مستوى فاعلية الأداء الوظيفي فيها.

2- ضرورة أن تقوم مديريتي الأمن العام والدرك بتعزيز ركيزة تمكين الموظفين من خلال تحرير المسؤولين الإداريين من الضبط المحدد عن طريق التعليمات فيها، وذلك من خلال إجراء تعديلات على سياسات العمل المتبعة بحيث تتسم بالمرونة ما أمكن وذلك في ضوء أي تغييرات طارئة.

3- ضرورة قيام مديريتي الأمن العام والدرك بتبني المزيد من الأدوات والأساليب الإحصائية للرقابة على جودة الخدمات المقدمة والعمل على تطويرها. وكذلك تفعيل استخدام أسلوب العصف الذهني في اختيار العمليات المراد تحسينها بشكل أكثر ملائمة.

4- يجب على مديريتي الأمن العام والدرك الأخذ بمزيد من الاهتمام بوجهات نظر واحتياجات المستفيدين من الخدمات المقدمة من المديرية في تصميم هذه الخدمات.

5- يجب على القيادة في مديريتي الأمن العام والدرك الاهتمام بشكل كبيرعلى مكافأة الإسهامات التي يقدمها الأفراد العاملين في مجال تحسين ودعم جهود الجودة، لما لذلك من دور في تعزيز عملية التحسين المستمر.

6- ضرورة قيام الإدارة في مديريتي الأمن العام والدرك بتعريف الأفراد العاملين لديها بالأهداف والتطلعات التي تطمح كلتا المديريتين إلى تحقيقهما على المدى البعيد وبشكل مستمر، لما لذلك من دور محوري في تجسيد الممارسات المتعلقة بإدارة الجودة وتطلعاتها.

7- ضرورة أن تعمل مديريتي الأمن العام والدرك على تدريب الأفراد العاملين لديها على كيفية إدارة واستخدام الوقت بشكل كفؤ في انجاز المهام

الموكلة إليهم، وكذلك تطوير مهارات القدرة على حل المشكلات والمعيقات التي تعترض أدائه للمهام، إضافة إلى القدرة على المبادرة في انجاز المهام الموكلة إليهم، والمبادأة في طرح وتقديم الأفكار الجديدة، حيث ان هذه المجالات توفر اطار حيويا وداعما للممارسات المتعلقة بادارة الجودة الشاملة.

8- ضرورة أن تهتم مديريتي الأمن العام والدرك وبشكل اكبر نحو استدعاء إفراد المجتمع المحلي للمشاركة في الخطط الأمنية، لما لذلك من إثراء عمل الأجهزة التابعة لها.

9- من الضروري على مديريتي الامن العام والدرك في الاردن ان تقوم بمزيد من التحري والتقصي حول مدى وجود معوقات تحول دون التطبيق المنهجي لمدخل ادارة الجودة الشاملة.

10- إجراء المزيد من الدراسات المستقبلية على قطاعات وأجهزة حكومية أخرى، للتعرف على طبيعة الممارسات ذات العلاقة بركائز إدارة الجودة الشاملة وأهميتها في تحسين وتطوير أداء الأفراد العاملين وكذلك ابرز المعوقات التي تحول دون تبنيها في بعض مؤسسات القطاع العام.

قائمة المصادر والمراجع

ا- المصادر والمراجع باللغة العربية

1- الفيروز أبادي، مجد الدين محمد بن يعقوب، 1987، القاموس المحيط، الطبعة الثانية، مؤسسة الرسالة، بيروت.

2- أبو فارة، يوسف، (2006)، "واقع تطبيقات إدارة الجودة الشاملة في الجامعات الفلسطينية"، **المجلة الأردنية في إدارة الأعمال**، العدد (2)، ص 246–281.

3- أبو ليلى، حسن محمد، (1998)، "إدارة الجودة الشاملة: دراسة ميدانية لاتجاهات أصحاب الوظائف الإشرافية نحو مستوى تطبيق ومعوقات إدارة الجودة الشاملة في الاتصالات الأردنية"، رسالة ماجستير غير منشورة، جامعة اليرموك، قسم إدارة العامة، إربد، الأردن.

4- أبو نبعة، عبد العزيز، ومسعد، فوزية، (1998)، "إدارة الجودة الشاملة :المفاهيم والتطبيقات"، **الإداري**، المجلد 20، العدد 74، ص ص 69–93.

5- آل الشيخ، عبدالمجيد بن الحسن، (2004)، "إدارة الجودة الشاملة وإمكانية تطبيقها في إدارة جوازات منطقة الرياض من وجهة نظر الضباط العاملين فيها"، رسالة ماجستير غير منشورة، **جامعة نايف العربية للعلوم الأمنية**، قسم العلوم الإدارية، الرياض-السعودية.

6- بارون، خضر عباس (1999). "دراسة الفروق بين الجنسين في الضغوط الناجمة عن أدوار العمل". **المجلة التربوية**، المجلد 13، العدد 52، ص76، جامعة الكويت: الكويت.

7- البدر، إبراهيم بن حمد، (2006)، "المناخ التنظيمي وعلاقته بضغوط العمل: دراسة ميدانية على ضباط مديرية الدفاع المدني بمنطقة الرياض"، رسالة

ماجستير غير منشورة، **جامعة نايف العربية للعلوم الأمنية**، قسم العلوم الإدارية، الرياض-السعودية.

8- بوشناف، عمار، (2002) .الميزة التنافسية في المؤسسة الاقتصادية -مصادرها -تنميتها-وتطويرها-رسالة ماجستير .جامعة .الجزائر.

9- جابلونسكي، جوزيف، (1993)، "تطبيق إدارة الجودة الكلية"، **خلاصات**، مجلد 1، العدد6، ص ص 4-20.

10- الجرادين، نجاح خليل، (2004)، "الأداء الوظيفي لمديري المدارس الثانوية العامة في الأردن وعلاقته بمستوى التوتر واستخدام مهارات التعامل لديهم" ، أطروحة دكتوراه غير منشورة، جامعة عمان العربية للدراسات العليا، عمان، الأردن.

11- جودة، محفوظ أحمد، (2006)، "**إدارة الجودة الشاملة: مفاهيم وتطبيقات**"، دار وائل، الطبعة الثانية، عمان-الأردن.

12- جودة، يسري السيد يوسف، (2002)، مبادئ إدارة الجودة الشاملة مدخل لتحسين جودة أداء الخدمات الصحية دراسة تطبيقية على بعض المستشفيات الحكومية بمديرية الشؤون الصحية بمحافظة الشرقية، **مجلة البحوث التجاري**، العدد 1، المجلد24، القاهرة-مصر.

13- الحسبان، عيسى عويس، (1999)، "أثر تطبيق إدارة الجودة الشاملة على المناخ التنظيمي: دراسة حالة مستشفى الحسين / السلط"، رسالة ماجستير غير منشورة، جامعة آل البيت، قسم إدارة الأعمال، المفرق، الأردن.

14- حسن، راوية، (2001)، إدارة الموارد البشرية، رؤية مستقبلية، الطبعة الأولى، الدار الجامعية، القاهرة- مصر.

15- حمود، خضير كاظم، (2002)، إدارة الجودة و خدمة العملاء، الطبعة الأولى، دار المسيرة للنشر والتوزيع والطباعة-الأردن.

16- حمود، خضير كاظم، (2007)، "إدارة الجودة وخدمة العملاء"، عمان، دار المسيرة، الطبعة الثانية.

17- حمود، خضير كاظم، (2005)، إدارة الجودة الشاملة، الطبعة الأولى، دار المسيرة للنشر والتوزيع، الاردن.

18- الخزامي، عبد الحكيم، (1999)، تكنولوجيا الأداء من التقييم إلى التحسين: تقييم الأداء، الجزء الأول، مكتبة ابن سينا، القاهرة-مصر.

19- الخطيب، محمد، (1993)، "خطة عمل لتطبيق إدارة الجودة الشاملة- المفاهيم، الأدوات، المحاذير"، المؤتمر السادس للتدريب والتنمية الإدارية، القاهرة-مصر.

20- الخلف، عبدالله موسى، (1997)، ثالوت التميز: تحسين الجودة وتخفيض التكلفة وزيادة الإنتاجية، معهد الإدارة العامة، مجلد 37، العدد الأول، الرياض.

21- الدرادكة، مأمون سليمان، (2006)، إدارة الجودة الشاملة وخدمة العملاء، الطبعة الأولى، دار صفاء للنشر والتوزيع، عمان-الأردن.

22- الدرادكة، مأمون، والشلبي، طارق، (2002)، الجودة في المنظمات الحديثة، دار الصفاء للنشر.عمان-الأردن.

23- درباس، احمد سعيد (1994)،"إدارة الجودة الكلية: مفهومها وتطبيقاتها التربوية وإمكانية الإفادة منها في القطاع التعليمي السعودي"، رسالة الخليج العربي، المجلد 14، العدد 50.

24- درة، عبد الباري، (1993)، دور التطوير التنظيمي في إدارة الجودة الشاملة، بحث مقدم في المؤتمر السادس للتدريب والتنمية الإدارية، المركز العرب للتطوير الإداري، القاهرة-مصر.

25- الدوسري، جاسم بن فيحان، (2004)، "الثقافة التنظيمية في المنظمات الأمنية ودورها في تطبيق الجودة الشاملة"، رسالة دكتوراه غير منشورة، **جامعة نايف العربية للعلوم الأمنية**، قسم العلوم الإدارية، الرياض-السعودية.

26- الذنيبات، محمد محمود، (1999)، "المناخ التنظيمي وأثره على أداء العاملين في أجهزة الرقابة المالية والإدارية في الأردن"، **دراسات العلوم الإدارية**، الجامعة الأردنية، الأردن، المجلد 26، العدد1، ص ص 32-51.

27- الردايدة، ليث، (2008)، قياس مدى تطبيق إدارة الجودة في القطاع الصناعي، رسالة ماجستير غير منشورة، جامعة اليرموك-الأردن.

28- الرشيدي، سالم سعود، (2004)، اثر الأنماط القيادية على تطبيق إدارة الجودة الشاملة في القطاع الحكومي بالمملكة العربية السعودية، رسالة ماجستير غير منشورة-الجامعة الأردنية،الأردن.

29- رمضان، معاوية، (2005)، تقييم الأداء من وجهة نظر موظفي القطاع البنكي في المملكة العربية السعودية، رسالة ماجستير غير منشورة، جامعة اليرموك، الأردن.

30- الزغول، باسم محمد حسن، (2001)، "العلاقة بين خصائص الهيكلة والأداء في الجهاز الحكومي الأردني"، رسالة ماجستير غير منشورة، جامعة مؤتة، الكرك-الأردن.

31- زين الدين، فريد، (1996)، "المنهج العلمي لتطبيق إدارة الجودة الشاملة في المؤسسات العربية"، منشورات جامعة الزقازيق، القاهرة.

32- السالم، مؤيد، والعلاونة، عمار، (2006)، "تطبيقات إدارة الجودة الشاملة في الشركات الأردنية لصناعة البرمجيات"، **المجلة الأردنية في إدارة الأعمال**، المجلد 2، العدد 1، ص ص: 1-17.

33- السالم، مؤيد، وصالح، عادل، (2006)، إدارة الموارد البشرية: مدخل إستراتيجي، عالم الكتب الحديث للنشر والتوزيع، اربد- الأردن.

34- السالم، مؤيد، وصالح، عادل، (2002)، إدارة الموارد البشرية: مدخل إستراتيجي، الطبعة الأولى، عالم الكتب الحديث للنشر والتوزيع، اربد- الأردن.

35- السلمي، علي، (2001)، السياسات الإدارية المعاصرة، دار غريب للنشر- القاهرة.

36- الشرقاوي، مريم، (2003)، إدارة المدرسة بالجودة الشاملة، الطبعة الثانية، مكتبة النهضة المصرية، القاهرة-مصر.

37- الصباغ، زهير، ودرة، عبد الباري، (1986)، إدارة القوى البشرية: منحى نظمي، الطبعة الأولى، دار الندوة للنشر والتوزيع، عمان-الأردن.

38- الصيرفي، محمد، (2003)، إدارة الأفراد والعلاقات الإنسانية، دار قنديل للنشر- والتوزيع، الطبعة الأولى، عمان-الأردن.

39- الصيرفي، محمد، (2006)، "إدارة الجودة الشاملة"، حورس الدولية، الطبعة الأولى، الإسكندرية-مصر.

40- الطراونة، محمد أحمد، (2002)، الجودة الشاملة والقدرة التنافسية: دراسة تطبيقية على قطاع الصناعات الدوائية في الأردن، **مجلة العلوم الإدارية**، المجلد29 ، العدد1.

41- الطراونة، محمد، والبلبيسي، بدرية، (2002)، الجودة الشاملة في الأداء المؤسسي- "دراسة تطبيقية على المصارف التجارية في الأردن"، **مجلة مؤتة للبحوث والدراسات**، المجلد 7، العدد1.

42- الطعامنة، (2001)، محمد، الثقافة التنظيمية و إدارة الجودة الشاملة مع التطبيق على بعض وحدات القطاع العام في الأردن، **المجلة العلمية للبحوث والدراسات التجارية**، العدد3.

43- العاجز، سناء، (2008)، مدى تطبيق ركائز إدارة الجودة الشاملة وتأثيرها على الأداء المالي في مؤسسات الإقراض النسائية في قطاع غزة من وجهة نظر العاملين، رسالة ماجستير غير منشورة، الجامعة الإسلامية.

44- عبد العظيم، حمدي، (2004)، المنهج العلمي لإدارة الجودة الشاملة، **مجلة البحوث الإدارية**، السنة الثانية والعشرون، العدد الأول.

45- عبد الفتاح، نبيل، (2000)، "إدارة الجودة الشاملة ودورها المتوقع في تحسين الإنتاجية بالأجهزة الحكومية"، ملخص بحث مكتبي، **الإداري**، العـدد 82، ص ص 75-97.

46- عبد المحمـود، نسريـن محمـد، (2004)، "العلاقـة بـين إدارة الجودة الشاملة ومجالات إدارة الموارد البشرية وأثرهـا علـى الأداء"، رسـالة ماجستير غـير منشورة، جامعة اليرموك، قسم إدارة الأعمال، إربد، الأردن.

47- عبدالله، صلاح، (1999)، فعالية تقييم الأداء، بحث مقدم لندوة: المدير الفعال، **معهد الإدارة العامة**، الرياض- المملكة العربية السعودية.

48- العتيبي، نواف (2006)، نمـوذج مقـترح لإدارة الجودة الشاملة في الكويت في ضوء تطورات القيادات وأعضاء هيئـة التدريس فيهـا لإمكانيـة تطبيقهـا، أطروحـة دكتوراه غير منشورة، جامعة عمان العربية للدراسات العليا، الأردن.

49- العقيلي، عمر، (1996)، إدارة القوى العاملة، دار زهران للنشر، عمان- الأردن.

50- علي، ناصر أمين، (2002)، "أثر تطبيـق TQM علـى أداء المنظمات الصناعية"، رسالة ماجستير غير منشورة، جامعة اليرموك، قسم إدارة الأعمال، إربد، الأردن.

51- العمري، غسـان عيسى، (2004)، "الاستخدام المشـترك لتكنولوجيا المعلومـات وإدارة المعرفة لتحقيق قيمة عليا لأعمال البنوك التجارية الأردنية". رسالة دكتوراه غير منشورة، جامعة عمان العربية، عمان، الأردن.

52- العميرة، محمد، (2003)، علاقة الجودة الشاملة بالأداء الوظيفي، **أكاديمية نايف العربية للعلوم الإدارية**، الرياض- المملكة العربية السعودية.
53- الغزي، فهد بن عبد الله، (2005)، إمكانية تطبيق إدارة الجودة الشاملة على إدارة مرور مدينة الرياض: دراسة تطبيقية، رسالة ماجستير، **جامعة نايف العربية للعلوم الأمنية**، الرياض.
54- الغيث، محمد عبدالله، (1990)، "فاعلية الأداء في نظرية الإدارة العامة"، معهد **الإدارة العامة**، المجلد 5، العدد 4، ص 66، الرياض-السعودية.
55- **قانون الأمن العام الأردني** رقم (38) لسنة 1965.
56- **قانون قوات الدرك** رقم (34) لسنة 2008.
57- القحطاني، سالم، (1993)،"إدارة الجودة الكلية وإمكانية تطبيقها في القطاع الحكومي"، **الإدارة العامة** (معهد الإدارة العامة-الرياض)، مجلد 29، العدد 78، ص ص 7-35.
58- القرعان، احمد محمد، (2004)، "تطوير نموذج لقياس درجة تطبيق إدارة الجودة الشاملة في الوحدات الإدارية في الجامعات الأردنية"، أطروحة دكتوراه غير منشورة، جامعة عمان العربية للدراسات العليا-الأردن.
59- كوهين، ستيفن، وبراند، رونالد، (1997)، "إدارة الجودة الكلية في الحكومة، دليل عملي لواقع حقيقي"، ترجمة عبدالرحمن بن أحمد هيجان، **معهد الإدارة العامة**، الطبعة الأولى، الرياض-السعودية.
60- اللوزي، موسى سلامة، (2003)، "مستوى تطبيق إدارة الجودة الشاملة في أجهزة الخدمات المدنية الأردنية"، **مجلة مؤتة للبحوث والدراسات**، جامعة مؤتة، المجلد 18، العدد 4.
61- لينده، رقام (2005)، الموارد البشرية مصدر الأداء المتميز في المنظمات الاقتصادية .جامعة ورقلة. الجزائر.

62- محجوب، بسام فيصل، (2004) ."إدارة الجامعات العربية في ضوء المواصفات العالمية"، المنظمة العربية للنشر، القاهرة-مصر.
63- محرز، أحمد عبد الهادي أحمد، (2002)، إدارة الجودة الشاملة كمدخل لتحسين إنتاجية الطاقة الكهربية لمحطات التوليد بالشركة القابضة لكهرباء مصر، **مجلة البحوث الإدارية**، المجلد20 ، العدد4.
64- المرسي، جمال، (2003)، الإدارة الإستراتيجية للموارد البشرية: المدخل لتحقيق ميزة تنافسية لمنظمة القرن الحادي والعشرين. الطبعة الأولى، الدار الجامعية، القاهرة-مصر.
65- مركز بحوث الشرطة في مصر، (2007)، إدارة الجودة الشاملة في العمل الشرطي، أكاديمية مبارك للأمن، نسخة الكترونية على الموقع:
http://www.moiegypt.gov.eg/Arabic/Departments+Sites/Police+Academy/police_reserach_academy/Researches/resaltsmanagment2.htm
66- المناصير، علي فلاح، (1994)، "إدارة الجودة الشاملة ودراسة ميدانية على شركات الكهرباء الأردنية"، رسالة ماجستير غير منشورة، الجامعة الأردنية، عمان- الأردن.
67- المهيدب، علي بن عبد الله، (2005)، إدارة الجودة الشاملة و إمكانية تطبيقها في الأجهزة الأمنية: دراسة تطبيقية على ضباط شرطة منطقة الرياض، رسالة ماجستير، جامعة نايف العربية للعلوم الأمنية-الرياض.
68- موسى، محمود، والصباغ، زهير (1989)، "إدارة الأداء"، الإدارة العامة للنشر، الرياض-السعودية.
69- النعيمي، جبر بن حمود بن جبر،(2006)، **اتجاهات القيادات الأمنية نحو تطبيق إدارة الجودة الشاملة -دراسة ميدانية بالتطبيق على وزارة الداخلية بدولة قطر**، نسخة الكترونية، ، رسالة ماجستير، جامعة نايف العربية للعلوم الأمنية، الرياض.

70- نوفل، مفلح، (2007)، أثر إستراتيجية التدريب على أداء العاملين في المصارف التجارية الأردنية: دراسة ميدانية من وجهة نظر المديرين، رسالة ماجستير غير منشورة، جامعة آل البيت، الأردن.

71- هاينز، ماريون، (1984)، "إدارة الأداء دليل شامل للإشراف الفعال"، ترجمة محمد موسى، وزهير الصباغ، الإدارة العامة للنشر، الرياض-السعودية.

72- هلال، محمد عبد الغني، (1999)، مهارات إدارة الأداء، الطبعة الثانية، مركز تطوير الأداء والتنمية، القاهرة-مصر.

73- يوسف، بومدين، (2007)، إدارة الجودة الشاملة والأداء المتميز، **مجلة الباحث**، عدد 5، ص 27-37، جامعة بومرداس، الجزائر.

ب- المصادر باللغة الانجليزية

1- Ahmed, S., and Hassan, M., (2003), "Survey and Case Investigations on Application of Quality Management Tools and Techniques in SMI's", **International Journal of Quality & Reliability Management**, Vol. 20 No. 7, PP. 795-826.

2- Ang, C., Davies, M., and Finlay, P., (2001), "An Empirical Study of the Use of Information Technology to Support Total Quality Management", **Total Quality Management**, Vol. 12, No. 2, PP.145-157.

3- Arasli, H., (2002), "Diagnosing Whether Northern Cyprus Hotels Are Ready for TQM: An Empirical Analysis", **Total Quality Management**, Vol. 13, No. 3, PP. 347-364.

4- Arnold. H. J & Feldman .D.C. (1983) . "Organizational Behavior", New York: McGrew –Hill Book Co.

5- Barrick, M., Alexander, R., (1992), "Estimating the Benefits of a Quality Circle Intervention", **Journal of Organizational Behavior**, Vol. 13, No. 1, PP. 73-80.

6- Bartram Timothy, Casimir Gian, (2007), The Relationship Between Leadership and Follower In-Role Performance and Satisfaction With the Leader: The Mediating Effects of Empowerment and Trust in the Leader, **Leadership & Organization Development Journal**, Vol. 28, Issue. 1.

7- Bayazit, O. (2003), "Total Quality Management (TQM) Practices in Turkish Manufacturing Organizations", **The TQM Magazine**, Vol. 15, No. 5. PP. 345-350.

8- Besterfield, D., Besterfield-Michna, C., Besterfield, G., and Besterfield-Sacre, M., (1999). "Total Quality Management", 2nd edition, New Jersey, Prentice-Hell, Inc.

9- Booth Andrew, (2006), Counting What Counts: Performance Measurement and Evidence-Based Practice, **Performance Measurement and Metrics**, Vol. 7, Issue. 2.

10- Burrill, C., and Ledolter, J., (1999). "Achieving Quality Through Continual Improvement", New Jersey, John Wiley & Sons, Inc.

11- Calingo, L., (1996). "The Evolution of Strategic Quality Management", **International Journal of Quality & Reliability Management**, Vol. 13 No. 9, PP. 19-37.

12- Castka P., C.J. Bamber, J.M. Sharp, P. Belohoubek, (2001). Factors Affecting Successful Implementation of High Performance Teams, **Team Performance Management**, Vol. 7, Issue. 7/8.

13- Cheng Mei-I, Dainty Andrew, Moore David, (2007), Implementing A New Performance Management System Within A Project-Based Organization: A Case Study, **International Journal of Productivity and Performance Management**, Vol. 56, Issue.1.

14- Claver, E., and Tari, J., (2003), "Levels of Quality Management in Certified Firms", **TQM & Business Excellence**, Vol. 14, No. 9, PP. 981-998.

15- Claver, E., Tari, J., and Molina, J., (2003), "Critical Factors and Results of Quality Management: An Empirical Study", **Total Quality Management**, Vol. 14, No. 1, PP. 91-118.

16- Couch, Giene Jr, (1999). A measurement of Total Quality Management in Selected North Carolina Community College, **Dissertation Abstracts International**, A60/05, P.1433.

17- Crospy, (1979). "Total Quality Management", New York, Mc Graw–Hall.

18- Curry, A. and Kadasah, N., (2002), "Focusing on Key Elements of TQM – Evaluation For Sustainability", **The TQM Magazine**, Vol. 14 No. 4, PP. 207-216.

19- Deming W.E. (1993) " The New Economics ", New York : Random House .

20- Deming W.E. (1986). "Out Of Crisis" Massachusetts Institute Of Technology , **Center For Advanced Engineering Study**, Cambridge.

21- Deming W.E. (1991) "A system Of Profound Knowledge", Participant Material Distributed At The Quality Seminar, Santa Clara, C.A.

22- Denisi and Griffin, (2001). Human Resource Management, Houghton, Miflin Company, Poston, P. 83.

23- Easton, G., Jarrell, S. (1998), "The Effects of Total Quality Management on Corporate Performance: An empirical investigation", **Journal of Business**, Vol. 71 No.2, PP. 253-307..

24- Elshennawy, A., Maytubby, and Aly, N., (1991),"Concepts and Attributes of Quality Management", **Total Quality Management**, Vol. 2 No. 1, PP. 75-97.

25- Federal Quality Institute, (1990). "Federal Total Quality Management Hand Book". U.S. Office Of Personal Management Washington.

26- Feigenbaum, A. V. (1999). The New Quality for the Twenty-First Century, **The TQM Magazine**, Vol. 11, No 6, p. 376.

27- Fiegenbaum , A.V. (1991). "Total Quality Control". 3rd Edition , Mc Graw Hall, New York.

28- Fitzgerald, Ronald J. (1999), "Total Quality Management in Education," Minuteman Regional High School, School of Applied Arts   &   Sciences,   Lexington,   Massachusetts: http://www.minuteman.org/topics/tqm.html

29- Germain, R., and Spears, N., (1999). "Quality Management and Its Relationship with Organizational Context and Ddesign", **International Journal of Quality & Reliability Management**, Vol. 16 No. 4, PP. 371-391.

30- Ghobadian, A., and Woo, H., (1996), "Characteristics, Benefits and Shortcomings of Four Major Quality Awards", **International Journal of Quality & Reliability Management**, Vol. 13, No. 2, PP. 10-44.

31- Good, C.V., (1984) . "Dictionary Of Education", 3rd ed , New York : McGrew–Hill Book Co.

32- Griffin, R., (1988), "Consequences of Quality Circles in An Industrial Setting: A Longitudinal Assessment", **The Academy of Management Journal**, Vol. 31, No. 2, PP. 338-358.

33- Hafeez, K., Malak, N., and Abdelmeguid, H., (2006), "A Framework for TQM to Achieve Business Excellence", **Total Quality Management**, Vol. 17, No.9, PP. 1213-1229.

34- Hoffher, Moran and Nadler, G (1994). "Thinking in Total Quality Management", Norcross: Gorger.

35- Hui, Y and Tam, C (1994), Total Quality Management in a Public Transport Organization, **Hong Kong International Journal of Project Management**, Vol. 14, No 5, PP: 311-315.

36- Ishikawa, Kaoru, (1985), What is Total Quality Control? The Japanese Way. Englewood Cliffs, NJ: Prentice-Hall.

37- Ivanovic, M., and Majstorovic, V., (2006). "Model Developed for The Assessment of Quality Management Level in Manufacturing Systems", **The TQM Magazine**, Vol. 18 No. 4, PP. 410-423.

38- Joseph, I., Rajendran, C., Kamalanabhan, T., and Anantharaman, R., (1999), "Organizational Factors and Total Quality Management: An Empirical Study", **International Journal of Production Research**, Vol. 37, No. 6, PP. 1337-1352.

39- Jung, Joo, and Soonkwan, Hong, (2008), Organizational Citizenship Behavior (OCB), TQM and Performance at the Maquiladora , **International Journal of Quality & Reliability Management**, Vol, 25, Issue, 8. PP. 793-808.

40- Juran , J. M., (1994). "The Upcoming Century Of Quality", **Quality Progress**, Vol.27 , No. 8, PP. 29–37.

41- Juran, j. M., (1989). "Juran On Leadership For Quality: An Executive", Handbook, New York: Free Press.

42- Kanji, G., (1991), "Education, Training, Research and Consultancy-the Way Forwards for Total Quality Management", **Total Quality Management**, Vol. 2, No. 3, PP. 207-212.

43- Katz, D. (1964), "The Motivational Basis of Organizational Behavior", **Behavior Science**, Vol. 9 No.2, PP.131-3.

44- Krajewski, L., and Ritzman, L., (2005), "Operation Management: Processes and Value Chains", 7th edition, New Jersey, Prentice Hall.

45- Kunnanatt, J., (2007), "Impact of ISO 9000 on Organizational Climate: Strategic Change Management Experience of An Indian Organization", **International Journal of Man Power**, Vol. 28, No. 2, PP. 175-192.

46- Kuratko, D., Goodale, J., and Hornsby, J., (2001), "Quality Practices for A Competitive Advantage in Smaller Firms", **Journal of Small Business Management**, Vol. 39, No. 4, PP. 293-311.

47- Lakhal, L., Pasin, F., and Limam, M., (2006). "Quality Management Practices and Their Impact on Performance", **International Journal of Quality & Reliability Management**, Vol. 23, No. 6, PP. 625-646.

48- Lakhe, R. R., and Mohanty, R. P., (1994). "Understanding TQM", **The Production Planning & Control**, Vol. 5, No. 5. PP. 426-441.

49- Lam, Simon S.K. (1995), Quality Management and Job Satisfaction: An Empirical Study, **International Journal of Quality & Reliability Management**, Vol. 12, No. 4. PP. 72-78.

50- Lau R., Zhao, X., and Xiao, B., (2003), "Asserssing Quality Management in China with MBNQA Criteria", **International Journal of Quality & Reliability Management**, Vol. 21, No. 7, PP. 699-713.

51- Lewis, W., Pun, K., and Lalla, T., (2006), "Exploring Soft Versus Hard Factors for TQM Implementation in Small and Medium-Sized Enterprises", **International Journal of Productivity and Performance Management**, Vol. 55K No. 7, PP. 539-554.

52- Liedtaka, J., M, (1998), Linking Strategic Thinking with Strategic Planning, **Strategy and Leadership**, Vol. 26, Issue, 4, P.30.

53- Logothetis, N. (1992). "Managing For Total Quality From Deming To Ognchi And SPC". London: Prentice Hall.

54- Lorente, A., Rodriguez, C., and Dewhurst, F., (2004), "The Effect of Information Technologies on TQM: An Initial Analysis", **International Journal of Production Economics**, Vol. 89, No. 1, PP. 77-93.

55- Macdonald, J., (1998), "The Quality Revolution – In Retrospect", **The TQM Magazine**, Vol. 10, No. 5, PP. 321-333.

56- Martins, R. and Toledo, F., (2000), "Total Quality Management Programs: A Framework Proposal", **Work Study**, Vol. 49, No. 4. PP. 145-151.

57- McNabb, D., and Sepic, F., (1995), "Culture, Climate, and Total Quality Management: Measuring Readiness for Change", **Public Productivity & Management Review**, Vol. 18, No. 4, PP. 369-385.

58- McQuater, R., Scurr, C., Dale, B., and Hillman, P., (1995)."Using Quality Tools and Techniques Successfully", **The TQM Magazine**, Vol. 7, No. 6, PP. 37-42.

59- Metri, Bhimaraya, (2006), Total Quality Transportation Through Deming's 14 Points, electronic version , **Journal of Public Transportation**, Vol. 9, No. 4.

60- Michlitsch, Joseph F., (2000), High-performing, Loyal Employees: The Real Way to Implement Strategy, *Strategy & Leadership*, Vol. 28. Issue. 6.

61- Mikol, M., (2003). Quality Assurance in Australian Higher Education. A case Study Of The University Of Western, Sydney Nepean.

62- Moura, P., and Kanji, G., (2003). "Leadership for Excellence in the Portuguese Municipalities: Critical Success Factors, Measurements and Improvement Strategies", **Total Quality Management**, Vol. 14, No. 2, PP. 131-139.

63- Organ, D. (1990), "The Motivational Basis of Organizational Citizenship Behavior", in Staw, B.M., Cummings, L.L. (Eds), Research in **Organizational Behavior**, JAI Press, Greenwich, CT, Vol. 12 pp.43-72.

64- Piggot-Irvine Eileen, (2003), Key Features of Appraisal Effectiveness, **International Journal of Educational Management**, Vol. 17, Issue.4.

65- Porter, M., E. (1985), Competitive Advantage: Creating and Sustaining Superior Performance. New York: Free Press.

66- Randeniya, R., (1995), Total Quality Management: The Need To Uncouple Empowerment, **Total Quality Management & Business Excellence**, Vol. 6, Issue 3, July, PP. 215-220.

67- Reeves, C. A., and Bednar, D. A., (1994), "Defining Quality: Alternatives and Implications", **Academy of Management Review**, Vol. 19, No 3. PP. 419-445.

68- Robbins, S., and Coulter, M., (2009). Management, Pearson Prentice Hall.

69- Salegna, G., and Fazel, F., (2000). "Obstacles to Implementing Quality", **Quality Progress**, Vol. 33, No. 7, PP. 53-57.

70- Scarnati, F. and Scarnati, B., (2002), "Empowerment: The Key To Quality", **The TQM Magazine**, Vol. 14 No. 2, PP. 110-119.

71- Schneier, E, Geis, A, and Wert, A. (1987), Performance Appraisals: No Appointment Need. **Personal Journal**, Vol, 66, No, 11. PP. 80-87.

72- Schwab, D., (1980), "Construct Validity in Organizational Behavior", **Research in Organizational Behavior**, Vol. 2, No. 1. PP. 3-43.

73- Seymour , D, (1991). Total Quality Management in Higher Education Cleaning The Hurdles, **Administration and Management** ,Vol.7, No,4. PP 85-95.

74- Sharma, B., (2006). "Quality Management Dimensions, Contextual Factors and Performance: An Empirical Investigation", **Total Quality Management**, Vol. 17, No. 9, PP. 1231-1244.

75- Soltani, E., (2005), "Top management: A Threat Or An Opportunity to TQM?", **Total Quality Management**, Vol. 16, No. 4. PP. 463-476.

76- Stenberg, A., and Deleryd, M., (1999),"Implementation of Statistical Press Control and Process Capability Studies: Requirements or Free Will?", **Total Quality Management**, Vol. 10 No. 4/5, PP. 439-446.

77- Sun, H., (2000), "A comparison of Quality Management Practices in Shanghai and Norwegian Manufacturing Companies", **International Journal of Quality & Reliability Management**, Vol. 17 No. 6, PP. 636-660.

78- Sun, H., Hui, I., Tam, A. and Frick, F., (2000), "Employee Involvement and Quality Management", **The TQM Magazine**, Vol. 12 No. 5, PP. 350-354.

79- Talha, M. (2004). TQM An Overview. **The Bottom Line : Managing Library Finances**, Vol, 17: 15–18.

80- Talib, F. and Ali M., (2003), "Impact of Quality Circle: A Case Study", **IE(I) Journal-ID**, Vol. 84, May, PP.10-13.

81- Tari, J. J., (2005), "Components of Successful Total Quality Management", **The TQM Magazine**, Vol. 17, No. 2, PP. 182-194.

82- Tari, J., and sabater, V., (2004), "Quality Tools and Techniques: Are They Necessary for Quality Management?", **International Journal of Production Economics**, Vol. 92, No. 3, PP. 267-280.

83- Tari, J., Molina, J., and Castejon, J., (2007), "The Relationship Between Quality Management Practices and Their Effect on Quality Outcomes", **European journal of operational research**, Vol. 183 No. 2, pp. 483-501.

84- Thiagarajan, T. and Zairi, M., (1997). "A Review of Total Quality Management in Practice: Understanding the Fundamentals Through Examples of Best Practice Applications-Part III", **The TQM Magazine**, Vol. 9, No. 6. PP. 414-417.

85- Tipparat Laohavichien, (2004). Leadership and Quality Management: A Comparison Between the U.S. and Thailand. PhD Dissertation, Clemson University-Thailand.

86- Torrington, D., Hall, L., and Taylor, S., (2005). "Human Resources Management", 6th Edition, London, Prentice Hall-Financial Times.

87- Tummala, V., and Tang, C., (1996). "Strategic Quality Management, Malcolm Baldrige and European quality awards and ISO 9000 certification", **International Journal of Quality & Reliability Management**, Vol. 13 No. 4, PP. 8-38.

88- Tunks, Rager, (1992). "Fast Track to Quality: A 12-Month for Small to Mid-Sized Businesses", New York, McGraw-Hill, Inc.

89- Ugboro, I. and Obeng, K., (2000), "Top Management Leadership, Employee Empowerment, Job Satisfaction, and Customer Satisfaction in TQM Organization: An Empirical Study", **Journal of Quality Management**, Vol. 5, No. 2, PP. 247-272.

90- United States Office of Personnel Management, (2001), A Handbook for Measuring Employee Performance:Aligning Employee Performance Plans with Organizational Goals. **Workforce Compensation and Performance Service**.

91- Vinzant, J. And Vinzant .D, (1999). " Strategic Management Spine – Offs Of The Deming Approach, "**Journal Of Management History**" . Vol. 5. No. 8. PP. 516-531.

92- Walton, M. (1985). "The Deming Management Method". Putnam Publishing Group, New York.

93- Weatherly, L., (2004), Performance Management: Getting It Right from the Start. **Society for HRM**. Vol, 49, Issue 3. PP. 1-10.

94- Weels, B., Helms, M. and Ettkin, L., (1995), "Is Your Organization Ready for TQM? An Assessment Methodology", **The TQM Magazine**, Vol. 7, No. 5, PP. 43-49.

95- Wilson John P. and Western Steven, (2001), Performance Appraisal: An Obstacle to Training and Development?, **Career Development International**, Vol. 6, Issue. 2.

96- Wood, Chapman, (1988). The Prophets of Quality. **Quarterly Review**. Vol. 10, American Society for Quality Control.

97- Zhang, Q., (2001). "Quality Dimension, Perspective and Practices: A mapping Analysis", **International Journal of Quality & Reliability Management**, Vol. 18 No. 7, PP. 708-721.

98- Zhang, Z. (2000). "Developing A Model of Quality Management Methods and Evaluating Their Effects on Business Performance". **Total Quality Management**, Vol. 11, No. 1. PP. 129-37.

فهرس المحتويات

الفصل الأول
الإطار العام للدراسة

الفصل الثاني
الإطار النظري

5-5	المتوسطات الحسابية والانحرافات المعيارية ودرجة التطبيق لركيزة "إدارة المعرفة ونظم المعلومات" في مديريتي الأمن العام والدرك (حجم العينة = 507)	185
6-5	المتوسطات الحسابية والانحرافات المعيارية ودرجة التطبيق لركيزة "دعم الإدارة العليا" في مديريتي الأمن العام والدرك (حجم العينة = 507)	187
7-5	المتوسطات الحسابية والانحرافات المعيارية ودرجة التطبيق لركيزة "التركيز على المستفيد" في مديريتي الأمن العام والدرك (حجم العينة = 507)	189
8-5	المتوسطات الحسابية والانحرافات المعيارية ودرجة التطبيق لركيزة "العمل الجماعي" في مديريتي الأمن العام والدرك (حجم العينة = 507)	192
9-5	المتوسطات الحسابية والانحرافات المعيارية ودرجة التطبيق لركيزة "القيادة" في مديريتي الأمن العام والدرك (حجم العينة = 507)	194
10-5	الترتيب التنازلي لركائز إدارة الجودة الشاملة حسب ممارستها من قبل الأفراد عينة الدراسة في مديريتي الأمن العام والدرك (حجم العينة = 507)	196
11-5	المتوسطات الحسابية والانحرافات المعيارية ومستوى فاعلية الأداء الوظيفي في مجال "المعرفة بالعمل" في مديريتي الأمن العام والدرك عينة الدراسة (حجم العينة=507)	199
12-5	المتوسطات الحسابية والانحرافات المعيارية ومستوى فاعلية الأداء الوظيفي في مجال "جودة العمل" في مديريتي الأمن العام والدرك عينة الدراسة (حجم العينة=507)	201

13-5	المتوسطات الحسابية والانحرافات المعيارية ومستوى فاعلية الأداء الوظيفي في مجال "الإنتاجية" في مديريتي الأمن العام والدرك عينة الدراسة (حجم العينة=507)	202
14-5	المتوسطات الحسابية والانحرافات المعيارية ومستوى فاعلية الأداء الوظيفي في مجال "تخطيط وتنظيم العمل" في مديريتي الأمن العام والدرك عينة الدراسة (حجم العينة=507)	203
15-5	المتوسطات الحسابية والانحرافات المعيارية ومستوى فاعلية الأداء الوظيفي في مجال "علاقات العمل" في مديريتي الأمن العام والدرك عينة الدراسة (حجم العينة=507)	205
16-5	المتوسطات الحسابية والانحرافات المعيارية ومستوى فاعلية الأداء الوظيفي في مجال "توقيت العمل" في مديريتي الأمن العام والدرك عينة الدراسة (حجم العينة=507)	206
17-5	المتوسطات الحسابية والانحرافات المعيارية ومستوى فاعلية الأداء الوظيفي في مجال "المبادرة والحضور" في مديريتي الأمن العام والدرك عينة الدراسة (حجم العينة=507)	207
18-5	المتوسطات الحسابية والانحرافات المعيارية ومستوى فاعلية الأداء الوظيفي في مجال "صنع القرار" في مديريتي الأمن العام والدرك عينة الدراسة (حجم العينة=507)	209
19-5	المتوسطات الحسابية والانحرافات المعيارية ومستوى فاعلية الأداء الوظيفي في مجال "التفاعل مع المجتمع المحلي" في مديريتي الأمن العام والدرك عينة الدراسة (حجم العينة=507)	210
20-5	المتوسطات الحسابية والانحرافات المعيارية ومستوى فاعلية الأداء الوظيفي في مجال "سلوك المواطنة التنظيمية" في مديريتي الأمن العام والدرك عينة الدراسة (حجم العينة=507)	212

Printed in the United States
By Bookmasters